Cesar Bresgen · Der Scholi

Cesar Bresgen

Der Scholi

Ein Salzburger Student, Vagant
und Musikus um 1800

Österreichischer Bundesverlag · Wien

Diese Buchreihe ist Österreich gewidmet: Österreich mit seinen geistigen Kräften und Strömungen, Österreich mit seiner historischen und seiner kulturgeschichtlichen Bedeutung, Österreich mit seinen landschaftlichen Besonderheiten, seinen Persönlichkeiten und der so vielfältigen Wesensart seiner Bevölkerung. Vieles bietet sich an. Es soll nach und nach behandelt werden – anregend geschrieben und zugleich hohen Ansprüchen genügend.

Gleichzeitig erscheint von Cesar Bresgen
das „Liederbuch" des Scholi

Illustrationen: Cesar Bresgen

© Österreichischer Bundesverlag Gesellschaft m. b. H., Wien 1984
Alle Rechte vorbehalten
Jede Art der Vervielfältigung, auch auszugsweise, gesetzlich verboten
Satz: Times 10/11 Punkt
Gedruckt auf holzfrei Offset 120 g
Druck: Wiener Verlag, Himberg
ISBN 3-215-**05511**-2

Inhalt

Einleitung

Am späten Nachmittag des 20. Oktober 1823 fanden Bauersleute, die von Einkäufen in Tittmoning an der Salzach wieder in ihre Einödhöfe zurückkehrten, einen zusammengebrochenen alten Mann auf freiem Felde. Als sie näher zu ihm hintraten, bemerkten sie, daß er tot war. Seine weit aufgerissenen Augen starrten noch in die Richtung des Sonnenuntergangs, sein rechter Arm lag ausgestreckt, als wollte er jemanden zu sich ziehen oder auch, als gälte es, noch im letzten Augenblick jemanden zu umarmen. Der hagere, in eine schäbige, schwarze Kleidung gehüllte Mann verriet Armut. Schwarz wie seine Augen waren auch seine struppigen Haare, ein unschöner Kropf wurde notdürftig durch den steifen, wohl nur selten abgelegten Kragen verdeckt.

Der alte Seidel aus Kirchham, der sich unter den Bauern befand, erkannte den Toten zuerst: „O mei, hiaz hat's den Schori derwischt! Ihr kennts ihn doch, den Schori, den armen Häuter!"

„Den Kirchensinger!" rief die Tres aus Loding. „Der Scholi is tot!" Sie sagte nicht Schori, sondern Scholi.

„Werd ihn der Schlag troffn habn! Und das mitten im freien Feld! Zum Derbarmen is!"

Und sie kniete nieder und zog die Lider über die gebrochenen Augen des Toten. Alsdann trugen ihn die Männer hin zum nahegelegenen Pfarrhof von Kay, wo ihn Pfarrer Steinbichler sofort als jenen Ferdinand Joly erkannte, der seit Jahren hier in der Gegend von mildtätigen Leuten erhalten wurde. Einmal hatte er selbst kurz mit dem alten Kauz über die veränderten Zustände im Erzstift Salzburg diskutiert.

In den Morgenstunden des darauffolgenden Tages kamen schon zahlreiche Leute aus der Umgebung, so rasch hatte sich Jolys Tod herumgesprochen. Jeder wollte den aufgebahrten Toten noch einmal sehen. Und da hörte man sie reden:

„So einer kommt nimmermehr!"

„Na, an zwoaten Scholi werd's nimmer gebn!"

„Er war ja a so a scharfer Prediger wordn, wann s' eahn hättn laßn!"

„So wie der hat koana gsunga und dicht! Zum Derbarmen!"

„Die Gspül und Lieder sand allesamt von eahm!"

7

„Überhaupts alls, was ma kennt . . .“
Eine Gruppe diskutierte abseits:
„Ob er net doch a Haberer war?“
„Na, a Haberer war er koana.“
„Woaßt du's gwiß?“
„Woaß i gwiß. Er hat allerhand gwußt davon, aber er selm
– ? Na, aber a Haberer war der net.“
„Aber dös finstere Gschau –“
„Weil er a armer Kerl gwen is –“
„A ausgjagter Student –?“
„A Weiberheld soll er a gwen sei –“
„Ma redt viel, aber's is net alls wahr, was die Leut redn –“
„Ob dös wirkli sein Vatter gwen is, der Zuckerbäckermei-
ster in Salzburg? –“

*

Wir, die wir ihm dies Buch widmen, wir fragen ernsthaft:
Wer war dieser Ferdinand Joly wirklich?
Lohnt es sich überhaupt, sich mit ihm zu beschäftigen?
Doch, es lohnt sich. Nicht nur, weil er einer war, von dem
die Leute sagen, daß er wie kein anderer in der Volkssprache
geredet, gesungen und gespielt hat; daß er wie selten einer sie
berührt hat durch das Menschliche, mit denen er die Gestalten
der alten, von harter Arbeit gezeichneten Bauern auszudrük-
ken wußte. Denn immer wieder fand er für sie ein anderes Aussehen, und ganz besonders gelangen ihm die Nachzeichnungen
der Geknechteten, an den Rand Gestreuten: der Bachtl, der
Blasl, der Gnod, der Lixel, der Dr. Storax oder der Hans Noth,
nicht zuletzt der Hanswurst, den er selber oft genug gespielt
haben wird; mit solchen Gestalten hat er sich die Herzen der
Zuhörer erobert. Aber auch Lichtgestalten waren dabei: der
Engel, die Gottesmutter Maria, dann freilich wieder die Hexen
und Teufel, Zaubervögel und absonderliche Propheten, mit
denen er die Bauernbühne bevölkert, sehr zum Gaudium des
breitgestreuten Publikums, nicht selten aber auch zum Schrek-
ken manch eines braven geistlichen Herrn.
Überhaupt ist Joly ein Erzschauspieler, einer der letzten,
welche Gedicht, Melodie und Szene noch gleichzeitig erfinden
können, einer, der die Siebengescheiten, die „Spreizer von der
aufgeklärten Welt“ in ihrer Überschätzung der Vernunft

ebenso verachtet und beißend verspottet wie die frömmelnden Kirchengeher oder auch jene Geistlichen, „die ihre Pfründe nur als Mittel zum bequemen Leben ansahen und ihre Tage im Dienste des Bauches oder des Mammons verleben wollen" (Hirtenbrief des Salzburger Erzbischofs Hieronymus Colloredo aus dem Jahre 1782). Sehr wohl erkennt er bei manchen „Aufklärern" – Colloredo stand diesen nahe – das Streben nach einem helleren Bewußtsein, „diesem großen Vorzug der menschlichen Seele", wie Jolys früher Lehrer Fingerlos in Salzburg immer gesagt hat. (Diesen Satz hatte der Aufklärer Professor Fingerlos von Herder, nur war das Joly längst entfallen.)

Nicht wortgewaltig wie ein Abraham a Santa Clara tritt er vor die Menschen, auch redet er nicht in der Sprache Herders, der zu jener Zeit verkündete: Nicht Humanität, sondern Leidenschaften haben sich der Erde bemächtigt und ihre Völker wie wilde Tiere zusammen und gegeneinander getrieben. Joly sagt Ähnliches unpathetischer, er sagt es seinen Bauern in einfachen Gleichnissen, in Bildern von dennoch eindringlicher Kraft. Er war das Gegenteil eines ehrsüchtigen, mit Gewalt begabten, listigen Menschen, wie Herder den Typus des damaligen Zeitgenossen beschreibt.

Aufgeblähtheit und selbstherrliches Bürgertum waren ihm verhaßt. Darum mied er auch die großen Städte. Aber er floh nicht in die Stille eines Klosters. Er stellte sich dem nur seiner eigenen Verantwortung verpflichteten Leben, das ein Leben der Entbehrungen, Abenteuer, Hoffnungen, aber auch ein Leben stolzen Bewußtseins seiner Unwiederholbarkeit wurde. Die Dörfer, Märkte und kleinen Städte waren Jolys Welt. Freilich auch die Landstraßen, die Wiesen und Äcker, die er durchschritt, da und dort ein einsames Gehöft, das ihn aufnahm, oder ein gütiger Pfarrhof, wo man ihn verstand und ihm für einige Tage oder gar Wochen Sicherheit und Ruhe bot.

Dennoch war Joly alles andere als ein Träumer. Er war ein Kind seiner Zeit. Aufgewachsen im Widerstreit von Volksfrömmigkeit und Aufklärung, ging er seinen eigenen Weg, wissend um den drohenden Untergang einer einstens blühenden Volkskultur, die nach und nach aufgesogen wurde von der zersetzenden Nüchternheit einer von Technik, Macht und Fortschrittswahn besessenen Zeit, einer Zeit, die sich mit Menschen vom Schlage Jolys nicht lange aufhielt. Sein Lebensstil, seine schonungslose Offenheit mußte viele Zeitgenossen beleidigen. Gewisse Szenen in seinen Spielen, die der Wahrheitsfindung dienten, konnten ihm sogar gefährlich werden, wenn er sie nicht durch geschickte Tarnung – etwa im Gewand einer „heilsamen Predigt" oder aus der Perspektive des Hanswurstes – verschleierte. Man wird an den Satz des großen Paracelsus erinnert, wo es heißt: „. . . rauh und räß sind die Winde, so sich anhebt die Wahrheit, zu vertreiben den Professoren; habe ich doch je und je erhofft, wer die Seele liebe, der liebe auch den Leib; der die Seele verschont, der verschont auch den Leib . . ."

Solche Wahrheiten mußte Joly auch erfahren, denn „Wahrheit trägt Haß ein".

Dennoch gab es einzelne in jenem schwermütigen schönen Land zwischen Inn und Salzach, die den „Ausgjagten aus Salzburg" liebten und verstanden. Nach seinem Tode wurden es immer mehr, und noch heute kennt man dort weitum das geflügelte Wort: „Ja mein Scholi!" Das aber sagt man nur zu jemandem, den man gern leiden mag, man sagt es aber auch zuweilen, um auszudrücken, daß der Angesprochene ein Träumer, vielleicht gar ein Narr sei. Der Ursprung dieses Wortes ist freilich längst vergessen. Joly wird mir verzeihen. Ich kenne ihn schon lange, und nie war er für mich ein Narr. Ich sehe ihn auch nicht bloß als einen Stückeschreiber, Schauspieler oder Vagabunden; für mich ist er einer der letzten echten Liedschöpfer, fern allem Pathos, aller Frömmelei, umwittert von einer seltsamen Melancholie.

Gesegnet das Land, das ihn so lange beherbergt hat.

Cesar Bresgen

Salzburger Hugenotten
als Priester und Zuckerbäcker

Im Jahre 1685 hebt Ludwig XIV., Frankreichs „Sonnenkönig", das Edikt von Nantes auf, das sein Großvater, Heinrich IV., 1598 erlassen hatte. Dadurch sind die Hugenotten zum Freiwild geworden und fliehen in hellen Scharen. Über zwanzigtausend Réfugiés, zumeist Handwerker und Kaufleute, finden allein in Preußen eine neue Heimat. Nicht geringer aber ist die hugenottische Massenflucht in die Länder des deutschen Südens. Unter den Flüchtenden, die aus dem Westen nach Bayern hereinströmen, befindet sich auch ein rüstiger Zuckerbäcker, vermutlich aus der Vendée; seine Qualitäten sind so offenkundig, daß sein Ruf bis an die Ohren der hochfürstlichen Kammer des Erzbistums Salzburg dringt. Er heißt Matthias Joly de Berre und hat indessen die deutsche Sprache leidlich erlernt. Ob er schon gut katholisch geworden ist, wird nicht erst gefragt, denn das versteht sich von selbst, wenn er das Bürgerrecht in Salzburg erhalten will. Noch hat er es nicht, aber man macht es ihm leicht, seßhaft zu werden. Der knapp Vierzigjährige zieht zusammen mit seinem angetrauten Weib, einer geborenen Buttelin, kurz nach 1700 als „hochfürstlicher Confect-Maister" in die erzbischöfliche Residenzstadt ein. Hier weiß man gut zu leben und die Vorzüge der französischen Küche wie auch der französischen Tafelmusik zu schätzen.

Matthias Joly de Berre ist froh, den Greueln entronnen zu sein, die in seinem Vaterland immer noch wüten. Wie man erfährt, kämpfen die Camisarden – die letzten Hugenotten – noch immer verzweifelt gegen die Katholiken, es sind brutale, aussichtslose Kämpfe in den Cevennen; 1705 ist der Kampf für den Sonnenkönig entschieden. Was dann noch kommen würde, wußte niemand. In seiner Maßlosigkeit würde Ludwig XIV. nicht ablassen, zu neuen Kriegen zu rüsten – wer wollte sagen, ob nicht eines Tages auch hier in Salzburg der Boden zu heiß würde für einen Joly de Berre . . .

Vorerst konnte das einen so gutmütigen und charmanten Monsieur nicht im geringsten hindern, für einen siebenköpfigen Nachwuchs zu sorgen. Da es mit dem Priesternachwuchs im Erzstift schlecht bestellt war – weite Teile des Pinzgaues und

Pongaues hingen immer noch an der lutherischen Lehre – sah man es bei Hofe gern, wenn Kinder aus tüchtigen Familien zum Priesterberuf bestimmt wurden. So nimmt es nicht wunder, wenn gleich vier Söhne des Hofkonditors sich der geistlichen Weihen unterziehen und allesamt bald zu angesehenen Priestern werden. Einem unter ihnen, Raimund Joly, werden wir nachdrücklich wiederbegegnen – er hat es zu einem berühmten Professor der französischen Sprache gebracht, zugleich aber wurde er Prior im Kloster Kremsmünster, war Direktor des Stiftstheaters, für das er Dramen schrieb, ein Mann, von dem es hieß, daß er eifrig wäre im Beichtstuhl und auf der Kanzel, ein zweiter Abraham a Santa Clara, wortgewaltig, spitzzüngig und doch geschmeidig wie jener große Barockprediger zu Wien.

Vier Jahre nach ihm erblickt ein anderer Sohn unseres Hofzuckerbäckers das Licht der Welt: es ist Josephus Nepomuk Alexius, der zwanzig Jahre später, als der Vater stirbt, bereits die hochfürstliche „Confect-Maisterey" übernehmen muß. Als er heiratet, tilgt man das „de Berre" aus den Matrikeln. Alexius Joly fühlt sich als Salzburger, das Französische an ihm soll in seinen Torten bleiben. Auch dieser wackere Meister der Gaumenfreuden sorgt für einen siebenköpfigen Nachwuchs. Doch ist vorerst kein Priester mehr herauszuholen. Alle Kinder sterben ganz früh, bis auf das Mädchen Walpurga und das siebente Kind, den Ferdinand, der am 4. Juni 1765 zur Welt kommt. Die Hoffnungen richten sich nun auf diesen Sprößling: Wie es nicht anders sein kann, wird er die Wahl haben zwischen Zuckerbäcker und Priester. Die noch lebenden Familienmitglieder sind sich uneins. Da ist die gute Großmutter Therese – sie stirbt erst 1776 als Neunzigjährige –, die keine Ruhe gibt: Der Ferdl muß Priester werden, çela va de soi! Die Tante Rosalie, genannt die Sallerl Joly, ist aber dagegen. Es sind schon zu viele Priester in der Familie, sagt sie, und überhaupt hat sie schon sehr früh bei Ferdinand ein besonderes musikalisches und dichterisches Talent entdeckt.

Dazu muß man wissen, daß die „Sallerl" in jahrelangen freundschaftlichen Beziehungen zu den Mozarts stand. Einer von Joly Sallers Brüdern, der Stadtkaplan Leopold Melchior Joly, hatte einst Leopold Mozart, den Vater von Wolfgang Amadeus, mit Anna Maria, geborene Pertl, im Salzburger Dom getraut. Aus dieser Zeit noch stammt die Beziehung Rosaliens zu den Mozarts.

Schießnachmittage bei Mozarts

Im Hause des Hofzuckerbäckermeisters auf dem Michaelerplatz zu Salzburg ging es nicht immer fröhlich zu. Vor Ferdinands Geburt besaß das Haus ein Baron von Hofmühlen, der sich aber in Geldnöten befand, so daß es mit den ohnedies geplagten Jolys zu häufigen Reibereien kam. Ferdinands Mutter Anna Maria hatte viel Unglück mit ihren Kindern: der Älteste stirbt im Alter von fünf Jahren, die Schwester schon als Vierjährige. Drei weitere Geschwister sterben noch im Jahre ihrer Geburt, einzig und allein Ferdinands Schwester Maria Walpurga lebt noch, als dieser zur Welt kommt. Nun trifft das Unglück vollends ins Haus: der verschuldete Baron verkauft das Objekt an den Erzbischof, dieser schenkt es dem Domkapitel. Die Jolys dürfen nach einigem Hin und Her im ersten Stock bleiben; da aber stirbt plötzlich die Mutter. Unser Ferdinand wird sich zeitlebens das Bildnis der Mutter malen, er wird es mit dem Bildnis einer anderen Maria verbinden, der Mutter des HERRN, an die er glaubt und zu der er immer noch beten wird in dunklen Stunden. Später wird er noch eine dritte Maria lieben, die mit ihrem bürgerlichen Namen Helene heißt, die er aber nie gewinnen kann. Mit diesen drei Frauenbildnissen wird er durchs Leben gehen.

Angesehene Salzburger unterhielten damals die sogenannten „Bölzelschützen-Kompagnien". Einer solchen gehörte auch die Familie Mozart an. Jungfer Sallerl, Graf Arco und viele angesehene Leute waren ihre beliebten Gäste. Nicht zuletzt Emanuel Schikaneder, der Theatergewaltige, den mit Leopold Mozart und Wolfgang Amadé bald eine aufrichtige Freundschaft verband. Die Mozarts wohnten damals bereits am Hannibalplatz und hatten genug Räumlichkeiten für solche Unternehmungen. Es waren aber auch die Räume für die Hauskonzerte der Familie Mozart; Schießen und Musizieren waren dem „Tanzmeistersaal" offenbar nicht abträglich; er steht heute noch.

Es ist verbürgt, daß Wolfgang Amadeus schon seit seinem zehnten Lebensjahr Mitglied der Bölzlschützenkompanie war; Tante Sallerl träumte manchmal davon, daß ihr Neffe Ferdl, um neun Jahre jünger als der zu jener Zeit schon berühmte Wolfgang, es diesem nachmachen solle.

Tante Joli hatte das „y" schon vor Jahren auf ihrer Besuchskarte gestrichen; sie mochte diesen fremden Buchstaben nicht mehr leiden, obwohl er ihrem Neffen gerade besonders gefiel. „Nie werd ich aus meinem Joly einen Joli machen", hatte dieser verkündet, und schon gar nicht einen „Jolly", wie es sein Spezi Gasparotti vorgeschlagen hatte. „So ein Name paßt höchstens in den Zirkus!"

Zum heutigen Schießnachmittag bei den Mozarts kommt auch die Aloisia von Schidenhofen zu Stumm, eine ganz entsetzlich vornehme Dame. Sie kommt mit ihrer Gesellschafterin, einer gewissen Maria Anna Kranach, die schon einmal bei Tante Sallerl zu Gast gewesen war. „Aha, die Kranach is da!" krähte unser Ferdinand, und schon knurrte er nach: „Weil ihr Herr der Herr Landschaftskanzler Joachim Ferdinand von Schidenhofen zu Stumm ist, darum tut sie so gnädig und stumm. Wie ein stummer Hund . . ."

„Willst du net stad sein!" weist Tante Sallerl den Ferdl zurecht. „An die feinen Leut wirst dich gewöhnen müssen, da bleibt dir nichts anderes übrig. Sie geben den Ton an, und wer den nicht trifft, der hat die ganze Musik verspielt."

Irgendwer hat einen Witz erzählt; die Anwesenden brechen gerade in ein schallendes Gelächter aus, da geht die Türe auf, und Hofkapellmeister Leopold Mozart führt den Herrn Landschaftskanzler von Schidenhofen zu Stumm ganz persönlich herein. Während des Komplimentierens kein Ende ist, flüstert der Ferdl seiner Tante rasch noch ins Ohr:

Sei stad und steh net krumm,
jetzt kommt der Herr von Stumm . . .

Und noch immer geht es dahin mit „Küß die Hand, gnädige Frau", „Kompliment, Kompliment", mit Augenverdrehen, Handküssen und tiefen Verbeugungen. Joli Sallerl aber würdigt Herrn von und zu Stumm keines Blickes. Freilich muß man wissen, daß er der Sallerl lange Zeit hindurch den Hof gemacht hat, aber der gute Mann war ihr zu tirolerisch, wie sie sagte − immer hätte er nach Wildbret gestunken, besser gesagt nach Jagdstiefeln.

Wieder zieht Ferdl die Tante zu sich und flüstert ihr eine weitere Strophe ins Ohr:

Jetzt kommt der Herr von Feyertag,
der nia nicht lacht am hellen Tag . . .

„Wirst endlich still sein!" zischt jetzt die gute Tante, und schon erscheint auch dieser Herr von Feyertag, langjähriger Kunde der Hofzuckerbäckerei. Der kleine Ferdl kennt ihn freilich gut, aber er kann ihn nicht ausstehen, diesen langbeinigen, steifen Herrn mit der näselnden Aussprache. Auch er hatte Tante Sallerl den Hof gemacht, aber nichts ausgerichtet.

Plötzlich nimmt die Tante ihren Neffen beiseite und sagt: „Ferdl, mir gehn, mir reicht's! Den Stumm und den Feyertag, zwei Gspreizte auf einmal – das is mir zuviel!"

Als die beiden gehen wollen, erscheint zu allem Überfluß noch ein dritter einstiger Verehrer der Tante Sallerl, ein gewisser Herr Prex, den Ferdl noch weniger ausstehen konnte als den dürren Herrn von Feyertag. Dieser benimmt sich noch höflicher und gespreizter als die beiden anderen Herren; er ist klein und riecht verdächtig nach süßer Pomade. Peinlicherweise gefällt er sich auch noch in französischen Anspielungen: „Mademoiselle werden doch nicht schon fortgehen? Oh, welch reizender garçon! Il ressemble à un ange!" Und schon fährt er geschwätzig fort: „Doch, er sieht aus wie ein Engel! Wird er auch Zuckerbäcker? Was für ein genialer Zuckerbäcker doch sein Vater ist! Je peux a peine croire comme le temps passe . . ."

„Ja wie die Zeit vergeht", seufzt nun auch Herr von Feyertag, und Herr Prex sekundiert: „Was für ein genialer Zuckerbäcker sein Vater ist, quelle grandeur!"

Wir wissen, daß dies der letzte Besuch der Joli Sallerl im Hause Mozarts war. Sogar ein Dokument gibt es, welches Mademoiselle Sallerls Abschied glaubhaft macht. Wolfgangs Schwester Nannerl schrieb am 27. Oktober 1777 ihrem achtzehnjährigen Bruder, der gerade in Mannheim weilte, diese lakonischen Zeilen: „. . . gestern war das schüssen bey uns. die mama war festgeberin, der papa hat es gewohnen. als das nächste gibt es hr. brix, dessen cassierin ich auch geworden bin, weil mademoiselle salerl nicht mehr kömmt . . ."

Diesen „brix" aber, der in Wirklichkeit Franz Anton Prex hieß, hat offenbar auch Wolfgang Amadeus Mozart gar nicht leiden können; es ist, als hätte unser kleiner Ferdl Joly sich dem großen Komponisten in das Ohr gesetzt und ihm einen Brief diktiert. Und so schreibt Wolfgang am 4. November 1777 aus Mannheim an seinen Vater: „. . . die scheiben, wens nicht zu spät ist, bitte ich mir so aus: ein kleiner mensch mit lichten haaren steht gebückt da, und zeigt den blosen arsch her." Der Himmel weiß, ob sich Mozart und Joly jemals begegnet sind; beim Bölzlschießen wohl kaum. Aber es sind gewisse Züge da, die gemeinsames Denken und Empfinden verraten. Und das reicht sogar hinein in manche melodische Wendungen unseres Ferdinand wie andererseits in so manche Briefzeile des großen Amadé ...

In diesen Tagen stirbt Ferdinands Vater. Wochenlang schon hatte ihn ein böses Zittern gequält. Dann, plötzlich, war der Blutsturz eingetreten. Jetzt waren die beiden überlebenden Zuckerbäckerkinder auf sich allein gestellt. Im gleichen Jahr stirbt auch noch die Großmutter Therese, neunzig Jahre alt. Tante Sallerl hat ihre Stelle als Kammerzofe aufgegeben; ein hartnäckiger Husten setzt ihr zu, aber so gut es geht, kümmert sie sich um die beiden Kinder.

Im Frühjahr nach Vaters Tod verläßt Ferdinands Schwester Walpurga Salzburg; sie kann in Landshut, der Heimat der Mutter, unterkommen. Indessen bemüht sich Onkel Raimund Joly, zu dieser Zeit Prior im Stift Kremsmünster, seinem Neffen zu einem Fortkommen zu verhelfen. Es ist entschieden: Ferdinand soll nun doch Priester werden. Und so kommt es, daß der nun einschichtig Gewordene in das Marianisch-Lodronsche Konvikt gerät, einer Erziehungsstätte der adeligen Jugend. Noch war er Rudimentist, also ein allgemeiner Zögling, der allerdings bald durch seine Behendigkeit und Schlagfertigkeit auffällt.

Ferdinand Joly war nun fünfzehn Jahre alt geworden, ein Alter, in dem man sich ernsthaft mit seinem zukünftigen Beruf auseinanderzusetzen beginnt. Da erscheint in Salzburg der große Aufklärer Professor Matthäus Fingerlos. Erzbischof Hieronymus Colloredo hatte gerade ihn, den gebürtigen Lungauer, an eine so wichtige Stelle in der Residenzstadt befördert. 1781 wird Fingerlos Regens im erzbischöflichen Priesterseminar. Mit seinen kaum dreiunddreißig Jahren sieht er bereits ehrfurchtgebietend aus. Bald wird er allgemein geachtet; er gilt als streng, ist aber kein Despot. Um ihn sorgt keine umsichtige Köchin Barbara wie bei Canonicus Paulinich, der die Knaben im Marianisch-Lodronschen Konvikt betreut, aber die Studenten respektieren ihn. Sein Ideal ist die Bildung der jungen Geistlichen zu Erziehern des Volkes. Dabei folgt er den Lehren von Immanuel Kant, jenem Manne, der hier in Salzburg

schon viele Leute beunruhigt. Beiden aber ging es vor allem um die moralische Besserung des Menschen, das sahen sie als Endzweck der Religion an. Längst war bekannt, daß Erzbischof Colloredo selbst zu den ersten Verfechtern dieser Bewegung gehörte, ja man erzählte sich, daß auf seinem Schreibtisch die Büsten Voltaires und Rousseaus stünden. Sein Hirtenbrief von 1782 erregte jedenfalls durch seine Freisinnigkeit die Gemüter, nicht geringes Aufsehen verursachte er bei den Protestanten. „Gott behüte jede christliche Gemeinde vor einem Seelsorger, der sein Amt nur mechanisch, handwerksmäßig und aus Noth betreibt, schon zufrieden ist, den Augen und Ohren etwas vorgemacht zu haben, seine Pfründe nur als ein Mittel zum bequemen Leben und zum Vermögensammeln ansihet, der seine Tage im Dienste des *Bauches* oder des Mammons verstehen will und vergessen hat, daß seine Heerde nicht zu seinem Dienste, sondern er zum Dienste der Heerde da ist", heißt es im Abschnitt XLII des Hirtenbriefes.

In Salzburg hatten sich damals etliche Illuminaten, das heißt „die Erleuchteten", ein Zweig der Freimaurer, unter sichtlicher Förderung des Erzbischofs zu einem mehr oder weniger geheimgehaltenen Bündnis zusammengeschlossen. Gelehrte und hohe Geistliche vor allem gehörten dem Bunde an, unter ihnen Mozarts Freund Hofrat von Gilowsky, der Schulreformer Viertaler, der angesehene Chronist und Publizist Hübner, nicht zuletzt die Herren der Universität, voran Rektor August Schelle, ein ehemaliger Benediktiner aus Tegernsee, dazu der genannte Professor Fingerlos, in dessen Obhut sich unser Ferdinand Joly befand. Der Bund der Illuminaten, die sich als „gereinigte Freimaurer" verstanden, war durch den Ingolstädter Jesuiten Adam Weishaupt begründet worden, bald aber hatte sich Weishaupt von den Jesuiten abgewandt und geriet nun in eine fanatische Gegnerschaft zum kirchlichen Dogmenglauben: sein Streben galt der religiösen und politischen Aufklärung. Kein Wunder, wenn die Wogen gerade in Salzburg hochgingen, wo eingewurzelte Volksfrömmigkeit schon stets in krassem Gegensatz zu landfremdem, dem bäuerlichen Denken widerstrebenden Bewegungen stand!

Der Bund wurde streng geführt. Im Salzburger Park von Aigen, der Herrn Basil von Amann gehörte, fanden die Aufnahmezeremonien statt. In der Pfeifergasse, im Zirkelhaus, pflegte man die Zusammenkünfte. Das Haus – es ist zugleich das Haus, in welchem vor Jahrhunderten der Komponist und Orgelmeister Paul Hofhaymer gelebt hatte – trug diesen Namen, weil es die Illuminaten beherbergte, deren Zeichen der Zirkel war.

In diesem seltsamen Haus, in dessen Gegenüber vor Jahrhunderten auch der große Arzt Paracelsus gewirkt hatte, ehe er im Bauernkrieg Salzburg bei Nacht und Nebel verlassen mußte, wurde Ferdinand Joly unfreiwilliger Zeuge eines Illuminatentreffens.

Das Illuminatentreffen im Zirkelhaus

Es kam ganz zufällig. Professor Fingerlos hatte Joly eines Tages gebeten, ihm am Abend, jedenfalls vor acht Uhr, ein paar Bücher, die er nicht mit sich herumtragen wollte, ins Zirkelhaus in der Pfeifergasse zu bringen. Er solle die wohlverschlossenen Bücher zuverlässig beim Hausmeister abgeben, besser noch, nach dem Professor fragen, damit dieser sie selber in Empfang nehmen könne. Joly versprach, alles geflissentlich auszuführen.

Gegen acht Uhr erscheint Joly abends am Zirkelhaus. Er läutet, doch es öffnet kein Professor Fingerlos, sondern der junge Herr Baron von M., der unserem Ferdinand die Bücher abnimmt und für den Professor bereitlegt. Mit vorgehaltener Hand fragt er sodann unseren Joly, ob dieser nicht Lust habe dazubleiben. Heimlich freilich; es gäbe da einen sicheren Platz im oberen Gang, da könne man ganz gut verfolgen, was unten im ersten Stock gesprochen würde. Sein Vater käme auch zur Sitzung, meinte Herr von M., und er, der Ferdinand, könnte mit dem jungen Herrn Baron ganz gut im oberen Stock verweilen, solange die weisen Herren da drunten disputierten.

In dieser Aufforderung lag nichts Verdächtiges. Ferdinand und der junge Herr zogen sich in den Oberstock zurück, man hörte das Eintreten, Begrüßen und Murmeln im Hause. Bald wurde es still, und nur einzelne seltsame Worte drangen herauf aus dem Gewölbe.

Die Logenbrüder bedienten sich einer sonderbaren Sprache. Gewisse Namen wurden umgetauft; so hieß Salzburg bei ihnen „Ecclesia Nicosia", dann wieder war die Rede von „Athen", das soviel hieß wie „München"; die Münchener Loge aber führte den Titel „Behutsamkeit". Joly hörte, wie man einen Bruder als „Illuminator major" und einen als „minor" ansprach, einen nannten sie den „Areopageten". Allmählich kam es zu einem lebhaften Disput, ja es klang nach Streit, wenn nicht gar nach Drohungen. Den beiden jungen Männern kam die Gänsehaut. Würde man sie jetzt finden, wie sie lauschten, sie hätten mit der empfindlichsten Strafe zu rechnen. An ein Fortschleichen war jetzt nicht zu denken, sie wären gewiß bemerkt worden. Also harrten sie aus im Dunkel, während die streitenden Logenbrüder sich ganz allein in dem altehrwürdigen Hause wähnten.

Joly hatte nicht wenig gehört. Jetzt hieß es schweigen. „Du weißt, was geschieht, wenn auch nur ein Sterbenswörtl von dem herauskommt, was die da geredet haben! Selbst mein Vater weiß nicht, daß ich da droben ein Versteck habe."

„Du kannst beruhigt sein", antwortete Joly. „Du wirst nichts hören, das verspreche ich dir."

So wurden die beiden für einige Zeit gute Freunde, denn sie trugen ihr Geheimnis mit sich.

Joly konnte in dieser Nacht nicht schlafen. Er dachte nach: Was sie über Religion, Ämter, bevorstehende Auseinandersetzungen oder lokalen Zank gesprochen hatten, ging ihn kaum an. Als sie aber vom nächsten Zusammentreffen redeten, das am Goishügel, unweit dem Walser Birnbaum auf dem Walser Feld, stattfinden sollte, war Joly hellhörig geworden. Walserfeld! Da gingen die „Unterschberger" um in den Rauhnächten, da sammelte sich Jahr für Jahr das „Wilde Gjoad", ehe es in den Dörfern am Fuße des Untersberges einherrumpelte, manchmal bis hinein in die Stadt. Zwar war das Treiben längst verboten worden, aber es geschah immer wieder . . .

Jolys Phantasie trieb ihn zu lebhaften Vorstellungen: Man hatte ihm schon als Kind erzählt, daß der gewaltige Kaiser Friedrich – anderswo hießen sie ihn den Kaiser Karl – drinnen im Untersberg schläft und alle fünfzig Jahre einmal erwacht; dann läßt er sich berichten, ob die Welt noch steht oder ob es an der Zeit sei für ihn, aus dem Berg herauszutreten mit flammendem Schwert und tapferen Kriegern, um neue Ordnung in der Welt zu machen. Viele Geschichten gingen um von den winzig kleinen kohlschwarzen Untersbergmandln, aber auch von den greulichen Frauenzimmern und den wilden Riesenvögeln, die im Berg hausen, bis auch sie auf die Menschen losgelassen werden, um diese anzugreifen in ihrem Hochmut, ihrer Mordlust und Gottlosigkeit. Und Joly stellt sich das Elend vor auf dem Walserberg, wo dereinst die letzte Schlacht stattfinden soll, gerade dort, fast noch vor den Toren Salzburgs, wo es heißt „zum Himmelreich"; denn dort geht die große Bittprozession zu Ende, die jetzt auch verboten worden ist! Und gerade dort, am Goishügel, da wollen sie sich treffen, die noblen Herren Illuminaten; scharf bewacht, den Bürgern entzogen! Oder doch nicht ganz? Gewiß, es steht eine alte, stille Kirche da seit undenklichen Zeiten. Man wird ja auch nichts Gottloses besprechen. Aber warum nur gerade dort? Warum überhaupt dieser Bund? Erleuchtung? Hat er, der lauschende Ferdinand, nicht auch davon gehört, daß der neuernannte Erzbischof beabsichtige, eine eigene Loge „Zur Fürsicht" zu gründen?

O, Joly wußte schon viel, eigentlich zu viel, und die „Fürsicht" galt nun für ihn selbst.

In den nächsten Tagen plagten Joly böse Zweifel. Er überlegte sich seine eigene Zukunft. Wenn er daran dachte, wie er einst den einfachen Leuten am Land das predigen sollte, was ihm am Herzen lag, ohne die schwere Bürde all des theologischen Weistums, in das vielleicht sein Oheim Raimund in Kremsmünster eingedrungen war – ihm stand es noch bevor!

Mehr und mehr ahnte er, was dieser Regens Fingerlos meinte, wenn er es den Schülern immer wieder vorsagte: „Rede so, daß dich die Leute verstehen! Sag es ihnen in ihrer Sprache, sag es ihnen in ihrer Denkensart! Auf die *Predigt* kommt es an, nicht auf all das Drum und Dran, was sich angesammelt hat im kirchlichen Leben! Nicht das Glaubensbekenntnis macht den Wert des Menschen aus, sondern seine sittliche Tugend – auf die edle, echte Menschenführung kommt es an! So hat es euch der alte Lessing schon gesagt!"

Und er ereiferte sich: „Der allzu viele Weihrauch, die unnützen Kerzen, die Prozessionen und Wallfahrten mit ihren Liedern und Litaneien, die Tausenden von Heiligenbildern, Fahnenstangen, Marterln und Leichladen und was sonst noch alles umgeht an unnützem Zeug unter den Leuten: Wem nützt das alles? Was hilft es den Armen –?"

Das klang aufrecht und ehrlich, aber dem Ferdinand ging es doch wider sein Gefühl. Warum sollten auf einmal die schönen alten Bräuche und Lieder nichts wert sein? Nur weil dieser leider unmusikalische Professor vom Singen nichts hielt? Man sagte es ja sogar den anderen hohen Herren nach, daß sie vom Singen nichts verstünden, sonst hätten sie nicht so langweilige, ja sogar richtig öde Lieder in der Diözese eingeführt! Warum sollte man nicht mehr auf den Straßen umherziehen mit Prangerstangen und großer Musik an den Feiertagen oder zur Zeit der Passion? Es gab aufgeklärte Herren, die vom blinden Aberglauben, vom Götzendienst sprachen, sie spotteten über die verwerflichen Malereien und Bildnereien, über die anstößigen Engel und Putten in den Kirchen und Kapellen bis hinauf ins Gebirge. „Der Glaube muß gereinigt werden von allem wuchernden Unkraut der Phantasie, weg mit dem Zierat, dem Schnörkelwerk einer verlogenen Zeit!" hieß es in jenen Kreisen, die solche Weisheit vornehmlich aus dem Land der Franzosen importiert hatten.

Nein, mit solchen „Aufklärern" wollte er nichts zu tun haben! Noch sang er, wenn er konnte, mit bei den Umgängen, aber er liebte auch das Theater und versuchte sich selber bereits mit kleinen Szenen und Versen. Später würde er große Stücke schreiben und auch neue Lieder erfinden, nicht nur für die Kirche!

So sehr ihm dieser Professor Fingerlos auch Eindruck machte, so sehr es dieser Mann auch gut meinte – ihm folgen konnte er nicht. Mein Gott, war der Mann ernst!

Maridi in der Gstötten

Es ist nun an der Zeit, von einer ganz anderen Stätte zu berichten, die für unseren Ferdinand Joly von Tag zu Tag bedeutsamer wurde. Diese Stätte lag weit abseits der Priesterhäuser, abseits der Kirchen, sie war eine der dunkelsten Orte im alten, ehrwürdigen Salzburg, wo den ganzen Tag kaum ein Sonnenstrahl hinkommt, weil die Häuser zu dicht beisammenstehen und obendrein noch halb drin stecken im Felsen. Diese Stätte hieß die „Gstötten", was soviel heißt wie „Gestade", denn die Häuser grenzten damals noch an den Salzachfluß.

In dieser „Gstötten" aber gab es einen Lichtfleck, und das war die Maridi, ein blasses, blutarmes Mädchen, leutscheu, aber lieb. Es lebte bei seiner fast erblindeten Mutter und versah niedere Dienste in den etwas besser gestellten Bürgerhäusern. Auf dem Müllner Friedhof, am Grab ihres Vaters, der am Lungenbrand gestorben war, hatte Ferdinand Joly die Maridi kennengelernt, er war bei ihr stehengeblieben und hatte sie immer nur angegafft. Wie sie damals so dastand, hilflos, blaß und lieb, da hatte er sich nicht helfen können und ihr etwas ins Ohr gesagt, was sie aber nicht verstand. „Du Schmähtandler" war alles, was er zu hören bekam.

Das war nicht gerade ermutigend. Aber dann ist ihm die scheue Maridi nicht mehr aus dem Kopf gegangen, und er hat ihr ein paar feine Leckereien aus der Konviktsküche mitgebracht, als er zum ersten Mal auf abenteuerliche Weise zu ihrem versteckten Kammerl hinaufgestiegen war. Zimmer konnte man ja die winzige Behausung nicht nennen, sie war eingezwängt in zwei Dachbodenräume, und Decke und Fußboden wölbten sich in bedrohlicher Weise. Nur eine Luke gab den Blick frei in einen engen Lichthof, doch blieb die Luke zumeist geschlossen, der üblen Gerüche halber. Aber seine Maridi war anschmiegsam, einem Engel gleich, und da war genug Platz in der kleinsten Kammer.

Ferdinand erlebte hier seine ersten Seligkeiten; ob es auch schon seine letzten waren, getraute er sich selber nicht vorauszusagen. Er durfte ja Maridi gar nicht lieben, er sollte ja Priester werden. Also würde dann doch bald alles ein Ende haben. Er wußte es und wollte es aber nicht wissen; also schlich er weiterhin Tag für Tag in der späten Dämmerung in die Gstötten, hinauf in das düstere Kammerl seiner Maridi.

Eines Tages aber, als Ferdinand wieder ohne Argwohn zu dämmernder Stunde in die „Gstötten" schleicht, steht, kaum daß er den Hausflur betreten hat, vor ihm ein bärtiger Mann mit Augenbinde im Dunkeln, er hält den Joly fest und bedeutet ihm, ganz still zu sein. Als sich Ferdinand nicht widersetzt, nimmt der Mann Augenbinde und Bart ab: es ist der junge Herr Baron von M., dessen genauen Namen wir aus Pietät verschweigen.

„Joly", beginnt er, ich will dich nicht hereinlegen, aber du sollst wissen, daß wir beide seit kurzem beobachtet werden. Seit dem Abend im Zirkelhaus ist einiges in die Öffentlichkeit gedrungen, was nur die Zirkelleute wissen. Ich frag dich nicht, ob du geredet hast, und du wirst auch mich nicht fragen. Aber der Vater hat in einem Gespräch mit diesem Herrn von Feyertag ein verdächtiges Wort fallen lassen.

„Ich weiß schon", unterbricht Joly, „der kann mich genauso wenig leiden wie ich ihn, das hat seine Gründe."

„Ja, und der hat herumgeredet, das Wort ‚Luderleben in der Gstötten' ist gefallen, ich habe gleich an dich gedacht, er muß etwas wissen. Mich kann er ja überhaupt nicht ausstehen, besonders seit er weiß, daß wir Freunde sind. Dem werd ich einen Strick drehen, und schon bald, verlaß dich drauf. Aber jetzt red ich noch nicht davon. Paß auf, Joly, geh heut nicht zu deiner Maridi!"

Ferdinand ist doch vor den Kopf gestoßen; wieso können die wissen . . .

„Joly", fährt der junge Herr Baron fort, „sie haben noch mehr geredet; sie wollen mit dem Rektor unter vier Augen sprechen, es paßt ihnen so manches nicht in deinem Verhalten, du führst immer irgend etwas im Schild, sagen sie, hast auch schon mehrmals gegen den Colloredo selber aufgemuckt, seine Verbote lächerlich gemacht, ja sie wissen sogar, daß du nicht nur in die Gstötten gehst, sondern neuerdings auch nach Liefering; mit den Fischern hast du dummes Zeug geredet . . ."

„Was soll ich geredet haben?" braust Joly auf. „Jetzt wird's mir zu dumm, was du da alles daherbringst wider mich."

„Ich kenn mich aus", murmelt der junge Herr Baron. „Du hast irgend etwas geschwätzt von den Illuminaten, was niemand wissen kann außer dir und mir. Und damit du für alle Zeiten weißt, was Schweigen heißt, so merk dir das –"

Und schon versetzt der junge Herr Baron dem Ahnungslosen eine Ohrfeige und verschwindet im Dunkeln.

Wie betäubt bleibt Joly im Hausflur zurück; Rohheit war ihm von jeher zuwider. Aber hätte er zurückschlagen sollen? Es hätte das Ganze nur verschlimmert; der junge Herr Baron hätte zu noch ganz anderen Mitteln gegriffen, um seinen gefährlich gewordenen ehemaligen Freund loszuwerden. Also schluckte er einstweilen die Demütigung. Aber er sagte zu sich: „Da muß noch einiges gschehn, eh daß ich dem nach der Pfeifen tanz!"

Finstere Gedanken stiegen auf in ihm, der noch immer unschlüssig im dunklen Hausflur auf und nieder ging. Hatte der junge Herr nicht, als er zuerst mit Augenbinde und Bart dagestanden, ausgesehen wie der „Leibhaftige" selbst? O ja, es gab gewiß noch Teufel in der Welt, und sie schlüpfen hinein in die Menschen, ehe sie sich's versehen. Der beste Freund wird dann zum Feind, und es erwacht eine Lust, den anderen zu quälen und zu erniedrigen, bloß weil es der Teufel so will . . .

Jetzt wäre er gerne noch zu dem Mädchen hinaufgegangen und hätte Trost gesucht für eine kurze Weile. Irgend etwas hielt ihn zurück. Noch brannte die Wange, und Scham stieg hoch in ihm. Er schlich hinaus in die „Gstötten" und ging, von niemandem beobachtet, wirr in Gedanken und Plänen, zurück in sein Konvikt.

Joly fand keinen erquickenden Schlaf. Der junge Herr Baron hatte ihn in der Hand, das wurde ihm klar. Er konnte nicht gegen ihn anrennen, denn sie beide wußten zuviel. Unseligerweise hatten sie auch noch einen gemeinsamen Feind, diesen Herrn von Feyertag. Und wo zwei dasselbe wollen, können auch Feinde plötzlich wieder Bundesgenossen werden.

Die Geschichte mit der Ofengabel

Es war noch nicht sehr lange her, da wurde auf der Richtstätte unweit Nonntal die letzte Hexe des Landes Salzburg mit dem Schwert hingerichtet, es geschah laut Protokoll am 6. Oktober 1750. Die Arme war die sechzehnjährige Maria Pauerin gewesen, ein „Kindsmädel", also eine mit einem unehelichen Kind. Man hatte sie aus Mühldorf in Bayern, das damals noch zum Erzbistum Salzburg gehörte, hierhergebracht. Wie die zahlreichen Verhöre ergaben, hatten sich bei ihr „herumfliegende Gegenstände" gezeigt, sie hatte Klopflaute gehört, auf- und zuschlagende Türen und ähnliches. Schließlich hatte das als geistesschwach bezeichnete Mädchen sich zu dem „Verbrechen mit dem Teufel" bekannt, was soviel bedeutet wie „Schlaf mit dem Teufel". Also mußte sie nach der Enthauptung auch noch verbrannt werden.

In Jolys Tagen – es geht auf das Jahr 1783 zu – lebt in Salzburg ein angesehener Kaufmann, Franz Anton Spängler, ein unbescholtener, wohlgelittener Mann, der eines Tages eine Hexe auf einer Gabel durch die Luft reiten sieht. In zwei Jahren wird Herr Spängler achtzig Jahre alt, und es ist ihm schon zuzutrauen, daß er in einer drohenden Gewitterwolke eine Hexe auf einer Gabel erkennen kann.

Was soll das für eine Gabel gewesen sein, wird gefragt. Eine Art Ofengabel genau wie vor dreißig Jahren, antwortet Spängler, da ist auch schon an der gleichen Stelle dasselbe passiert!

Erzählen Sie, erzählen Sie, bedrängen die Bürger den alten Herrn. Wie war das damals mit der Ofengabel?

„No ja, no ja", beginnt zögernd Herr Spängler, nachdem er sich erst einmal auf einem Bankerl in der Sonne gegenüber der Kollegienkirche niedergelassen hat. „Ich erzähl's euch so, wie es mir der hochwürdige Herr Professor von Guthrat damals erzählt hat."

„Also" – und damit zeigte er hinauf zum Himmel – „also, da ist einmal im Juli plötzlich am frühen Nachmittag ein grobes Wetter aufgezogen über der Stadt mit Hagel, Blitz und Donner. Während das Wetter losbricht, wirft die Dienstmagd unseres Herrn Notari drei Hagelkörner ins Kuchelfeuer, damit, wie die Leute glauben, der Zauber gelöst wird. No ja, so ein Wetter, das weiß man ja . . ." Da sieht eine Dienstmagd, die gerade über den Universitätsplatz geht, beim Turm der Kollegienkirche gegen die Professorenwohnung zu das Eisen von einer Ofengabel aus der Luft fallen und bringt es gleich nach Haus. Das Gabeleisen kommt dann sofort noch am selben Tag ins Kolleg und wird von Pater Amand, weiland Professor der Polemik, aufbewahrt. Die Magd beschwört bei Jesus Christus die Wahrheit ihrer Aussage.

Inzwischen hat man die Holzknechte, die damals noch auf dem Universitätsplatz das Brennholz verkauften, ganz genau befragt, ob sie das Eisen kennen, das da aus der Luft hergeflogen war. Sie kennen kein solches Eisen, und zum Aufladen taugt das schon gar nicht. Das ist eine richtige Ofengabel, stellen sie fest. Jetzt steht Herr Spängler auf und sagt fast pathetisch: „Und so eine Ofengabel, liebe Leutln, so eine war's auch jetzt."

Immer mehr Leute haben sich indessen um das Bankerl in der Sonne geschart.

„Aber diesmal hat's der Scholy tan! Der Ferdinand Scholy, der Student!" heißt es auf einmal.

„Der Herr Student, dem jede Lumperei zuzutrauen ist?"

„Der Ferdl, der Sohn vom Hofzuckerbäcker seligen Angedenkens?"

„Ja, der Scholy, der und kein anderer hat's getan!" rufen sie durcheinander, während Herr Spängler kopfschüttelnd fortgeht.

Der Missetäter wird ehebaldigst ausgeforscht und aufgegriffen, irgendwer will gesehen haben, wie Joly von der Höhe des Hauses des Herrn von Feyertag am Universitätsplatz 12 vom dritten Stock aus das Eisen geworfen hat. Joly leugnet. Indessen entdeckt die Ehegattin des Hauptmannes de Guardi, der im Nachbarhaus des Herrn von Feyertag wohnt, daß ihr ein Eisen in der Küche entführt worden ist. Jetzt kommt sogar diese nicht sonderlich beliebte Person in Verdacht, daß sie an dem Vorfall schuld sei. Schon beginnt das Gezischel, das sie öffentlich als Hexe bezeichnet. Was tun?

Es kommt zu einer neuen Vernehmung des Studenten Ferdinand Joly. Schon weiß die ganze Stadt, daß sich hier eine finstere Geschichte zusammenbraut. Ein Pater, den hier kaum jemand kennt – er soll gleich den Jolys französischer Abstammung sein, ein Günstling des Erzbischofs, undurchsichtig, vielleicht sogar verschlagen –, erhebt als erster Anklage gegen Ferdinand. Er will es mit eigenen Augen gesehen haben, wie Joly mit der Ofengabel auf das Dach des Feyertagschen Hauses stieg. Aber die Mühlen mahlen indessen ein anderes Korn: wie sich nach einigem Hin und Her herausstellt, hat sich ein junger Baron – wir wissen, daß es derselbe ist, der im düsteren Hausflur in der Gstötten dem Joly aufgelauert hat – aus Rache an Herrn von Feyertag den Scherz mit der Ofengabel erlaubt. Freilich, Joly muß zugeben, daß er dabei war; er hat den „feinen Herrn" decken müssen, schließlich kann man einen Mitwisser nicht mir nichts, dir nichts bloßstellen – wer auch hätte ihm geglaubt! Also hat es Joly ausbaden müssen, was ein anderer ausgeheckt hat, er, der Student Ferdinand, des in Ehren verblichenen Hofzuckerbäckers mißratener Sohn.

Das Vorkommnis zieht weite Kreise. Dieser Bursche hat zu verschwinden! Er weiß zuviel, zuletzt plaudert er es doch noch aus, sagen die Illuminaten. Und so einer soll Priester werden?

Pfui der Schand! Was waren das für Eltern, die so eine Brut aufgezüchtet haben! Der alte große Raimund Joly in Kremsmünster, Prior und Prediger vor dem Herrn! – wenn der das erfährt, trifft ihn noch 's Schlagerl! So wird geredet, aber das Ärgste kommt noch nach: Kurze Zeit nach der Ofengabelgeschichte stirbt unser Kaufmann Franz Anton Spängler.

Jetzt nehmen die Gerüchte ihren freien Lauf. Nun gibt eines das andere: Ferdinand Joly wird kurzerhand relegiert, aus allen Listen gestrichen, jedes weitere Studium wird ihm bei Androhung von Strafen untersagt, da hilft auch kein Einspruch des gütigen Pater Canonicus Paulinich, nicht einmal der Versuch des angesehenen Professors Fingerlos, Jolys Unternehmen als einen verzeihlichen Bubenstreich hinzunehmen. Die Widersacher, die Bürger vor allem, sind die stärkeren. Ein junger Priester von der Art dieses Ferdinand Joly könnte gefährlich werden: man entledigt sich solcher Naturen beizeiten, meint Herr von Feyertag. Jetzt ist Ferdinand das, was er Zeit seines Lebens bleiben wird: „der ausgjagte Student von Salzburg".

Ferdinand sitzt in der kleinen Stube seiner lieben, kranken Tante Sallerl. Es ist aus mit dem Studium. Aber es ist auch aus mit Salzburg. Unter Feinden kann er nicht leben. Er wird fortgehen, zuerst vielleicht nach Ebbs in Tirol, wo er hoffentlich seinen Taufpriester und Onkel, den „anderen" Ferdinand Joly, noch antrifft, später dann erst, wenn Gras über die Ofengabelgeschichte gewachsen ist, wird er versuchen, mit seinem anderen berühmten Oheim Raimund Joly, dem Prior von Kremsmünster, ins Gespräch zu kommen. Aber das hat Zeit.

Wie war das alles so schnell gekommen? Hatte er nicht brav und fleißig ministriert, das Weihrauchfaß geschwungen, hatte er nicht seinem lieben Canonicus Paulinich treulich gedient? Hatte er nicht seine lateinischen Responsorien fließend hergesagt, seinen Cornelius Nepos und Caesars De bello Gallico gelesen, dazu Predigtbücher, Traktate und Orationes aller Art? Warum mußte es zu der unseligen Freundschaft mit dem jungen Herrn Baron kommen, die doch keine war? Was mußte ihn dieser auch zur Sitzung der Logenbrüder locken, ihn zu so und so vielen Heimlichkeiten verleiten, bloß um der Neugierde oder gar um einiger Vorteile willen?

Und dann dachte er an die Maridi in der Gstötten, wo nie ein Strahl der Sonne einfiel . . . Was wird aus Maridi werden?

Joly hielt im Nachdenken inne. Da saß er nun in der kleinen Kammer der guten Tante, Maridis Kammer war kaum größer gewesen. Für ein paar Tage konnte er noch hier bleiben, damit er sich rüste für den Auszug aus Salzburg . . . Ob er Maridi noch Lebewohl sagen durfte? Einmal noch mußte er sie sehen!

Von Tante Sallerl erhielt Joly etwas Zehrgeld, seine wenigen Habseligkeiten verpackte er in einen Ranzen, die Bücher freilich konnte er nicht mitnehmen, nur das Notwendigste wanderte in die Reisetasche. Rosalie Joly ahnte, daß sie ihren Ferdinand vielleicht nie mehr sehen würde; am frühen Morgen gab sie ihm den Abschied, dann schlich er doch noch hin zur Gstötten. Zwei seiner liebsten Kameraden gaben ihm das Geleit, es waren der Gasparotti und der Pramstaller, liebe Burschen, die gar nichts begriffen. Getreulich warteten sie am Müllner Tor, bis Ferdinand aus dem dunklen Hause kam. Seine Maridi hatte er nicht mehr angetroffen . . .

Joly wandert nach Westen

Joly wandert von Mülln nach Westen, nach Salzburghofen, jenseits der Saalach, wo er einstens in Kindertagen mit seinem Vater und Pater Guardian zu einer fröhlichen Zecherei geweilt hatte. Plötzlich kommt ihm zu Bewußtsein, daß das alles der Vergangenheit angehört, daß er, gänzlich aller Pflichten enthoben, frei wie ein Vogel ist. Und es überfällt ihn ein Schrecken: jetzt war er für sich selbst verantwortlich, sowohl im Guten als auch im Bösen.

Als Joly Salzburghofen erreicht, läßt er sich beim Mirtlwirt nieder und bestellt ein großes Glas Bier. Dann kramt er sein Schreibbüchl hervor und kritzelt mit seinem Stift ein Gedicht hinein, gemünzt auf den mißgünstigen Pater, der zuerst gegen ihn Anklage geführt hatte wegen der Ofengabel – ein Mann, der vielleicht auch daran schuld war, daß alle wohlmeinenden Einsprüche der Befürworter Jolys gänzlich im Wind verhallten.

Wie er nun aufsah vom Tisch, hinaus aus der Wirtsstube, da lag gerade ein blasser Schimmer über dem hohen Untersberg. Joly stieg die Erinnerung auf an den Goiser-Hügel, auf welchem sich die „Illuminaten" zuzeiten trafen. Stärker aber trat vor sein inneres Auge die Gestalt des sagenhaften Kaisers, der in den Hirnen der einfachen Menschen, die in den Talorten und Gehöften zu Füßen des Berges lebten, immer noch so lebendig war, so daß sie das nächtliche Treiben des „Wilden Gjoads" ganz auf ihn bezogen. Nicht anders taten es die „Haberer" drüben weiter in Bayern, wie er in Andeutungen dann und wann vernommen hatte.

Und vor Jolys Auge steigt Kaiser Friedrich jetzt aus dem Berg heraus. Er trägt einen langen weißen Bart, er kommt mit Krone, Schwert und rotem Rock. Und er spricht:

Der Tag ist nicht mehr weit,
die Stund ist vor der Tür.
Ich richte mich zum Streit
der ganzen Welt herfür.

Gott ist gerecht.
Er sah schon lang die Bosheit dieser Erden,
er hoffte Besserung und wollt der Menschheit
gnädig werden.

Doch jetzt ergreift er selbst die Waffen,
den Greu'l der Sünde abzustrafen.

Und da schaut auf einmal ein Untersbergweibl herein, kleinwinzig, mit breitem Hut, im schwarzen Gewand, und das redet mit kläglicher Stimme:

Ist es denn wirklich wahr,
wie man bei uns im Unterschberg hört,
daß sich die ganze Welt
so grausam hat verkehrt?

List und Betrug
geht also sehr in Schwung
bei Alt und bei Jung,
daß man darf aufschaun
und ein Bruder dem anderen nicht traun.
Denn die jetzige blinde Welt
setzt ihr Vertrauen
nur auf vergängliches Gut und Geld,
tragt im Herzen nur Wucher und Neid
und vergißt auf Himmel und Seligkeit.

30

Sie leben miteinander wie die Schwein,
und eines über das andere
will das Bessere sein.
Sie zanken wie die Hund
und gehn mit Leib und Seel zugrund.

Jetzt hat Ferdinand das dritte Glas vor sich stehen, da kommt ihm seine Schreiberei plötzlich recht hilflos vor. Warum schreibt er das? Das schmeckt ja nach billigem Theaterstück. Aber wenn er das einmal vor den Leuten spielen will – es werden hauptsächlich Bauern sein, die da zuhören –, so braucht er einen „Bajazzo", einen richtigen Hanswurst, wie er in Salzburg zu Hause ist. Der muß dreinfahren und sich über alles lustig machen, der glaubt an keinen Kaiser Friedrich und Kaiser Karl, und für den gibt's auch keine Aufklärung. Also läßt er ihn in seiner Volkssprache auftreten, „Schnurgrad vom Mutterleib!" Und er schreibt:

BAJAZ *(springt vor):*
Tausend! Tausend!
Dös war a Komedi!
Kaiser Friedrich macht's so zach und so gnädi,
er stellt si so wacker und so vermessen,
als wann er uns all aufn Kraut wollt fressen.
Wia sein Sabl ist aus der Schoad gflogn.
Bua! Da han i mei Nasn einzogn!
Mei! Han i ma denkt,
was hilft dir dein Greinen und dein Sagn?
Mit dein Kasmesser magst a nöd alls derschlagn.
Und wannst di nöd endla laßt balbiern,
so kann di dei Bart a no amal irrn.

Und schon phantasiert Joly weiter, wie der Bajazzo die Untertanen des Kaisers – das sind die schwarzen Untersbergmandln und -weibln – immer mehr reizt, damit sie endlich alle aus dem Berg herauskommen. Warum das? Sie sollen endlich die sündige Menschheit bestrafen. Aber niemand kommt außer einem hochnäsigen Herrn Baron, einem kriegerischen Menschen, den der Bajazzo zuerst an der Nase herumführt, bis jenem das Gefoppe zu arg wird und er den Bajazzo am Hals packt:
Kerl! Die Red kostet dir dein Leben!

Daraufhin zitternd der
BAJAZ:

> Nöd! Nöd!
> Willst dich denn mit an Narrn abgeben?
> An koan so Lappen muaßt di nöt vergreifen!

DER BARON:

> Alsdann, Kerl, mußt du anders peifen!

BAJAZ:

> Uje! Schau! Schau!
> Bist netta so a hitzigs Mandl,
> suachst nix als Kriag, Zank und Handel!
> Wiar oft habts uns Post schon außa toa:
> „Mir kemmant scho, mir kemmant scho!"
> Und so vergeht oa Wochn und oar Monat um dös ander,
> und enka guater Unterschberg tuat si halt nöt von anander.
> Ös mögts nöt heraus,
> mir mögnt nöt hinein,
> drum werd die ganze Historigschicht
> an uralts Gedicht
> und a leere Fabl sein.
> Man hat's ja schon durch's Sprichwort erfahrn:
> Die reinst Wahrheit hört ma von Kindern und Narrn.

Aber der kriegerische Herr Baron gibt nicht auf und wird zornig:

DER BARON:

> Gehst, Kerl! Oder du wirst arm!

BAJAZ:

> I han eh koa Geld! *(läuft davon)*

So aber möchte Ferdinand seine Reimerei nicht schließen.
Er steht auf und schaut aus dem Wirtshausfenster: Da draußen
leuchtet jetzt die Landschaft in jenem seltsamen Föhnlicht, das
man im Spätherbst nur im Voralpenland zu sehen bekommt.
Wälder und Moore tauchen dann in tintendunkle Farben, und
darüber leuchtet ein seidig blauweißer Himmel, als wär's schon
Frühling.
Und von neuem überkommt den „Ausgjagten" ein Zorn
über die Leute jener Stadt, die ihn so schlecht behandelt haben,
und schon stellt er sich einen Schmähchor vor, bestehend aus

Alten und Jungen; die Untersbergmandln und -weibln müssen natürlich dabeisein, anzusehen wie uralte Murmeltiere; aber unter denen meckert auch eine Habergoaß, und andere zottige Wesen gibt es auch noch mit Kuhglocken und scheppernden Schellen. Und dann kommen sie von allen Seiten und singen ein Lied, das unser Joly fieberhaft hinschreibt, Zeile um Zeile summend und fluchend, wie es ihm gerade einfällt:

CHOR:

> Weil die Welt so sehr verblendet,
> so wird uns die Wahrheit zeigt,
> und das Schicksal wird geendet
> mit viel Angst und Traurigkeit.
>
> Sehet diesen Sternen glänzen!
> Schaut hinauf ins Firmament!
> Dieser wird für alle Menschen
> bringen ein erschrecklichs End.
>
> In dem Walserfeld alldorten
> da wird sein die letzte Schlacht,
> werden liegen an diesem Orte
> viele Tausend umgebracht.
>
> Gott wird seinen Zorn ausgießen
> über unser Vaterland,
> werden's viel erfahren müssen,
> Hoch und Nieder, jeder Stand.
>
> Z' Salzburg in der Stadt darinnen
> wird ein solches Elend sein,
> wird das Blut von Menschen rinnen
> in den Gassen aus und ein.
>
> Ja! Es wird zugrunde gehen
> jede Kirch und jedes Haus.
> Da, wo jetzt die Stadt tut stehen,
> züchten Füchs und Hasen aus.
>
> Wenn die Fuhrleut werden fahren
> an dem Müllnerberg vorbei,
> werden s' zueinander sagen:
> Da muß eine Stadt gestanden sein.

Joly merkt, daß ihn der Wirt beobachtet hat. Er trinkt sein Glas aus, und das hilft ihm zur letzten Strophe; die darf dann vielleicht ein Soldat singen oder auch Engel, falls ihm das „Wilde Gjoad" so etwas erlaubt:

Wann das alles ist geschehen,
fallen gute Jahr noch ein.
Wer noch lebt, der wird es sehen,
daß gar wenig Menschen sein.
Denn die meisten seind umkommen
elendig durch Hungersnot,
viele haben Urlaub gnommen
durch den Krieg und gachen Tod.

Der Wirt steht jetzt dicht neben Joly: „Bist lei a Dichter?"

Joly räumt seine Papiere zusammen. „Dös woaß i selber nöd", sagt er darauf und ahnt vielleicht, daß er ab jetzt mit dieser Sprache viel zu tun haben wird.

Aber er sieht, daß der Postwagen schon draußen steht, und so zahlt er und verabschiedet sich sofort. Der Postwagen wird ihn vom Mirtlwirt nach Laufen, der alten Salzachstadt, bringen, dort wird er den hochfürstlichen Postmeister Pollak aufsuchen, ihm soll er einen Brief überbringen, den die gute Tante Sallerl an ihn geschrieben hat. Auch dieser Postmeister Pollak war einer ihrer einstigen Verehrer, jetzt hat dieser Mann mit seinen dreiundsechzig Jahren noch geheiratet und ist zum zweiten Mal Postmeister und obendrein Ratsherr geworden. Vielleicht hat Ferdinand Glück bei ihm!

Gut ausgeruht erwacht Ferdinand am nächsten Morgen im Hause des Postmeisters. Der hilfsbereite Mann erlaubt ihm, Unhandliches bei ihm stehen zu lassen, bis Joly die Sachen eines Tages wieder zu sich nehmen kann. Sein Ziel ist abgemacht. Auf Weisung des Postmeisters wird ihn der Postwagen bis nach Waging bringen, dort soll ihm der hochwürdige Herr Dechant, ein alter Freund von ihm, mit Rat und Tat weiterhelfen. Denn, so fügt der Postmeister etwas leise hinzu, auf die salzburgischen geistlichen Herrn ist dieser Mann schlecht zu sprechen, und das mit der Ofengabel und der Ausweisung wird man gar nicht sehr ernst nehmen. Dann müsse er freilich zusehen, wie er ins Tirolische weiterkomme, ehe der Winter einbricht, aber gar so weit ist es ja nicht bis nach Ebbs, das liegt nicht weit weg von Erl, wo sie die Passion spielen, da war er schon einmal dort. Joly horcht auf.

„Ich hab schon davon gehört, vielleicht können s' mich gar brauchen. Schließlich hab ich ja schreiben und lesen gelernt, und das Latein kann ich auch, und wenn das nichts hilft, kann ich singen und malen."

„Die Bauern werden froh sein, wann ihnen so einer wie Sie Anträg und Bittschreiben aufsetzt für die Ämter, und wann Sie auch noch zur Messe singen, dann kommen Sie leicht über den Winter. Wie's dann weitergeht, da soll Ihnen der Herr Dechant etwas dazu sagen. Und außerdem – die Zeiten ändern sich."

„Ja, ja, die ändern sich", pflichtete Ferdinand bei.

Beim Herrn Dechant in Waging hat Joly kein Glück. Der alte Herr ist krank und kann niemanden empfangen. Er läßt ausrichten, der „Herr Student" möge in ein paar Tagen wiederkommen. So lange aber konnte Joly nicht warten. Er bekommt von der Köchin eine ordentliche Wegzehrung und zieht nun frohen Mutes zu Fuß weiter.

Joly freut sich, daß die Sonne ein paarmal durch den Nebel bricht, zu Mittag schon hat er Tettelham erreicht, wo er eine warme Suppe erhält, dann wandert er weiter hinüber zur Traun. Diesmal gibt ihm ein Bauer Obdach; einem so ernst dreinblickenden Studenten wird die Türe nicht versperrt.

Am nächsten Vormittag erreicht er Seebruck am Chiemsee. Den riesengroßen See, den sie das „bayrische Meer" nennen, hat er noch nie gesehen. Das dunkle Wasser beeindruckt ihn, hierher möchte er wiederkommen. Er hört auch, daß sie hier im Dorf Theater spielen. Jetzt proben sie für ein Adam-und-Eva-Spiel, erzählt man ihm im Wirtshaus, wo er sich erstmals eine tüchtige Mahlzeit leistet. Am liebsten bliebe er hier und würde mitspielen, aber erst muß er nach Ebbs, das hat er sich vorgenommen; in den Tag hinein leben will er nicht, besonders jetzt nicht, wo es Winter wird.

Also zieht er wieder dahin. Ein leiser Regen setzt ein, aber Joly hat ja seinen guten Salzburger Loden, der noch vom Vater stammt. So bleibt er geschützt und erreicht gegen Abend Pfifferloh, einen winzigen Flecken, der versteckt dahinträumt hinter sanften Waldhügeln am Westufer des Chiemsees. Da wäre er gerne untergekommen, aber die Leute meinten, er solle doch erst im Schloß Wildenwart vorsprechen, denn in Pfifferloh könne sich niemand aufhalten ohne das Mitwissen der Herren von Wildenwart. Das aber hörte Joly nicht gern, mit Schlössern und Schloßherren will er nichts zu tun haben, die Ofengabelgeschichte ist noch viel zu nah. Nein, in das Schloß wird er nicht gehen, da spielt er lieber den Teufel oder den Hanswurst im Bauerntheater von Seebruck!

Ehe es dunkel wird, macht er sich noch auf den Weg nach Umratshausen, einem ebenso weltverlorenen Dörfel in der Nähe. Dort mietet er sich regelrecht im Wirtshaus „Zum Goldenen Pflug" ein, läßt sich an einem der breiten Tische nieder und bestellt als erstes ein großes Glas Bier.

Ein gewisser Humprecht, Besitzer des Gasthauses, findet sofort Gefallen an dem etwas seltsam aussehenden Fremdling.

„Hallo, wo aus?"

„Auf Ebbs zu, auf Ebbs im Tirolischen", sagt Joly.

„Woaß scho, da drunt am Inn, glei hinter Erl. Da kenn i wen", meint der Humprecht.

„So", fährt Joly fort, „so, und ich hab an Verwandten, zu dem will ich hin."

„Aha", meint der Wirt. „Und wie hoaßt du nacha?"

„Ich bin der Joly Ferdinand, a Student von Salzburg."

„Und ich der Humprecht Roland, daß d'as woaßt."

„So", meint Joly. Pause.

„Scholi Ferdinand, hast gsagt? A komischer Nam!"

Währenddessen summt der Joly eine kleine Melodie vor sich hin.

„Da schaug her – die Melodie gfallt mir. Die han i no nia ghört", blinzelt der Wirt, „i brauchat schon lang oan, der wo mit mir singan tat, net nur im Wirtshaus, a in der Kirchn!"

„Sollt ma's probiern, obs eppas zammgeht mit uns zwoa?"

Und schon stimmt der Humprecht ein damals bekanntes Jagerlied an, der Joly fällt mit seiner feinen Stimme in der Überterz ein. Als das Lied zu Ende ist, ruft der Humprecht:

„Bravo! Bravo! Dös laßt si hörn!"

Und schon ist die alte Humprechtmutter da, sie kommt über die Stiege heruntergehumpelt und ruft aus:

„Was is dös für an neuchs Gsang! Dös is ja grad nobel! Wer is nacha der?"

„Dös is mei neuer Spezi, hoaßn tat a der Scholi, der kimbt von Salzburg, a Student, der wo aufm Weg is nach Ebbs im

Tirolischen, er sollt halt a Zeitl dableibn, mir brauchatn eh an Kirchensinger, da tat nix fehln."

Und weiter zum Joly: „Tatst leicht dableibn, wann ma di schön bittn tat?"

Joly nickt, und jetzt stößt der Humprecht den Joly an und hat schon wieder ein anderes Lied auf den Lippen, eines fürs Krippensingen zur Heiligen Nacht. Und Joly sekundiert mit einer besonders schönen Überstimme.

„Ja sapprawolt!" entfährt es dem Knecht auf der Kellerstiege.

„Was is dös für a Gsang", wispern die Urschel und die Kathi, und beide reißen die Augen auf: „A junger Herr aus Salzburg!"

Und schon wird geflüstert: „Is dös eppas der neuche Kirchensinger?" „Der is kammod!" pflichtet die Humprechtmutter bei.

Aber Joly ist durstig geworden, schon trinkt er sein zweites und bald sein drittes Glas. Das Singen wird lauter und übermütiger. Roland Humprecht ist kein schlechter Trinker, sein Bäuchlein beweist es. Er stellt ein viertes Glas auf den Tisch und ist im Begriff, das Lied von der „schönen Schwagerin" anzustimmen, als der Herr Pfarrer eintritt.

Hochwürden mustert die beiden Männer, die ausgerechnet an der Stelle des Liedes angelangt sind, wo es heißt: „. . . a Jungfrau is sie nimmermehr . . ." Es ist freilich ein Text, der nicht für die Ohren eines geistlichen Herrn bestimmt ist.

Schlagartig hören die beiden auf, aber es ist schon zu spät. Hochwürden verzieht sein Gesicht und sieht abschätzig auf den Fremden herab, der jetzt eine todernste Miene aufsetzt. Der Wirt aber steht auf und lädt Hochwürden zum Niedersetzen ein. Der aber bleibt stumm. Mit einer Geste der Verachtung entfernt er sich grußlos.

Als er fort ist, kratzt sich der Humprecht hinter den Ohren: „Mei, Joly, dös druckt mi arg, daß d'am Herrn Pfarrer net gfallen hast, aber woaßt, dös mach ma hiazt ganz anderst. Morgn is Sunntag, da kimbst mit aufs Chor, da tan ma singn, mir zwoa, a ganz was Schöns, dös wo da no koa Mensch nia net gsunga hat, wirst sechn, wann dös der Pfarrer hört, aft bist sei liaba Bua und 's Spül is gwunna! Wannst eppa gar no was Lateinischs singa kannst!"

„Wer ma machn", versucht der Joly zu antworten, die Mundart kommt ihm schon ganz gut gelegen, so arg verschieden war sie doch nicht von der ihm vertrauten, aber das vierte Glas tut seine Wirkung. „Wern ma schon machn", lallt er gähnend, reif für einen Tiefschlaf nach den langen Fußmärschen der letzten Tage. Die Humprechtmutter hat ihm ein sauberes Bett in der oberen Kammer hergerichtet; so gut ist es unserem „Ausgjagten" schon lange nicht mehr gegangen.

Am nächsten Morgen singt Joly das Solo zur Messe in Umratshausen. Er hat sich ein Marienlied zurechtgedacht, das er aus frühen Tagen in Erinnerung hat, jetzt singt er es ganz ohne Begleitung. Nachher stellen sich die Umratshauser Kirchensinger zusammen und singen ihr eigenes Lied. Auch ihr Lied ist schön, aber wie dann der Joly gebeten wird, sein Lied noch einmal zu singen, kurz vor dem Segen, da wird es seltsam unruhig in der Kirche. Die Leute verdrehen den Kopf, besonders die Bäuerinnen, den jungen Sänger aus Salzburg da droben am Chor wollen sie doch sehen. So hat hier noch keiner gesungen.

Diese helle sanfte Stimme klingt, als käme der Gesang von weither und doch wieder von ganz nah, bis hin geradewegs zum Herzen!

Als der Joly dann nach dem Segen gar noch ein kurzes lateinisches Gsangl von sich gibt – keiner hat das hier zuvor gehört –, da lauscht sogar Hochwürden andächtig und sagt nachher zu unserem Freund, ob der seinen Gesang nicht vor den ehrwürdigen Klosterfrauen zu Frauenwörth hören lassen wolle; er hätte da gute Beziehungen, und die Nonnen würden es ihm gewiß auch großzügig lohnen. Aber Joly weicht aus und blinzelt nur mit den Augen: Er glaube kaum, daß die Nonnen mit ihm zufrieden sein würden, er habe da so seine Erfahrungen.

„Welche?" fragt Hochwürden.

„Das möcht ich nicht gern ausplaudern. Es gibt solche und solche Nonnen."

Das hätte er nicht sagen sollen. Der Herr Pfarrer schüttelt unwillig den Kopf und macht sich seinen Reim auf die vielsagende Bemerkung Jolys.

„Das gfallt mir schier gar nicht, dein Reden, Herr Scholi. Wennst es nicht sagen willst, was dahinter steckt, dann will ich dich auch nicht ausfragen. Aber lassen wir's. Und nun wechselt er den Ton und sagt förmlich: „Schreib Er mir das schöne Lied auf, ich werde es den Schwestern selber überbringen. Sie werden Ihn gewiß in Freuden aufnehmen, wenn Er einmal dort vorbeikommt . . ." Mit einer lässigen Handbewegung entläßt der geistliche Herr unseren seltsamen Kauz.

Joly war froh, daß der treue Humprecht in der Nähe geblieben war. Der aber fing an:

„Mei Scholi, i frag di net aus, was gschehn is mit dir in Salzburg; du sagst nix, i woaß von nix und will a nix wissen. Aber mia zwoa, mir bleibn guate Freund, und übers Jahr, wann der Frühling kimbt, aft wachst a neuchs Gras und aft kehrst wieder zua – versprichst ma's?"

Und Joly versprach es, und dann schrieb er das Marienlied auf, das ihm vorkam, als müßte es einst seine Mutter gesungen haben, ehe er selbst auf die Welt kam.

Der Reichste von allen,
der fragt nach kein Geld:
Dein Schönheit, Maria,
ihm also gefällt.

Wann Gott selbst wird kommen
vom himmlischen Thron,
ein Mutter zu suchen
für sein liebsten Sohn,

dann wird er dich krönen,
o er dich auch findt,
du, Mutter der Liebe,
hilf mir armen Kind!

Bei den Puchlern in Ebbs

Die Tage sind kalt. Über Nacht hat es fast bis ins Tal geschneit. Joly aber friert nicht, sein Lodenmantel schützt ihn vor dem eisigen Nordostwind, der den Himmel auskehrt und von allen grauen Wetterhexen befreit. Wie ihm der gute Humprecht geraten hat, ist er über den Samerberg nach Tirol gewandert und hat nach einigen Wegstunden über Nußdorf bis Erl das stattliche Dorf Ebbs erreicht.

Groß ist seine Enttäuschung, als er erfährt, daß sein Oheim, Cooperator Ferdinand Joly, schon lange verschollen ist. Vor vielleicht zehn Jahren, so versichert ihm der seit einiger Zeit hieher versetzte Pfarrer Hauser, wäre er an einem eiskalten Tag nach Neujahr über Land gegangen und nie mehr zurückgekehrt. Man wisse nicht, ob er auf einem Versehgang gewesen sei oder andere wichtige Gründe gehabt habe für sein urplötzliches Fortgehen. Die Leute reden viel, besonders, wenn sie über den Durst getrunken haben. Manche wollen wissen, daß die Puchler mit im Spiel waren, denen man nicht über den Weg trauen darf.

Pfarrer Hauser stöhnt auf: „Die Leut sagen nichts, und erfahren tut man hier auch nichts. Es ist besser, wir reden nicht länger über diese traurige Geschichte!"

Aber damit gibt sich Joly nicht zufrieden: „Und kein Mensch hat je etwas Näheres erfahren?"

„Kein Mensch", gibt Pfarrer Hauser traurig zurück. „Sehen Sie, mein lieber Scholi, wenn es jetzt stürmt und schneit und die Steinberge ringsherum weiß werden und starr, so daß kein Mensch freiwillig hinausgehen möcht auf die Landstraße oder gar hinunter zum Wasser, dann, mein Lieber, da spielt sich allerhand ab im Dorf!"

„Ich weiß schon, was Ihr meint, Hochwürden, ich kenn's vom wilden Gjoad in Salzburg."

„Die Unterschberger", nickt der Pfarrer Hauser, „die haben den gleichen Herrn, den Kaiser Karl oder den Kaiser Friedrich, auf den schwören sie, wie sie sagen, gehen dann zurück zu ihm in den Berg, wenn sie fertig sind mit ihrer Nachtarbeit."

Joly denkt darüber nach, wie sein Oheim über Nacht verschwunden sein mag, vielleicht erfroren, vom Weg abgekommen, gar hinein in den Inn . . .

„Daß die Puchler eine Schuld haben, glaub ich nicht", setzt Joly fort, „ich kenne die Untersberger bei uns, die bestrafen nur Leut, die Böses angestellt haben, oder auch solche, bei denen die Obrigkeit nichts ausrichten kann. Manchmal auch schützen sie jemanden vor dem Zugriff der Obrigkeit."

„Genau wie die Puchler und auch drüben im Bayerischen die Haberer. Umbringen tun sie niemanden, aber sie machen einen Höllenlärm, und sie haben eine große Macht. Wer etwas ausgfressen hat, dem setzen sie so lang zu, bis der sich entweder öffentlich bekennt oder aber sogar sein Haus oder sein Land verläßt. Das ist vor nicht langer Zeit drüben im Bayerischen passiert!"

Pfarrer Hauser schweigt. Joly aber scheint es besser, nicht weiter zu fragen. Aber es gibt keine Ruhe in ihm: er muß mehr über die Puchler erfahren. Aber er wird vorsichtiger sein als in Salzburg, von einem jungen Baron wird er sich nicht mehr hereinlegen lassen.

Joly darf über die Wintermonate in Ebbs bleiben. Pfarrer Hauser ist ein guter Mensch, der ihm allerlei Aufgaben in Kirche und Haus zuweist. Bald wird auch hier die Schönheit seiner Stimme entdeckt, und was Joly an neuen Liedern hören läßt, geht bald in die Ohren von alt und jung. Seinem Hausherrn hat er nur in Umrissen erzählt, warum er nicht als Student in Salzburg geblieben ist. Es hätte ihm jemand böse mitgespielt, außerdem hätte er bemerkt, daß er vielleicht zum Priesterberuf nicht recht tauge. Pfarrer Hauser, ein stiller, bedächtiger Mann, konnte sich auf solche Gedankengänge keinen rechten Reim machen, aber er redete dem jungen Mann vorerst nicht drein.

Eines Tages aber nimmt er Ferdinand doch zur Seite: „Mein lieber Scholi, ich muß mit Ihnen reden. Es ist schön, daß Sie mir Tag um Tag brav aushelfen, die Leute mögen Sie, und mäuserlstad ist's in der Kirche, wenn Sie singen. Aber, ich habe es gut überdacht, mein Sohn, es wär ein Jammer, wann Sie nicht weiter studieren wollten – Sie könnten den Weg machen als Priester wie Ihre Vorfahren auch. Wie wär's mit München? Da reicht der Salzburger Arm nicht mehr hin. Ich hab dort gute Freunde, die könnten Ihnen weiterhelfen."

Joly schweigt, dann schüttelt er den Kopf. Nein, nach München möchte er nicht, überhaupt in keine große Stadt mehr. Immer noch spukt diese Ofengabelgeschichte in Jolys Hirn, und es wird noch lange dauern, vielleicht bis an sein Lebensende, bis er diesen Schrecken los wird.

„Ich kann's Euch nicht sagen, Hochwürden, was mich abschreckt. Zuviel hab ich schon gesehen von der noblen Gesellschaft, da könnt ich nicht ruhig bleiben, wenn das wieder so weitergeht in München."

„Aber doch nicht, mein Lieber", lenkt Pfarrer Hauser ein. „In München sind vortreffliche Leute am Werk. Glauben Sie nicht, daß jedermann in dieser Gesellschaft immer gleich das Böse im Schilde führt. Man hat Sie gekränkt, gewiß, aber jeder hat auch immer sein eigenes Quantum Schuld – und vor allem eins, lieber Freund, hüten Sie sich vor den geheimen Bündnissen, gleich ob es Freimaurer sind oder nur unsere Puchler, und hüten Sie sich am meisten vor den Fanatikern! Fanatiker richten die besten Neigungen zugrund!"

„Ist recht, sehr recht, Hochwürden", antwortete Joly, „aber jetzt muß ich Ihnen von meinen Wünschen etwas sagen. In Kremsmünster lebt noch der berühmte Raimund Joly, der ist mein Oheim, und er ist Prior im Stift, zu dem möchte ich hingehen, wenn der Schnee hier weggeht. Der soll mich weisen. Wie ich noch ein Bub war, da ist er einmal in Salzburg gewesen und hat zu mir gesagt: Ferdl, mon chére garçon (er hat gerne zu Hause französisch gesprochen und ist auch Professor der französischen Sprache gewesen), wenn du einmal groß bist, und du brauchst einen ehrlichen Rat, dann komm zu mir. Von diesem Professor Raimund haben sie in Salzburg gesagt, der predigt wie kein anderer – zum Raimund Joly nach Kremsmünster müßts gehen, da lernts ihr das Predigen!"

„Und Sie sind nicht hingegangen und sitzen statt dessen hier in einem unbekannten Tiroler Dorf? Das kann doch kein Mensch verstehen!" Als Joly achselzuckend schweigt, schließt der Pfarrer Hauser den Disput: „Überlegen Sie, was Sie tun, Ferdinand. Ich habe meine Hilfe angeboten. Mir ist leid um Sie, denn ich fürchte, Sie machen wieder alles falsch . . ."

Wahrscheinlich wäre alles ganz gut weitergegangen mit unserem Joly, aber es ist ein Stachel in ihm gesessen, der hat ihn auch diesmal nicht zur Ruhe kommen lassen. Deshalb müssen wir uns jetzt mit den Puchlern beschäftigen.

Diese Tiroler Geheimbündler kommen von allen Seiten, oft von ganz entlegenen Ortschaften oder Einödhöfen; sie kommen ganz geheim, und kaum einer kennt den anderen. Sie kommen gern in mondlosen Nächten, je finsterer, desto besser. Zu bestimmten Zeiten veranstalten sie ein sogenanntes Rügegericht. Dieses trifft vor allem Wucherer und Geizige und solche, die einen recht anstößigen Lebenswandel führen. Die

Puchler sind vermummt, viele tragen Larven, andere setzen Hörner auf, wieder andere einen ungeheuren Kopfputz, der sie groß und drohend erscheinen läßt. Ihr Gang ist schleichend, unnatürlich oder auch tänzelnd, manchmal auch springen sie. Das ärgste aber ist der Lärm, den sie machen, das ist die sogenannte Puchlermusik. Sobald die Kirchturmuhr 11 Uhr in der Nacht schlägt, wird es im Ort lebendig. Von überall her strömen die Vermummten zusammen und bleiben dann vor einem bestimmten Hause stehen. Ein kurzer Ruf hinaus in die Nacht, ein Schuß, dann ein zweiter, ein dritter, und schon geht der höllische Lärm los mit Trommeln, Kuhhörnern, Ratschen, Hafendeckeln und Brettern, die mit Schlägeln geschlagen werden. Das Rügegericht kann beginnen.

Der Stockklausner Hias, ein unscheinbarer Knecht in einem der abseitigen Häuser von Ebbs, macht Joly eines Tages Andeutungen, daß ein solches Rügegericht bevorstehe. Nach einigem umständlichen Hin und Her kommt er zur Hauptsache: Er sagt dem Ahnungslosen, daß sie einen suchen, der einen richtigen großen Brief schreiben kann, einen gereimten Rügebrief, weil es da eine ganz und gar schändliche Person gibt, der man das Gericht machen muß. Nicht da im Ort, aber in der Nähe. Mehr darf er nicht sagen.

Joly ist neugierig geworden und willigt ein, aber nur unter dem Siegel der größten Verschwiegenheit: Er wird den Brief zusammen mit dem Hias aufsetzen und ausmalen, aber dafür möchte er in aller Heimlichkeit zuschauen dürfen bei dem Spektakel, irgendwo gut versteckt, weil er ein solches Gericht noch nie gesehen hat.

„Wannst magst, so kannst lei selber mitgehn mit der Larvn."

„Nein, nein", wehrt Joly ab, das darf er nicht, „und daß ja kein Mensch je erfahrt, wer den Schuldbrief verfaßt hat, das bitt ich mir aus!"

„Woll, woll", murmelt der Hias, „morgen um die gleiche Zeit mach ma den Brief." Geschehen soll das in einer Knechtskammer, aber kein Bauer darf das bemerken und auch sonst niemand weit und breit.

Der gereimte Brief ist geschrieben, recht und schlecht, so wie ihn der Hias dem Joly diktiert hat. Wie ein echter Rügebrief beginnt er mit der stehenden Anrede:

Im Namen unseres Herrn Kaiser Karl im Untersberg!

Jetzt sand mir halt da,
kinnan's nimmer derleidn,
heunt müaß ma den Herrn Schmied
ins Puchlfeld treiben.
Der Mayr von Tafang,
der macht halt den Anfang.
Der Gnod von der Mühlen
laßt nimmer lang mit sich spülen.

Sein toan inser neununddreißig,
und an Teufi hammara,
mitten is er drinna,
hat Pratzn und koane Finga,
hat Haxn als wiara Goaß,
der sagt mir alls, was er woaß.
Alsdann Schmied:
Mit deiner Ehrlichkeit is net weit,
bist a ganz a schlechter Kerl,
dös wißma gwiß,
weil die Gschicht mit der Kindsmagd
derweil aufkemma is!

An Knecht hast fortgschickt,
weil er z' vui woaß,
aber die Dirn hast ghaltn,
die macht dir nit hoaß.
Mach du nur fort mit sölle Sachen,
aft werdn die Tuifi in der Höll drin brav lachn!

Dann folgen weitschweifige Anklagen über veruntreute
Gelder, die der Schmied durchgebracht haben soll, Vorwürfe
über die Mißhandlung eines Pflegekindes, kurz, ein wahres
Sündenregister, das den Schmied zu einer Teufelsnatur stem-
pelt. Zuletzt dann die Unterschrift: gez.: Die Untersberger.
Erst am Tag vor Lichtmeß erfährt Joly, daß es soweit ist.
Um 11 Uhr nachts wird er beobachten können, was sich vor
dem Schmiedhaus abspielen wird. Der Hias ist hocherfreut, daß
der Rügebrief diesmal so sauber geschrieben ist; der wird Eindruck machen, denkt er sich: Wenn der erst an der Haustüre
prangt!

Wie verabredet, treffen die Puchler kurz vor 11 Uhr beim Schmiedhaus ein. Aller Warnung des Gewissens zum Trotz schleicht sich Joly so lautlos wie möglich vom Pfarrhaus fort, heimlicher noch als einst aus der Kammer seiner armen Maridi. Ein Pfiff, und schon ist es soweit: Ein Höllenlärm setzt ein, daß es in den nächtlichen Feldern widerhallt.

Aus dem Schmidhaus kommen jetzt die Leute, verängstigt, offenbar schuldbewußt, ganz im Hintergrund der Schmied selbst. Als jetzt der Vorsprecher die Verse deklamiert, überkommt Joly ein leiser Schauer: Hatte er diese Worte nicht selber gedankenlos abgeschrieben? Sie prangerten einen Mann an, von dem er ganz und gar keine Ahnung hatte. So etwas hätte er doch nicht tun dürfen! Wie konnte er sich von diesem Stockklausner Hias nur so beschwätzen lassen! Und er dachte sich, wie schnell man doch ins Gerede kommt. Eines Tages flüstert dir dein Nachbar ins Ohr: da drüben wohnt ein schlechter Mensch, er hat dies und das getan, du mußt mir glauben; und dann fragst du ihn, fragst nicht lang, ob er dir die Wahrheit sagt, und du richtest über ihn, ohne ihn selber gefragt zu haben. Joly, Joly, ist das gerecht?

Je länger die fatale Lesung dauert, desto aufgeregter geht es im Inneren unseres Freundes zu. Jetzt wird an den Schuldigen, den Schmied, die Frage gestellt, ob das in der Anklage Gesagte wahr ist. Die Menge brüllt „Ja". Dann wird der Schuldbrief an die Haustüre genagelt, und schon kommt der Größte von allen, der die Maske des Luzifer trägt, aus der Mitte bedrohlich in die Nähe von Jolys Versteck. Er raunzt und brummt in einem abscheulichen Rhythmus:

Garanggarangang,
garanggarangang . . .

Und dann dreht er sich plötzlich um, knurrt und röhrt, nimmt den todbleichen Schmied am Arm und führt ihn vor alle anderen hin. Dort fährt er ihn an: „Bekennst oder bekennst nit, sunst is gfailt (gefehlt)!" Dabei stimmt er seinen elenden Heulgesang von neuem an, ein Gezeter, das selbst die anderen Teufel erbarmen muß:

Garanggarangang,
garanggarangang . . .
Aber niemand hilft dem Schmied.

Da ertönt ein Pfiff, die Lichter verlöschen, und die Puchler verschwinden spurlos in alle Himmelsrichtungen, so plötzlich, wie sie gekommen sind.

Joly ist wie betäubt. Ein solches Spektakel hat er noch nie gesehen; um ein Haar wäre Luzifer auf ihn gestoßen! Er hatte es schwer, sich von dem Bann zu lösen, und sein Gewissen meldete sich, weil er den guten Pfarrer Hauser so kläglich umgangen hatte. Die Turmuhr von Ebbs schlägt 12 Uhr Mitternacht. Im blassen Mondlicht schleicht Joly ins Pfarrhaus, durch den Hof tappt er schuldbewußt hinauf in seine Kammer, findet aber keinen Schlaf.

Am Lichtmeßmorgen, schon ganz in der Frühe, klopft es an Jolys leicht offen gebliebene Türe. „Hochwürden", stammelt der nächtig-bleiche Joly, als er den Herrn Pfarrer im Türspalt erblickt. „Was gibt es so früh?"

Pfarrer Hauser spricht kein Wort. Unbeweglich bleibt er im Türrahmen stehen. Er wirkt gealtert, gestreng. Joly schlupft unter die Decke. Der geistliche Herr mußte alles herausbekommen haben, irgendwer hatte Joly verraten. Und dann hört er es knarren: „Brauchst koa Wörterl mehr reden mit mir. In einer Stund, koa Minuten länger, bist draußen aus diesem Haus, und für alle Zeiten, hast mich verstanden? Gott möge es dir verzeihen, daß du meine Dankbarkeit und Milde mit den Füßen getreten hast, du Lump. Et ne nos inducas in tentationem." Joly flüsterte: „Sed libera nos a malo. Amen."

So war das also. Er war verraten worden, das stand fest. Er überlegte, ob er sich nicht Pfarrer Hauser zu Füßen werfen solle, um ihn, den Gütigen, der ihn wie ein Vater aufgenommen hatte, um Verzeihung zu bitten. Es würde wenig ausrichten. Und schon stiegen wieder die Bilder auf aus der vergangenen Nacht. Luzifer ließ ihn nicht los: Was für eine Kraft steckte in dieser Gestalt! Welche Macht hatte sich hier zur Einschüchterung des elenden Schmiedes entfaltet, wie war allen das Gedröhn und Geschrei in die Knochen gefahren! Menschen ließen sich also stark beeinflussen, das hatte er jetzt mehr als zuvor erfahren. Und doch war alles Theater. Die Gewalt des Unheimlichen in Maske, Spruch und Musik – starke Mächte, die Joly herausforderten.

Während er aufstand und seine sieben Sachen packte, gab er sich zu, daß es doch gut gewesen war, bei einem solchen Erlebnis dabeizusein. Wäre er ihm ausgewichen, wäre es vielleicht eines Tages doppelt auf ihn zugekommen. Ja es drängte ihn, vor seinem Weggang aus Ebbs sich noch zu dem Mann zu begeben, der die Maske Luzifers getragen hatte. Das aber konnte nur geschehen, wenn er zum Stockklausner Hias ging, der ihn zu den Puchlern gebracht hatte; nur durch ihn war es möglich, zu dem baumlangen Maskenträger zu gelangen.

Als Joly aus dem gastfreundlichen Pfarrhaus fortzog, kam er sich wie ein Dieb vor, ja fast wie ein Verräter, der seinen guten Freund im Stiche läßt. Tauwetter war aufgekommen und ließ die Dachrinnen überquellen von Schmelzwasser, so daß die Dorfstraße eher einem Bachbett glich.

Der Stockklausner Hias war schweigsam und verriet nicht viel. „Wann du den Rüap treffen willst, der wo die Luziferlarven tragn hat, so muaßt nach Erl schaugn. Dort, am Berg, is er z' Haus. Beim Schwaighofer dortselm wirst es genauer erkunden." Jolys Schicksal tat ihm nicht leid. „Gstudierte Leut und überhaupts alle, die wo nid arbeitn, die seind eh zu nix wert. Die Sach mit dem Brief war abgmacht und damit basta. Da gibt's hintnach nix mehr z' redn." Damit schloß er die Türe hinter Joly und ließ diesen frierend vor dem Morast einer Jauchengrube stehen. Joly ekelte. So versuchte er, wenigstens noch beim Salitererwirt zu einem warmen Trunk zu kommen. Eigentlich hieß dieser Wirt Josef Gschwendtner; er war Fuhrunternehmer und Gastwirt zugleich und kam viel im Lande herum. Ursprünglich stammte er aus St. Johann in Tirol, wo es einmal eine feste Theatergesellschaft gegeben hat. Einige der Spieltexte hatte Josef Gschwendtner für die Erler herübergebracht, auch Kostüme und andere praktische Sachen für das Theater. Gerade stand Gschwendtner wieder vor der Abreise nach St. Johann, als Joly eintrat.

„Wo aus, Scholi, so früh?" fragt ihn freundlich der Saliterer. Die beiden hatten schon manches gute Gespräch miteinander geführt, ja der Gschwendtner hatte Joly sogar schon eingeladen, einmal mitzukommen nach St. Johann.

„Ich geh weg von da, muß fortgehen, es ist nichts mehr im Pfarrhaus." Und dann erklärt Joly kurz, was vorgefallen ist; er sagt dem Gschwendtner auch, daß er zu seinem Oheim nach Kremsmünster gehen will, um dort zu lernen, wie man richtige Stücke schreibt.

„Dös is ganz toll, mein Scholi", begeistert sich der Saliterer, „wann du gnug glernt hast, dann kommst wieder, die Erler können dich gwiß brauchen. Man redet davon, daß s' doch wieder Theater spielen dürfen. 's letzt, was gspielt habn, war der Alexius, aber es ist schon mehr wie fufzehn Jahr her."

„Hab schon davon ghört", sagt der Joly, „das Theaterspielen is ja dann ganz verboten worden, den Herren Aufklärern war das zuwider."

Der Saliterer darauf: „Eine Profanierung religiöser Vorstellungen, so hat's im Bescheid gheißn."

„Profanierung, ja, ja", wiederholt Joly. „Was verstehn denn die von Profanierung?"

„Und grad der Alexius ist ein so großartiges Stück", meint der Saliterer, „überall im Land haben's ihn gspielt, die Leut waren andächtig und seind ganz stad heimgangen nach der Vorstellung. Da war nix profan."

„Ist recht, mein lieber Gschwendtner. Ich komm wieder. Aber jetzt sag mir noch gschwind, wie ich diesen Rüap find, der die Luzifermasken getragen hat bei den Puchlern, der sollt ein Knecht sein am Erlerberg."

„Ja, ja, der is a weng finster, aber ganz gscheit, der hat sich viele alte Sprüch und Text einglernt, wann er selber auch nit lesen und schreiben kann. Gehst am besten gleich nach Erl zum alten Schwaighofer, der ist der Spielführer gwen in den guten Jahren, mit dem sollst zerscht redn, gleich bei der Kirchen wohnt der, der führt dich dann hinauf zum Rüap."

Joly trank seine heiße Milch aus, nahm Abschied vom Saliterer und kam nach einer leichten Gehstunde in Erl an. Ein gerade im Haus anwesender Nagelschmied wies Joly den Weg zum Rüap, der eine halbe Stunde weit droben in dem behäbigen Anwesen eines Bergbauern Stallknecht war.

Der baumlange Rüap stand am Brunnen. Ohne Verzug trat Joly zu ihm und sprach ihn auf den Zweck seines Besuches an. Er berief sich auf den Saliterer und dessen Wohlwollen.

Der Riese musterte seinen Besucher und sah ihm fest in die Augen, dann führte er ihn wortlos in eine abseitige Stiege, wo es hinaufging zu einer Kammer, die man dort kaum vermutete. Da lag sauber in Tücher gewickelt die teuflische Maske. Der Rüap zog sie heraus und reichte sie dem Joly.

„I laß di hiaz a Stünderl alloan mit der Larven, kannstas betrachtn und toan, was d' wüllst. Aber nacha is gnua, und's werd neama gredt davon. Hast mi verstandn?" Und schon verschwand der Rüap.

Joly betrachtete den holzgeschnitzten Kopf, in dem weit aufgerissene mandelförmige Augen ins Leere glotzten, während die aufgeblähten Nüstern, dazu ein entsetzliches Gebiß, den Betrachter zum Widerstand herausforderten. Über der krummen Nase lagerte eine faltenreiche Stirne, auf der zwei perfide, ziemlich stumpfe Hörner, Sinnbilder der Bosheit und Sturheit, thronten. Joly konnte sich nicht sattsehen; je länger er die Maske anstarrte, desto mehr schien ihm, als spräche Luzifer selbst aus ihr. Er stellte Fragen, die er kaum würde beantworten können; im Falle der Nichtbeantwortung drohte er vielleicht mit einem schrecklichen Angriff.

Rasch nahm Joly sein Schreibbüchl zur Hand und zeichnete die Maske auf. Es gelang ihm überraschend gut. Und schon sah er sich selbst als Luzifer auf der Bühne stehen, schon phantasierte er mit einem Engel, der gleichzeitig auftrat. Ein „Spiel vom Menschen" müßte das abgeben, ein Spiel, bei welchem Engel und Teufel um den Menschen streiten, bis dann die Geburt des Erlösers sich ankündigt und der Teufel voll Wut von der Bühne gestoßen wird . . .

Versunken in solche Gedanken, bemerkte Joly nicht, daß der lange Rüap plötzlich wieder neben ihm stand.

„Hast hiaz gnuag hingafft? Wo kimmst überhaupts her? Und was wüllst mit der Larven?"

Joly antwortete kurz, daß ihm der Luzifer – also der Rüap in der Maske – in der Puchlernacht einen so großen Eindruck gemacht hatte, daß er ihn und die Maske noch einmal hatte sehen wollen.

„Aha, du bist also der, der wo den Schuldbrief aufgesetzt hat fürn Schmied! Der ausgjagte Student von Salzburg! Respekt! Wannst a so dichtn wia schreibn kannst, nacha werd dein Luzifergspül scho was rechts, wann sie dir's erlauben. Da is nix z' spassen mit der Obrigkeit!"

„Weiß ich gut", sagte Joly, aber indem geriet der Rüap selber in einen solchen Eifer, daß er dem Joly sogar anbot, ein paar Luziferverse aufzusagen, die er aus einem früheren Spiel im Gedächtnis hatte.

„Habs nid ungern gspült drunt im Theater im Mühlgrabn,

aber hiaz, wo alls verboten is, hiaz geh i mit den Puchlern. Aber die Larven, die kriagn s' nid, die Herren von der Kommission! Hätten eh scho mehrmals darnach gfragt: ‚Wo ist denn diese abscheuliche Maske des Herrn Luzifer hingeraten, he, ihr Erler Dickschädel!' – Aber gsagt habn s' nix, ham a mi nid verratn! Die Larvn is bei mir, und dabei bleibt's!"

Und dann stellt der lange Rüap sich breit hin, daß er noch riesiger ausschaut im Zwielicht der halbdunklen Kammer, und er deklamiert:

Ich wollt, daß ich ein Wolf und Bär
und nicht als Engel geschaffen wär,
so wär ich nie kommen in diese Not,
wann mich nicht hätt erschaffen Gott.

Als mich Gott erschaffen hat,
hab ich nur auf die Hoffart dacht,
droben in dem Himmelreich
wollt ich sein Gott selbsten gleich.

Wo ist hinkommen mein schöne Gestalt?
Wohin all meine große Gewalt?
O Hoffart, wie hast du mich betrogen,
sieh, wie ist mein Leib durchzogen
mit Würmern, Krotten und Schlangen,
sie haben jetzt mein Leib umbfangen.

Joly ist beeindruckt. Die Sprache, der Vortrag, alles geschah nicht ohne Würde. Ein Knecht, der einen gestürzten Engel spielt und nach Gott seufzt! Luzifer, das heißt ja Lichtträger, wie muß der gelitten haben unter der Demütigung! Bestrafter Hochmut! Vergebliche Reu! Da haben es diejenigen, die als Teufel geboren wurden, schon leichter. Sie wissen nicht, daß sie Teufel sind. Aber Luzifer war ein Engel . . .

„I muaß gehn, Scholi. Und wannst wiederkimbst in unsere Gegend, aft treff ma uns beim Saliterer, mit dem bin i z' Freund."

Joly dankt und geht versonnen seines Weges, erst über den halbverschneiten Saumpfad, dann über schlecht ausgetretene Holzwege hinüber ins Bayerische. Umratshausen will er noch erreichen. Aber er gelangt nur bis Roßholzen, wo er beim Wegmacher unterkommt. In der Kammer ist es so kalt, daß er elend schläft, Gott sei Dank bekommt er in der Frühe ein Schalerl Kaffee. Dann drängt es ihn ohne Aufenthalt hinunter vom Samerberg, der Schnee ist hier schon im Schwinden; müde und doch zufrieden erreicht er den „Goldenen Pflug" in Umratshausen. Sein Freund Humprecht juchzt vor Vergnügen: „Weilst nur da bist, mei Scholi! Ham s' di leicht ausgjagt aus Ebbs?"

Joly geht nach Kremsmünster

Wir unterlassen es, dem Leser von der umständlichen, mit vielen Abenteuern gespickten Reise des jungen Herrn Ferdinand Joly nach Kremsmünster zu berichten; er hat sie teils zu Fuß, teils im Postwagen zurückgelegt, soweit seine Zehrpfennige gereicht haben. Die Grenzen des Landes Salzburg, die damals bis weit hinauf über Tittmoning gereicht haben, hat er lieber umfahren. Dadurch aber hat er den kleinen Ort Kay, der gar nicht weit entfernt von der Stadt Tittmoning liegt, noch nicht kennengelernt. Vor dreißig Jahren war hier ein anderer Joly, der Michael Caspar Joly, Pfarrer gewesen; Ferdinand hatte das in dunkler Erinnerung, aber es hat ihm wenig bedeutet. Es gab genug geistliche Herren im Land, die „Joly" hießen.

Ferdinands Oheim Raimund Joly hatte alle Studien in Salzburg absolviert. 1737 trat er in Kremsmünster in das Noviziat, feierte 1744 seine Primiz und wurde ein Jahr darauf in dem weltbekannten, einst durch Herzog Tassilo gegründeten Benediktinerstift schon als knapp Fünfundzwanzigjähriger zum Professor der französischen Sprache gemacht.

Ein Jahr zuvor wurde auch die Akademie gegründet, eine sogenannte Ritterakademie, die vor allem zur Erziehung junger Adeliger bestimmt war. Raimund Joly ist allgemein beliebt, umso mehr, als er bald auch noch als Leiter des Stiftstheaters wirkt. Er schreibt selbst mehrere Theaterstücke, zu denen die damals berühmten Komponisten Eberlin und Sparry die Musik beisteuern. 1760 bekommt er den Titel eines Notarius Apostolicus, 1772 wird er dann Prior.

Zu diesem angesehenen Mann kommt Ferdinand genau zu jener Zeit, als die früher so glänzenden Stiftsverhältnisse sich traurig wandeln. Viele Leute, leider auch in der oberösterreichischen Hauptstadt, arbeiten seit langem auf eine Aufhebung des Stiftes hin. Der Einfluß von Kremsmünster wird immer mehr geschmälert, immer drückender sind die Lasten, die das Kloster noch zusätzlich tragen muß. Seit 1781 dürfen keine Novizen mehr eingekleidet werden, auch die übrigen Folgen des sogenannten Toleranzpatents des Kaisers sind verheerend. Erinnert man sich daran, daß zur selben Zeit fast fünfhundert Klöster aufgehoben wurden, so mag die drohende Aufhebung eines einzigen Klosters kaum sonderlich auffallen. Kremsmünster freilich war alles andere als irgendein beliebiges Kloster, seine Geschichte, sein Ruf, seine geistige Vormachtstellung waren einzigartig.

Als Ferdinand im März 1785 eintrifft, muß Raimund Joly, selbst noch Prior, die Seelsorge als Pfarrer in Kirchberg übernehmen, kurz darauf noch die Pfarre Kremsmünster mit ihren zehn Ortschaften. Das wird anstrengend werden für den Mann, der zu dieser Zeit schon oft kränkelt. Immer öfter wirkt er müde, dann wieder gereizt; die Kraft seiner Rede ist erloschen, seine Predigten und Spiele passen nicht mehr in die Zeit, längst hat sie die „Aufklärung" zur Seite gedrängt; in Stößen lagern seine Handschriften in den Winkeln der Archive.

Ferdinand, wir könnten ihn „Joly den Jüngeren" nennen, sieht das Stift vor sich ausgebreitet. Vor dem Brückentor bleibt er stehen. Angesichts des Standbildes des heiligen Benedikt erinnert er sich an die Worte, mit denen die Regel des Heiligen beginnt: „Horche, mein Sohn, auf die Weisungen des Meisters! Nimm die Mahnung des gütigen Vaters gern auf und erfülle sie im Werk, damit du durch die Mühe des Gehorsams zurückkehrest zu dem, von dem du in der Trägheit des Ungehorsams weggegangen bist."

Ferdinand denkt sich: Die Gestalt ist eindrucksvoll, den Blick richtet der Heilige zum Himmel, seine Rechte zeigt nach oben, während die Linke ein großes Buch und mit diesem zugleich den Hirtenstab umfängt! Ist das nicht das Bild eines weit gewanderten, nimmermüden Alten, eines Predigers, der den lieblosen Aufklärern zu verstehen gibt: Euer Bemühen ist umsonst, wenn ihr nicht den stillen Frieden in euch habt, und eure Macht ist nur eine Ohnmacht, habt ihr nicht den festen Glauben an Jesus Christus, unseren Herrn.

Also gestärkt meldet sich Ferdinand an der Pforte und bittet um Nachricht an den Prior. Man heißt ihn warten und führt ihn in einen angenehmen Raum, in den die Strahlen der Märzsonne einfallen wie freundliche Pfeile. So warm sind auch oft die Strahlungen guter Menschen, denkt Joly, und er malt sich das gütige Gesicht seines Oheims aus, das er ja kaum kennt. Er erinnert sich daran, was Professor Fingerlos einmal zu seinen Schülern gesagt hat: Dieser Raimund Joly von Kremsmünster ist ein ganz besonderer! Der hat das Franzosenblut noch in seinen Adern! Seine Predigten sind die reinsten Theaterszenen, und gar erst, wenn er die eingeschüchterten Beichtkinder zur Reaktion des Gemütes ermahnt, dann gehen sie zerknirscht oder auch erheitert aus dem Beichtstuhl, je nachdem, wie es das Ausmaß der auferlegten Buße zuläßt. Das ist damals den jungen Studenten in die Ohren gefahren, denn so redete man eher von einem berühmten Schauspieler als von einem Priester.

Und jetzt tritt Pater Prior ein. Klein, etwas dick und blaß, wirkt er älter, als er wirklich ist. Die Begrüßung gerät herzlich, aber es werden nicht allzu viele Worte gemacht. Wahrscheinlich hat der Oheim längst von den Salzburger Vorkommnissen gehört, doch spricht er nicht darüber. Das erste, was Ferdinand erfährt: er darf hierbleiben. Er wird Dienste bei den vielen kleinen Obliegenheiten der Pfarre bekommen, vorerst kann er in einem Dachzimmer in Kirchberg wohnen.

So schnell aber entläßt der Oheim seinen Neffen nicht. Er mustert ihn mit seinen dunklen, immer noch lebhaften Augen und sagt dann: „Mon chère neveu, eines mußt du dir merken. Tue dich hier nicht hervor, du weißt wohl warum. Und singe vorerst auch nicht im Stift. Aber mit dem hochwürdigen Herrn Abt werde ich einige Worte reden. Entre nous, das ist selbstverständlich, mon chéri! In der Bibliothek kannst du dich umsehen, solange du willst, aber in Kirchberg, in der Pfarre, da darfst du auch deine Stimme zu Gottes Lob erschallen lassen zur Messe oder zu Hochzeiten, zeitweilig freilich, damit die Obrigkeit nicht allzu neugierig werde. Tu compris? Meine Predigtbücher will ich dir gerne in die Hand geben, du siehst mir danach aus, daß du eines Tages doch noch ein Prediger wirst. Ich kenne das, erst tobt man sich aus, macht dumme Streiche, dann kehrt man um und wird zuletzt doch noch ein Priester. Keine Widerrede, mon chéri! Dein Gesicht verrät Priesterliches. Dein ernstes Gesicht birgt Geheimnisse, hüte sie wohl! Nicht alles darf man offenbaren, auch ich behalte mir meine Kostbarkeiten dans la cuisine."

Ferdinand unterbricht. Ob er denn auch die geistlichen Dramen seines Oheims lesen dürfe? Pourquoi, meint Oheim Raimund.

„Weil ich selber Theaterstücke schreiben will, so vielleicht schon bald einen Alexius für die Passionsleute von Erl in Tirol."

„Parbleu!" ruft Prior Joly aus, „für Erl will Er schreiben! Die dürfen bald wieder spielen, ich weiß das, ich weiß mehr, als du ahnst, mon chéri! Dann wird dir nicht schaden, wenn du meine Stücke ansiehst, du kannst doch Latein, aber es ist auch Deutsches dabei."

Oheim Joly ist deutlich geschmeichelt, er wird seinem Neffen die Unterstützung nicht versagen. Ferdinand sieht den Himmel schon voller Geigen. Dann aber fährt Prior Joly fort:

„Eines aber muß ich dir sagen: Ne scis pas effrayè! Le péchéguette partout . . . Überall lauert die Sünde! Wenn unser Abt Erenbert dich empfängt zur ersten Audienz, so halte dich ganz und gar zurück. Er hat aus Salzburg unliebsame Dinge über dich gehört, besonders das mit einem verhexten Mädchen in der Gstötten – unterbrich mich nicht, Ferdinand, ich kenne die Gstötten, ich kenne sie sogar gut. Auch ich war jung, ich weiß um die Stricke Amors, que diable! Sie sind impertinent, voll von Hinterlist, und in dem unscheinbarsten blassen Menschenkind lauert die Sünde! Aber das wäre nicht das schlimmste. Die Sünde ist in der Welt, nur dürfen wir sie nicht hineinlassen in unsere Herzenskammer, sonst vergiftet sie uns. Also prüfe jeden Tag, ob du verantworten kannst, was du tust. Denke an die Regel des Heiligen, nimm auch du sie zu Herzen! Wir, die wir diese Regeln kennen, wissen, daß die, welche beten, mehr tun für die Welt als jene, die da kämpfen mit Pulver und Schwert. Gerade aber das findet die Mißbilligung unseres Kaisers. Er und seine Aufklärer meinen, daß Leute, die nur beten, dem Staat nichts einbringen. Solange wir Schulen unterhalten und Kranke pflegen, bleiben wir vielleicht ungeschoren – diantre! Aber sieh an, den Orden der braven Kapuziner hat man aufgelöst! Nur, weil die Herren gesagt haben: Das sind Leute, die gar nichts tun, also Parasiten! Weg mit ihnen! Und unser heiliger Bruder Franz! Sieh, über ihn habe ich ein Buch geschrieben, un beau livre, du solltest es lesen, auch wenn du niemals ein Mönch wirst. Mon chéri, ich freue mich über dein Kommen." Und damit stand er auf, ging auf Ferdinand zu und umarmte ihn. „Du – ein Joly de Berre! Der letzte vielleicht, mach uns keine Schande! Wir waren einst eine stolze Familie, jetzt sind es nur noch Ruinen! Mich haben sie gerade noch geduldet in Linz. Mach uns keine Schande, chère neveu, bring deinen guten Namen hinein in eine verlotterte, hochmütige Welt ohne Glauben und Andacht! Gott wird es dir lohnen, que Dieu te benisse!"

Die Bewirtung der zwölf Apostel

Ostern stand vor der Tür. Da wird in Kremsmünster eine schöne, alle Jahre wiederholte Handlung vollzogen: Der Abt und seine Mitbrüder bewirten die „zwölf Apostel". Es sind das die Ältesten des Klosters, aber auch die Ärmsten im ganzen Bezirk.

Ferdinand sieht zu, wie am Abend des Gründonnerstages im Refektorium des Klosters die Alten gespeist und getränkt werden. Und er hört, wie der ehrwürdige Herr Abt zu ihnen spricht: „Höret das Kapitel 36 der Regel unseres heiligen Benediktus, in welchem es heißt: In euch wird Christus selbst bedient. Der Dienst am Kranken, die Rücksicht auf die Gebrechlichen und auf die Kinder ist Dienst zur Ehre Gottes. Und es heißt: Ich war krank, und ihr habt mich bedient. Und vergesset nie das Wort des Evangeliums, wenn es da heißt: Was ihr dem Geringsten getan habt unter meinen Brüdern, das habt ihr mir getan." Und es ergriff Ferdinand, als sich der Abt niederbeugte vor den Ältesten und ihre Füße berührte wie bei der Fußwaschung. „Ihr seid wie Pilger", sagte er im Aufstehen, „wie Pilger, die zu uns gekommen sind, denn in euch wird Christus aufgenommen."

Nach der Zeremonie sangen sie ein schönes altes Lied, das Ferdinand sich merken wollte für später. Immer war das so: Was er hörte, bald da, bald dort, das blieb in ihm und wuchs weiter zu einer eigenen, neuen Gestalt.

Als Ferdinand, schon im Dunkeln, das Kloster verließ, da hörte er noch zwei alte Frauen am Tor reden. „Solange die Leute wissen, wozu das Stift da ist, solange brauchen wir uns nicht zu sorgen", sagte die eine, die andere aber antwortete: „Solange die Leute sagen, das ist alles unnützes Treiben und pure Verschwendung, Beten hilft sowieso nicht weiter, solange ist unser Stift bedroht und kann jeden Tag aufgelöst werden."

Mit seltsamen Gefühlen ging Ferdinand zurück in seine kleine Dachkammer in Kirchberg.

Mademoiselle Barbara

In den nächsten Tagen vertiefte sich Ferdinand in die Schriften des Oheims. Das Buch über den seligen Bruder Franz fesselte ihn. Er erinnerte sich an die Worte der Frau im Torbogen am Gründonnerstag und dachte: Der Kaiser will keine Leute, die „nichts tun". Wenn Sankt Benedikt das Schweigen empfiehlt und eine Atmosphäre der Stille und des Friedens um sich haben will, so ist das ganz und gar gegen den Willen der Zeit. In dieser Zeit der Aufklärung, des Aufbruchs und Aufruhrs haben solche Gedanken keinen Platz. Daß man sich noch nicht an die Vertreibung der Benediktiner heranwagte, hatte sicher seine besonderen Gründe. Aber das Schicksal der Franziskaner tat ihm leid. Was war das für ein Mann gewesen, dieser Bruder Franz? Hatte er sein Leben in jungen Jahren wirklich so sehr genossen, daß er es plötzlich zu hassen anfing?

Und Joly verglich: was hatte er, der Ferdinand, bisher vom Leben gehabt? Wenig, wenn er es bedachte. Und schmerzhaft kam ihm der Verlust seiner Maridi zu Bewußtsein. Nein, er würde keinen guten Klosterbruder abgeben. Die Speisung der „zwölf Apostel" hatte ihn ergriffen, nicht minder auch das Hochamt am Ostersonntag in der Stiftskirche. Aber wenn er jetzt an seinen Oheim dachte: Der quälte sich durch die Tage mit tausend Pflichten und wenig Freude. Und krank war er auch. Die alte Hausbesorgerin in Kirchberg konnte ihm nichts recht machen. Sicher war Onkel Raimund einst ein verwöhnter Esser gewesen und hatte die besten Weine getrunken. Gewiß. Er war auch heute noch ein Herr, ein wirklicher Joly de Berre alias Pfarrer in Kirchberg; aber er, der Ferdinand – würde er je ein solches Leben aushalten? Ohne eine Maridi, ohne . . .

In der Nacht hat er einen wilden Traum. Es kommt ein Teufel an sein Ohr und bläst ihm ein: Bist du blind, Ferdl? Siehst du nicht die hübsche kleine Barbara, die Nichte des Ofensetzers, die immer gegen Abend in die Sakristei geht, um Ordnung zu machen? Hast du sie beobachtet mit ihrem schlanken Hals, ihren Beinen, geschaffen für eine Tänzerin? Hast du die herrlichen Locken gesehen um ihre schmalen Schultern? Sie wird dich bald mögen, wenn du ihr gute Worte machst, sie hat eine schöne Stimme, sie soll mit dir singen, sie wird dich anbeten, und du kannst sie gewinnen, bald, Ferdinand, bald! Du mußt es doch nicht deinem Oheim sagen, du übst fleißig dein Latein und Französisch, übst dich im Aufschreiben von frommen Texten und Melodien; was du sonst tust, wen geht das an? Du bist doch nicht der Sklave von diesem alten Herrn! Und wen geht es sonst an? Haben sie dich nicht hinausgejagt aus Salzburg und dich betrogen? Jetzt gib's ihnen zurück! Barbara wirst du gewinnen, und es wird der Himmel für dich sein.

Und schon führt der Traumteufel den Ferdinand hinein in die Sakristei, und Joly sieht Barbara mit bloßen Füßen, kniend, weil sie die Füße einer Heiligen reinigt vom Staub etlicher Jahre. Als sie Ferdinand sieht, kann sie sich nicht am Boden halten. Es gibt gar kein Wort mehr zwischen beiden. Der Teufel führt sie zusammen wie in einem Wirbelwind. Sie umschlingen sich und taumeln durch die ganze Sakristei, hinaus ins Kirchenschiff und bis in den verschwiegensten Winkel des Beichtstuhls. Laut lacht der Teufel, Glocken brausen auf, ein Sturm erfaßt die Kirche. Sie bebt und droht einzustürzen. Da hält Barbara ihrem Ferdinand den Mund zu. Aber während sie ihn küßt, bemerkt er, daß sie gar nicht aus Fleisch und Blut ist – ihr Kuß ist kalt, und ihre Arme sind steif wie Holz. Wie gelähmt vor Schrecken erwacht er und fürchtet sich in der Dunkelheit seiner Kammer.

Wer aber glaubt, Ferdinand hätte den Traum bald wieder vergessen, der irrt. Irgend etwas war übriggeblieben an Süße und Verlockung, das er sich selbst nicht erklären konnte. Schon am nächsten Tag sucht er Barbara in der Sakristei.

„Grüaß di, Ferdinand", sagt Barbara.

„Grüaß di, Barbara. Wir zwei solln etwas einüben für die Maiandachten, hat mein hochwürdiger Onkel gesagt. Du hast doch eine so schöne Stimme – ich hätt a neues Lied, grad für uns allein . . .“

Barbara willigt ein, und schon bald singen die beiden wirklich ausgezeichnet zusammen. Am nächsten Sonntag singen sie bereits bei der Abendmesse.

Onkel Raimund ist begeistert: „Ihr singts, als wenns füreinander geschaffen wäret, comme les anges! Wie die Engel!"

Er hätte das nicht sagen sollen, denn nun kommt es, wie es nicht anders zu erwarten war. Ferdinand verliebt sich ganz ordentlich in Barbara, und es will ihm scheinen, als erwidere auch sie sein Begehren. Ein paarmal singen die beiden noch zur heiligen Messe, Ferdinand dichtet und singt kleine Lieder zur Hochzeit, einmal auch zu einer Kindstaufe. Wenn Barbara in der Sakristei aufräumen muß, ist Ferdinand schon da und hilft mit, obwohl ihn der Oheim anderes zu tun geheißen hat. Freilich bleibt es nicht beim Helfen in der Sakristei . . .

Eines Abends ruft Prior Raimund Ferdinand zu sich. „Du weißt, warum ich dich rufe, mon chéri! Du mußt mir nichts vormachen. Ich will dir nur eines sagen, Ferdinand: Sei vorsichtiger und laß ab heute Mademoiselle Barbara in Ruhe! Du könntest sonst keinen Tag länger in meinem Hause bleiben. Und was die Liebe angeht, mon pauvre, so lies diese Blätter: Sie sind einst von dem großen Abraham a Santa Clara geschrieben worden, eines handelt ‚Von der Liebe Narren'. Das lies, und dann überlege, ob sich solche Liebe lohnt für dich. Willst du zum Narren werden, dann meinetwegen, aber dann marschier Er zurück, wo Er herkommen ist, am besten weit fort, über die Grenze, aber bald! Versteht Er mich, mon pauvre pècheur?"

So hatte Ferdinand seinen Oheim noch nie reden hören. Mit scheuem Gruß verläßt er den Raum, zieht sich zurück in seine Kammer und liest: „Also und dergestalten werden durch die Liebessucht viel tausend Idioten inficieret, perturbieret, verführet, tribulieret und in dieser Narrheit confirmieret. Und das ist die Ursach weilen mancher bald da, bald dort, bald heut, bald morgen, bald die Urschel, bald die Gretel, bald die Sopherl, bald die Liesel carisieret, daß er von allen wird vexieret und am Narrenseil herumbgezogen, also seine eigene Unbeständigkeit Ursach ist, daß er ein arm verliebter Narr seyn und bleiben muß."

Und er blättert weiter: „Passiensis Crispus hat sich in einen Baum also vergafft, daß er mehrmals denselben umhalset und gekusst, auch ihn meistens mit den besten Wein begossen und seine mehriste Liegestatt unter demselben genommen.

O Narrheit!

Periander, der Corinthische Tyrann, hat seine Gemahlin

Melissam also inbrünstig geliebet, daß er sie allzeit mußte vor Augen sehen, sogar nach ihrem Tod ist er by derselben geschlafen, wie uns Herodot im fünften Buch vermeldet.

O Narrheit!

Caligula, der Kaiser, hat sich dergestalten in ein Pferd verliebet, daß er seinem besten Roß das Futter aus goldenem Geschirr dargereicht, auch versprochen, daß er dasselbige wolle zum Römischen Bürgermeister machen und er sich selbst für einen Priester vorgestellet, da er besagtes Pferd für einen Collegam erklärt.

O Narrheit!"

Diese Lektüre hatte Ferdinand nichts zu bieten. Er fand weder Komisches noch Lehrhaftes in ihr, statt dessen hatte er Sehnsucht nach seiner Barbara, so sehr, daß er sich zur Stund aufmachte, um sie zu suchen. Sie wohnte etwas weiter weg, der Weg war in der Nacht unsicher, und der Hund des Nachbarn schlug sofort abscheulich an, kaum daß Ferdinand aus dem Hause war. Barbara aber konnte er nirgends finden. Im Hause des Ofensetzers brannte kein Licht, tiefdunkel lagen Kirche und Sakristei.

Ferdinand schlich zurück. Wie gut, daß der Oheim nichts bemerkt hatte!

Am nächsten Tag suchte er Barbara abermals vergeblich. Als auch am dritten Tag keinerlei Spuren von ihr zu finden waren, nahm sich Ferdinand Mut und befragte die alte Hausbesorgerin, mit der er nicht in bestem Einvernehmen stand.

„Die Barbara? U je, die ist nimmer da. Vor zwei Tagen haben sie s' abgeholt nach Wien zur kranken Großmutter, so schnell wird die nimmer kommen."

Joly stand wortlos da.

„Mach sich der junge Herr nichts daraus", fuhr die Besorgerin fort, „die Barbara wär eh nichts für ihn, sie ist a weng a Schlumpen, das hat der junge Herr freilich nicht bemerkt. Aber die hat's hinter den Ohren, ich will ja nichts sagen, aber ich weiß viel, und dem jungen Herrn hat sie nur schön getan zwegn dem hochwürdigen Herrn Pfarrer und zwegn den lumpigen Kreuzern, die der ihr gegeben hat fürs Singen und Aufräumen. Ist ja nichts schad um die! Glaub Er mir nur, lieber Herr Scholi! So sand s' heut, die jungen Madln, keine Treu, kein Anstand, und das Karisieren schon ganz früh! Zeiten sind das, Zeiten . . .

Armer Hochwürden! Der hat nichts mehr vom Leben, nichts wie Verdruß und Arbeit! Und den Wein darf er auch nicht mehr trinken zwegn seiner Leber! 's is a Kreuz auf der Welt, 's is a Kreuz auf . . ."

Die Alte war schon weggegangen und setzte ihr Gejammer noch im Hofe fort, als Ferdinand noch immer wie ein verlorenes Schaf dastand. So war also seine Barbara fort, und er hatte das Nachsehen.

Endlich raffte er sich auf, ging in seine Kammer und heulte wie ein Schloßhund. Dann kramte er nochmals die Blätter des Abraham a Santa Clara hervor, aber in ihnen fand er keinen Trost.

Faust, der alte Prophet

Seit jenem Abend waren Wochen vergangen. Ordentlich und pflichtgetreu versah Ferdinand die ihm anvertrauten Obliegenheiten, er schrieb ab, was es abzuschreiben gab, und ordnete, was es zu ordnen galt. Zur Messe gesungen hat er lange nicht mehr, mit seinem Oheim wechselt er nur stumme Grüße.

Eines Morgens aber ruft der Oheim seinen still gewordenen Neffen zu sich und begrüßt ihn mit der heitersten Miene. Draußen strahlt die Maisonne herab auf den blühenden Pfarrgarten.

„Ferdinand, mon chéri, Neuigkeiten von unserer Sternwarte! Unser Johann Illinger hat in langen Tagen und Nächten die Bahn des Uranus neu berechnet und seine Tafeln fertiggestellt! Der kaiserliche Herr Astronom ist persönlich auf dem Wege zu uns und wird unseren Illinger ehren. Welche Auszeichnung für unser Stift! Welche Hoffnungen für die Zukunft!"

In der Tat war die Sternwarte von Kremsmünster ein Kuriosum, der Abt Fixlmiller hatte sie erbauen lassen, ihre Leistungen waren weitum in Europa berühmt. Neben der ständigen Beobachtung der Kometen, Planeten und Fixsterne beobachtete man auch das Wetter, verfaßte Sternkarten und half bei Landvermessungen mit.

„Wie steht es mit dir, Ferdinand, mon chéri, was sagen dir die Sterne? In Salzburg warst du kein schlechter Mathematicus, hast du nicht Lust, von neuem zu studieren? Ich bring dich zusammen mit diesem kaiserlichen Astronom, diesem Herrn von Hell, den der Kaiser schickt. Das wäre doch etwas für deine

Zukunft, Ferdinand! Die Menschheit klebt nicht nur am Boden, sie braucht die Sterne!"

Ein echter Poet und Verführer, dieser Oheim, denkt sich Ferdinand, jetzt sieht der wieder alles in den rosigsten Farben, er, der selber schon fast resigniert, jetzt will er mir auch noch die Sterne schmackhaft machen!

Während Ferdinand stumm bleibt, nimmt der Oheim ein abgegriffenes Büchel aus seinem Regal und schlägt ein Blatt auf.

„‚Man muß wissen', liest er vor, „daß der Mensch ist nach Himmel und Erden gemacht; weil nun sein Vater ist Himmel und Erde, so folgt, daß im Menschen sind Sonne, Mond, Saturnus, Mars, Mercurius, Venus und alle Zeichen, der Nord- und der Südpol, der Wagen und alle Viertel des Tierkreises.' Du weißt nicht, wer das geschrieben hat, nicht wahr? Aber du wirst bald mehr lesen von diesem großen Theophrastus von Hohenheim, der sich Paracelsus genannt hat –"

„– und der in Salzburg gestorben ist", pflichtet Ferdinand bei. „ Habe schon Auszüge gelesen von ihm."

„Wohl noch zuwenig, mon chéri, zuwenig. Lies, lies, und es werden dir die Augen aufgehen! Und? Willst du jetzt den kaiserlichen Herrn kennenlernen?"

„Laß Er mir Zeit, ehrwürdiger Oheim, laß Er mir Zeit! Ich muß es bedenken, es ist zu plötzlich. Freilich staune auch ich über den Himmel in der Nacht, wenn ich aufschau zu den Sternen. Aber ich will eigentlich gar nicht wissen, wie die Gesetze und Zahlen alle lauten, nach denen Gott diesen Kosmos bewegt, mich ergreift nur, daß ER die Kraft hat, das alles in Ordnung zu halten. Und darum bete ich auch zu IHM, denn er ist der Höchste."

„Das war ein ehrliches Wort, mein Ferdinand, freilich einseitig. Aber ich ersehe daraus, daß du weit eher zum Predigen und Dichten taugst als zum Gelehrten. Überdenke alles noch einmal und laß es mich wissen."

Wie erwartet, traf der kaiserliche Astronom Hell pünktlich in Kremsmünster ein, besuchte die berühmte Sternwarte, zeichnete Johann Illinger aus und wohnte dem festlichen Hochamt bei. Ferdinand sah aus der Ferne zu. Er hatte sich nicht dazu bewegen lassen, dem hohen Herrn vorgestellt zu werden. Sein alter Unmut war noch nicht verflogen: Eine Ansammlung betreßter Herren der Geistlichkeit, Wissenschaft oder gar des hohen Adels konnte er schwer ertragen. Immer klarer wurde ihm, daß sein Weg in eine ganz und gar entgegengesetzte Richtung führte. Vor seinem inneren Auge stiegen Bilder aus dem Landvolk auf, das ganze bunte Dorfpublikum mit seinen Bauern und Handwerkern, vielleicht noch ein paar Bürger aus kleinen Städten und Märkten, denen wird er seine Spiele schreiben! Und singen wird er auch für diese Leute, aber nicht in den großen Stiftskirchen und Domen, das sollen die Sänger tun, die das studiert haben und gurgelfertig ihre Arien trillern. Solchen Leuten kann er nichts bieten, das weiß er, das können die Herren Compositores besser.

Vor seinem Auge erscheint der alte Schwaighofer in Erl, der könnte den Turm der Sternwarte besteigen und droben wie ein Prophet verkünden, was er in den Sternen sieht. Und er sieht den Propheten im wallenden schwarzen Bart, wohl kaum freilich in der gewaltigen Sternwarte von Kremsmünster, sondern auf der Bauernbühne in Tirol. Und er muß den Leuten erzählen, was er im Fernrohr sieht: den Spiegel muß er ihnen vorhalten, ihnen sagen, wie die Welt jetzt wirklich aussieht und wie alles geworden ist in dieser traurigen Zeit. Und schon setzt er sich hin und schreibt:

Faust, ein alter Prophet, tritt auf, er versteht die Welt nicht mehr:
FAUST:

    Ich bin halt noch ein Muster von der alten Welt
    und ein Spiegel von den uralten Zeiten,
    heut bin ich verachtet bei allen Leuten.
    Die jetzige Welt hat gar keine Manier
    und gar keine Art
    und stinkt vor lauter Hoffart.
    Ein junger Stutzer,
    ein schlechter Schuhputzer
    steigt daher
    wie ein gnädiger Herr.
    Schau! Schau!
    Da sieht man die rechte Freigeisterei!
    Jetzt steht einem jeden alles frei!
    O Jammer! O Jammer!
    Die Welt ist dahin –
    so voll mit Lastern,
    daß man alle Weg und Steg damit könnt pflastern.

Und dann senkt er sein Fernglas und redet zum Publikum:
Kleine Dirndln und Buabn,
die kaum größer sind als die Ruabn,
die gehn in keine Kinderlehren,
sie wolln auch von keiner Predigt nix hören.
Und anstatt zum Rosenkranz
gehn sie frei zum Tanz
und lernen dort eher das Caressiern
als das Einmaleins buchstabiern
und halten mehr auf die neue Mod
als auf die heiligen Zehn Gebot . . .
Luxel, ein junger Studiosus, tritt auf:
LUXEL:

Was unsere Predigt lehrt,
haben wir schon oft genug gehört,
es ist oft des Zulosens nicht mehr wert.
Und wer ist vielleicht nicht lieber beim Tanz
als beim langweiligen Rosenkranz?

Der alte Onkel Raimund ist von den astronomischen Feier-
lichkeiten heimgekehrt und findet seinen Neffen in seinem
Stübchen, wie dieser mit sich selbst redet und eifrig schreibt.
„Was dichtest denn da?" fragt er seinen Ferdinand. „So
halt", stottert dieser hervor, „ich habe an das große Fernrohr
gedacht und mach mir einen eigenen Reim darauf." „Darf ich's
lesen?" bittet Onkel Raimund. Als Ferdinand nickt, setzt der
Oheim die Brille auf, liest und nickt. „Gar nicht schlecht, un
prédicateur doué! Vielleicht aber gibt es noch einen anderen
Propheten, der nicht nur anklagt und mahnt, sondern der die
Erlösung voraussagt? Vielleicht entdeckt der einen neuen
Stern? Vielleicht auch das Wunder der Ankunft unseres Herrn
und Heiland? Das solltest du bedenken."
„Ich will es für die Bauern schreiben, hochwürdiger Oheim,
aber Ihr habt recht, der Prophet könnte das ja den Hirten ver-
künden, und dann könnte der Teufel kommen und die Verkün-
dung stören."
„Ei, ei, schon wieder bist du beim Teufel, ohne den geht es
bei dir wohl nicht, Ferdinand! Aber vielleicht hast du recht.
Man muß den Leuten immer zeigen, wie alle guten Vorsätze,
Hoffnungen und Wahrheiten durch die List des Teufels be-

63

droht und zuschanden getragen werden. Aber vergiß den Engel nicht. Der Engel und kein anderer muß die Frohbotschaft verkünden."

„Aber der Prophet hat den neuen Stern gesehen."

„Und die drei Könige? Läßt du die aus dem Spiel?"

„Ja, ehrwürdiger Oheim, ich will alles den Propheten sagen lassen, das tät mir gfallen. Das Geplapper von den heiligen drei Königen könnt Ihr in jedem Dorf hören. da ist viel Gespött dabei. Ich will einen wahren Propheten reden lassen, so einen wie den alten Schweighofer in Erl. Wenn der redet, ist alles mäuserlstad im Saal. Da hören die Leut mehr zu als bei jeder Predigt."

Onkel Raimund schweigt. Dann hebt er an: „Ja mein Lieber, oft ist so ein Spiel mehr als eine Predigt. Die Leute brauchen die Anschauung, dann leben sie sich ganz hinein in die gespielten Personen, sie leiden mit ihnen und jubeln, wenn diese befreit oder erlöst sind. Darum auch habe ich meine Spiele geschrieben, für die Studiosi vor allem, damit diese frühzeitig lernen, in ihren späteren Rollen zu leben. Das ist doch der Sinn von allem Theater: So wie Gottvater uns ins Leben wirft und mit uns umgeht, bald milde, bald hart und gar unbarmherzig, so auch geht der Autor um mit seinen Figuren. Aber die Zuschauer lernen daraus und erkennen, daß zuletzt doch das Bessere siegt, und das ist der Glaube. Darum, Ferdinand, vergiß den Engel nicht im Spiel."

Ferdinand schweigt. Da tritt sein Oheim ganz nah zu ihm, zieht ein gedrucktes Blättchen aus der Tasche hervor, setzt abermals die Brille auf und liest vor: „‚Die Darstellung religiöser Themen sind eine Beleidigung der Würde der Religion, zumalen sie an ungeeigneten Orten und von incompetenten Subjecten vollzogen werden.' – Voilà, Ferdinand, das steht in einer neuen Verordnung, und in unserem lieben Salzburg treibt es unser Herr Erzbischof Colloredo noch weiter. Da wird es bald keine Andacht und keinen Brauch mehr geben, der nicht verboten wird."

„Und trotzdem schreibe ich weiter!" trotzt Ferdinand. „Ich werde zurückgehen nach Erl, denen hab ich's versprochen. Wissen Sie, ehrwürdiger Oheim, was ich mir anmaße? Ich möchte ein Spiel vom neuen Alexius schreiben, ich weiß, daß die dort einen alten Text haben, aber einen schlechten. Und der Alexius geht mir nicht mehr aus dem Kopf."

„Das ist freilich ein großes Ansinnen. Respekt! Que Dieu te garde! Studiere zuvor die Bücher im Stift, du findest viel über den großen Heiligen. Und erinnere dich an meinen ‚Bruder Franz'!"

„Freilich, freilich", eifert Ferdinand, „das war es ja gerade, was mich angespornt hat. Ich will kein Spiel schreiben vom Bruder Franz, den darf man nicht auf der Bühne sehen, denn ich glaub nicht, daß den jemand darstellen kann. Von ihm kann man lesen, man kann von ihm träumen, kann Bilder malen und Geschichten erzählen, aber den Alexius, den tät ich mir zutrauen, vielleicht."

„Und du möchtest das für die Leute von Erl machen?"

„Ja, für diese schon. Die verstehen noch, warum einer so im Elend war und nie mehr hinaufgegangen ist in den Palast seines Vaters. Sein wahrer Vater war der himmlische Vater, und der hat ihn zuletzt erlöst . . ."

„Ferdinand, Ferdinand, warum willst du nicht doch ein Prediger werden, gerade in dieser Zeit des Sonnenunterganges würden sie dich brauchen! Sieh an, ich bin alt, bin schwach geworden, ich kann nicht mehr reden wie früher, aber du könntest es. Unser ehrwürdiger Abt Erenbert hat erst neulich gefragt, warum versteckt sich Euer Neffe aus Salzburg? Warum hört man nichts von ihm? Warum singt er nicht mehr? Und warum fällt er nicht nieder vor seinem Erzbischof, auf daß er von ihm fortnehme den Makel der Austreibung aus dem Seminar? Ich habe geschwiegen, weil ich dich kenne, mon chéri! Du bist nicht einer, der zu Kreuze kriecht und den Fußfall tut wie ein Knecht. Ich weiß das, ich verstehe dich. Aber es wird täglich schwerer für mich, dich hierzuhalten. Schon schwätzen sie, wie mir zu Ohren gekommen ist, du möchtest dich verdingen in Linz, irgendwo im Theater . . ."

„Daran ist nichts Wahres. Ich habe nur den Posthalter kürzlich gefragt, wie denn das Theater wäre in Linz, möcht's gern einmal sehen und ein Stück hören. Doch, das hab ich gesagt."

„Das läßt sich machen. Wir werden eine Gelegenheit suchen und dahin reisen. Aber warte indes und sei vorsichtig."

Mit diesen Worten ging der Alte. Ferdinand aber saß vor seinen Papieren und las sie noch einmal. Dann nahm er die Feder und sah vor sich den großen Stern. Und er sah auch wieder den gewaltigen Schwaighofer mit wallendem Bart und ließ ihn singen:

Wie wunderbar, o Gott, sind deine Werke!
Du bist voll Allmacht, Kraft und Stärke.
Jetzt schwing ich meinen Geist zu DIR hinauf
und betrachte den Planetenlauf.

O was doch Wunderbares ist geschehen?
Jetzt habe ich in Palästina einen neuen Stern gesehen.
Ich betrachte ihn wohl, das ist ein Wunder,
im Untergang geht er auf,
im Aufgang geht er unter.

Jetzt schaue ich zum zweiten,
was doch dieser Stern wird bedeuten?
Ich habe in meinem Leben noch nie einen solchen Stern gesehen.

Jetzt will ich zum dritten Male sehen,
was doch Wunderbares wird geschehen.
Ist es der Stern, von dem ward prophezeit,
daß einmal wird kommen die neue Zeit?
Daß ein neuer Stern wird aufgehen,
den alle Menschen werden sehen?

Weil ich nicht weiß, was dieser Stern wird bedeuten,
will ich mich im Geiste vorbereiten
und will bitten um die Gnad.

Ferdinand Jolys dritter Abschied

Fast ein Jahr noch bleibt Ferdinand bei seinem Onkel Raimund. Zu dessen Zufriedenheit hilft er mit, wo es nur angeht. Er lernt in der großen Bibliothek, schreibt vieles ab, auch Teile von Onkel Raimunds „Alexander Papa Martyr", das dieser vor fünfundzwanzig Jahren gedichtet hat. Immer wieder aber vertieft er sich in die Lektüre des „Bruder Franz", in dem er auch „seinen" Alexius wiedererkennt.

Dennoch traut er sich noch an kein größeres Stück heran. Aber er sammelt, hebt auf, bereitet sich vor. Hin und wieder singt er zu besonderen Anlässen in der Pfarrkirche. Im Stift zu singen widerstrebt ihm nach wie vor, er spürt einen Argwohn, wenn er die Patres sieht, obwohl er sie grüßt und sein Gruß auch erwidert wird. In der Pfarrkirche aber spürt er keine Widerstände. Es freut ihn, wenn der Oheim mit seiner immer noch angenehmen, wenn auch etwas hohen Stimme mit ihm die Responsorien bestreitet. Doch gibt es Tage, da verlassen den alten Herrn die Kräfte. Einmal, alleingelassen in der Sakristei, fiebert er plötzlich, liegt auf der Bank und spricht von seltsamen Dingen, von fabelhaften Erscheinungen am Himmel, von smaragdgrünen Faltern, die um sein Haupt schweben. Später, eines Nachts, hört Ferdinand, der unterhalb seiner Kammer schläft, ganz deutlich seinen Oheim von einem sagenhaften Vogel erzählen, der über dem Turm zu Babel kreist und jeden, der ihm zu nahe kommt, angreift, bis der Onkel von ihm selber angefallen wird, so daß dieser laut schreiend erwacht. Später aber hört er den Onkel lispeln, und nur wenige Worte kann sich Ferdinand merken. Er vernimmt etwas von einem „Klösterlein auf dem Eise" und noch etwas von seligen Jungfrauen, die tief im Gebirge an einem Bergsee begraben sind . . .

Es ist später November, da sieht Ferdinand eines Abends die Türe zu Oheim Raimunds Zimmer weit geöffnet. Als er hineinspäht, erschreckt ihn ein gespenstiges Bild: der Oheim sitzt hochaufgerichtet im Bett, die Augen geschlossen, aber mit bebenden Lippen, die Hände ins Bettlaken gekrallt.

Ferdinand tritt näher und sieht in das Antlitz des Oheims. Trotz Anzeichen des Verfalls: welch starker Ausdruck! Welche Lebenslust in den Mundfalten, in der kräftig gebogenen Nase! Ein Mann des Willens, der Höhen und Tiefen durchlebt haben muß, der Geheimnisse verbarg! Ein Joly de Berre! Er könnte Ferdinands Vater sein – wie nah ist er ihm zu dieser Stunde!

Plötzlich ringt der Oheim mit dem Atem. Ferdinand ist entsetzt, er eilt hinunter zur Hausbesorgerin Babett, sie ist nirgends zu finden. Sie ist sicher zum Bader gelaufen, zum Doktor im Stift ist es ja zu weit . . . Ferdinand geht zurück zum Lager des Oheims, dieser ist ganz still geworden, er hat sich zurückgelehnt und atmet ruhig. Als der Bader kommt, hat der hochwürdige Herr den Anfall bereits überstanden. Frau Babett betet laut ein Vaterunser. Ferdinand aber berührt die Hand des Alten, sie ist warm und entspannt. „Hochwürden sollten sich mehr schonen", sagt jetzt erlösend der Bader, er gibt dem Oheim noch ein paar Ratschläge und geht in die Nacht hinaus.

In der nächsten Zeit hat Ferdinand eine wichtige Aufgabe:

er muß Babett helfen, daß der Oheim wieder auf die Höhe kommt. Ferdinand hilft beim Schreiben von Eintragungen und Besorgungen aller Art. Ein junger Mönch aus dem Stift hilft bei den Messen und geistlichen Verrichtungen. Weihnachten wird still begangen, am Neujahrstag zelebriert Onkel Raimund zum ersten Mal wieder das Hochamt. Als es Frühling wird, nehmen seine Kräfte zu, er ist bei den „zwölf Aposteln", die von Abt Erenbert gespeist und getränkt werden. Ferdinand ist wieder zugegen.

Nach der Zeremonie kommt es zu einer Unterredung des Abtes mit Raimund Joly. Noch immer ist dieser Prior im Stift. Schwere Sorgen bedrücken den Abt, der Kampf um die Aufhebung des Stiftes wird von manchen einflußreichen Leuten in Linz immer energischer geführt. Die Finanzen sind zerrüttet, weil die Abgaben so hoch sind. In Wien werden neue Maßnahmen vorbereitet. Das Ende des Klosters scheint sich abzuzeichnen.

Zu alledem kommt aber – und nun spricht der ehrwürdige Abt sehr leise mit seinem Prior –, daß die Anwesenheit dieses Neffen Ferdinand allzu vielen ein Dorn im Auge sei. Der gute Bruder Prior wisse offenbar nicht, daß sein Neffe sich ernsthaft um das Linzer Theater bemühe. Woher er das wisse, könne er nicht genau sagen, aber das wäre ja auch nicht so arg. Schlimmer sei etwas anderes: Vor kurzem habe man ihn, diesen Ferdinand, der ja auch geistliche Hilfsdienste versehe, beobachtet, wie er sich im nahen Dorfe bei einem Dorffest ziemlich dreist unter das Landvolk gemischt, mit den Bauern gesungen, getrunken und auch getanzt habe und in völlig liederlichem Zustand – sit veniam verbo . . . – mit einer verdächtigen, ortsbekannten Weibsperson sich zu schaffen gemacht . . . und zu sehr später Stunde dann hinaufgeschlichen wäre in Eure Behausung, hochwürdiger Bruder, in Kirchham.

Prior Raimund schüttelt den Kopf.

„Merkwürdig. Aber sicher bloß grobes Geschwätz. Mein Ferdinand hat anderes im Kopf. Ich weiß das. Er hat sicher manche Lumpereien gemacht, aber Hurerei ist nicht seine Sache. Trotzdem, ich muß mit ihm reden."

„Tu Er das, teurer Bruder, ich bitte Ihn. Aber, es wäre doch besser, Euer Ferdinand ginge fort von hier. Es möchten doch neue Unzukömmlichkeiten sich ereignen und dann, dann wäre es zu spät."

„Ich werde tun, was rechtens ist, verlaß Er sich darauf, teurer Bruder."

Um bei der Wahrheit zu bleiben, unser Joly hat es nicht lassen können, in einem verschwiegenen Winkel dem Gespräch der beiden geistlichen Herren zu lauschen, so leise und vorsichtig dieses auch geführt worden war. Beschämt verkroch er sich erst in die Sakristei, dann aber nahm er den weiten Bogen durch abseitige Gänge und Höfe und kam unbemerkt nach Kirchham.

Jolys Traum vom unheiligen Organisten

Nachts schlich der Versucher ungestüm in Jolys Kammer. Er zeigte ihm nicht den Abt, wohl aber den alten, unschuldigen Pater Oeconomicus im Traum, wie dieser auf die Orgelbank steigt, umgeben von einer Schar seltsamer Wesen. Was hatte dieser Pater an der Orgel zu suchen? Und schon schlich Joly ihm nach, und es war ihm, als seien die seltsamen Wesen junge, mißratene Engel, die sich ein Vergnügen daraus machten, den ehrwürdigen Pater zu foppen. Und dann, als der Alte zwei hohe Tasten des Orgelmanuals berührte, erhob sich ein klägliches Getön; statt der Engelstimmen begann das mißtönende Geplärr von Mädchen, kleinen Teufeln nicht unähnlich, angeheizt durch den Oberteufel, der am Blasbalg der Orgel saß. Und siehe, er streckte seine Arme aus zu den Tasten und spielte die abscheulichsten Akkorde vor den Augen des hilflosen Paters. Daran aber hatten, so schien es Joly, die Mädchen ihre helle Freude. Ihr Gekicher weckte ihn auf, aber er hörte noch lange das jämmerliche Getön. Und er fragte sich: Habe ich so Unrechtes getan, daß mir der Teufel solche Träume schickt?

Ein paar Wochen noch hält es Ferdinand bei seinem Oheim. Hatte ihn dieser auch bis zuletzt bei seinem Abt verteidigt, so war ihm doch mehr und mehr bewußt geworden, daß Ferdinand keinerlei Anstalten machte, sich um ein festes Studium, geschweige um einen Anschluß an das klösterliche Leben zu bemühen. Im Gegenteil, nun blieb er gar manche Nacht außer Haus, ja er mied seinen Oheim, wo es nur ging. Eine Aussprache scheint nicht mehr stattgefunden zu haben. Auch weiß man nichts mehr von einer Klage im Stift. Es ist möglich, daß Ferdinand noch mit seinem Oheim, vielleicht auch nur allein, Linz aufgesucht und dort im Theater gesessen hat. Was ihn dann allerdings dazu trieb, bei Nacht und Nebel, es muß im Juni gewesen sein, urplötzlich Kremsmünster zu verlassen, ist uns gänzlich unbekannt. Wir vermuten nur, daß sein Oheim, dieser gute Mann, das Verschwinden seines Neffen mit großem Kummer vermerkt hat. Er, der ihm Kost und Unterkunft gewährt und ihn mit aller Liebe und Nachsicht betreut hat wie einen eigenen Sohn, hätte einen ehrlichen Abschied Ferdinands verdient.

Tage und Wochen vergingen, aber keine einzige Nachricht gelangte an die Ohren des Greises. Kaum ein Jahr später ereignete es sich, daß im Zuge der Maßnahmen des Kaisers Prior Joly, der ja zugleich Pfarrherr von Kremsmünster war, alle „Ämter und Würden verlor", wie die Urkunden vermelden. Was zu dieser völlig unverständlichen Aufhebung von Raimund Jolys Ämtern geführt hat, wird im Dunkel der Vergangenheit begraben bleiben. Was allerdings den Verlust der Würden betrifft, das bleibt unerklärlich und mißlich.

Gänzlich vereinsamt, krank an Leib und Seele, siecht Raimund Joly dahin, bis ihn der Tod von seinem Leiden durch einen Schlagfluß erlöst. Man schrieb das Jahr 1792.

Ferdinands Spuren aber verlieren sich nun drei Jahre lang in den weiten Hügeln und Kornfeldern des Innviertels, führen hinüber in die weltverlorenen Dörfer des bayrischen Landes an der Alz und bis hinunter zum Chiemsee, bis sie eines Tages in einem alten, großen Bauernhof wieder auftauchen.

Der verlorene Sohn in Tirol

Das Bild des in der Herbstnacht mit dem Atem ringenden Oheims geht Ferdinand Joly nicht aus den Augen. Manchmal vermeint er, jetzt müsse er kehrtmachen und zurückwandern nach Kirchham. Er könnte auch einen Brief schreiben an seinen Oheim und ihm erklären, warum er Kremsmünster so fluchtartig verlassen hat. Aber so oft er damit beginnen will, verwirren sich seine Gedanken und finden keinen Boden. Er kann es niemandem beichten, was ihn damals bewegt hat zu fliehen. Und so vereinigt sich in der Erinnerung des Oheims Bild immer mehr mit dem ins Leere versunkenen Bildnis des Vaters. Ist er, Ferdinand, nicht schon lange der verlorene Sohn, der zu seinem

Vater, dem Alexius Josephus Joly, nicht mehr zurückfindet, es sei im Traum oder im Spiel –?

Aus diesen Gedanken erwächst in ihm die Vorstellung von einem geistlichen Drama, einem Alexius-Spiel, das die Legende so darstellen müßte, daß sie von allen Menschen verstanden wird. Die Aufgabe würde schwer zu lösen sein, das wußte er.

Ferdinand Joly ist also indessen in einem Bauernhof unweit Chieming in Bayern untergetaucht. Dort schreibt und malt er, hilft den Bauern oder singt mit den Kindern. Wenn es nichts zu schreiben gibt, wenn keine Eingaben an die Obrigkeit, keine Ladschreiben zu Hochzeiten, keine Sterbgedichte zur Totenwacht zu verfassen sind, so versteht sich Joly immer noch auf das „Lüftlmalen", worunter man in Bayern das Malen und Schreiben von Sprüchen oder Bildern an die Hauswände oder unter das Gebälk am Dach versteht.

In dieser Zeit wird Ferdinand, den sie nur noch den „Scholi" oder „Schori" nennen, im ganzen Chiemseewinkel recht bekannt. Man lädt ihn ein, bald dahin, bald dorthin, mehr zu den kleinen Leuten als zu den Großbauern; von einem „ausgjagten Studenten" halten die nicht viel. Joly hat sich sogar schon ein neues Gewand schneidern lassen, denn mit dem alten zerbeulten, das er seit dem Weggang aus Kremsmünster die ganze Zeit über getragen hat, konnte er sich kaum noch sehen lassen; manchmal kam er sich selbst schon vor wie eine Vogelscheuche.

Da aber ereignen sich böse Dinge in der Welt. Aus Paris werden die ersten Bluttaten gemeldet. Es ist die Zeit des Sturmes auf die Bastille im Juli 1789.

In Erl in Tirol aber schickt man sich an, den „Alexius" aufzuführen. Das Spiel vom heiligen Alexius hat in Tirol eine lange Geschichte. Man spielte die beliebten Szenen von der freiwilligen Armut schon an verschiedensten Orten, ehe der ehrgeizige Saliterer sich daranmachte, für die Erler das Stück von neuem zurechtzuschreiben, sicher nicht ohne Instinkt für szenische Wirkungen, den der vielgereiste Salpeterfahrer zweifellos besaß.

Das Ereignis einer bevorstehenden Erler Theateraufführung spricht sich seit eh und je weit im Lande herum. Kein Wunder, daß es der treue Humprecht in Umratshausen bald erfährt. Seit kurzem hat er wieder Umgang mit unserem Joly, und so kommt es, daß er ihn einlädt, mit ihm nach Erl zu fahren, um das neue Spiel anzusehen. An einem heißen Augusttag ist es soweit. Sie reisen im Stellwagen hügelauf, hügelab nach Erl und wohnen dem Spiel bei. Droben im überfüllten Saal, eingepfercht im Sommerdunst, lauscht ein buntes, aus der ganzen Umgebung zusammengeströmtes Landvolk den sanften und schmerzhaften Tiraden des Heiligen.

Joly und Humprecht sind dennoch beeindruckt von dem, was da zu sehen ist! Diese Erler spielten wahrhaftig herzergreifend! Aber der Text!

An den elend zusammengestoppelten Reimereien des Saliterers Josef Gschwendtner konnte Joly keine Freude haben. Vor allem verdroß ihn, daß dieser Alexius zu arg als gottergebener Schwächling dargestellt wurde. So sah er ihn nicht. Mit seinem Oheim Raimund hatte er ja oft über den heiligen Bruder Franz gesprochen: Der war auch kein Schwächling gewesen, außerdem hatte er ganz andere Motive gehabt für seine Armut als dieser Alexius. Es mag noch angehen, den Menschen die freiwillige Armut schmackhaft zu machen, aber nicht die Ergebenheit in ein Schicksal, das sie nicht verdienten.

Und er dachte nach: Lebten nicht immer noch unzählige Arme dahin in der Sorge um ihr tägliches Brot, während man es sich bei Hofe und in den Prälaturen und Schlössern des Landadels gutgehen ließ? Immer wieder konnte man beobachten, daß die Obrigkeit nichts wußte vom Elend der kleinen Leute, daß aber die Obrigkeit die Bauern so lange annagte, bis „nichts mehr als Beiner dran sind", wie hierzulande die Leute sagten. Nein, dieser Alexius gefiel ihm nicht.

Mit verdächtigem Augenzwinkern tritt nach der Aufführung der alte Schwaighofer an unseren Joly heran. Er fragt ihn, wie ihm das Spiel gefallen habe. Dieser Schwaighofer war die eigentliche Seele von Erl, ein listiger Fuchs mit großem Schnauzbart, der mit dem Geld ganz gut umzugehen wußte; er trug auch die Verantwortung für die Spielkasse; beim letzten Passionsspiel hatte er noch den Judas gespielt.

Da Joly mit der Sprache nicht so recht herausrückt, hilft ihm der Fuchs und schmeichelt ihm: „Der junge Herr hat doch lang genug gelernt bei seinem Onkel in Kremsmünster!" Ob er nicht gar ein neues Stück schreiben könnte für die Erler? Der Zulauf sei doch ganz ansehnlich, und bis zu zwölf Malen würden sie das spielen in ein oder zwei Jahren, wenn's die Obrigkeit erlaubt. Das Gespräch wird abseits der Leute fortgesetzt, droben auf der Schönau, nicht ohne ein gutes Glas Veltliner, aber im Beisein von Humprecht, der ja längst Jolys Vertrauter ist in verschwiegenen Sachen.

Joly läßt seinem Unmut über diesen in seinen Augen so mißratenen „Alexius" freien Lauf. Als der Wein die Zunge löst, wird auch der Schwaighofer gesprächiger und prahlt mit großen Worten: „Von dir also, Scholi, erwarten wir Großes. Neue Spiele sollst du uns schreiben, auch die Musik dazu. Ich hab's schon gehört, wie sie drunten am Chiemsee von dir reden, du verschweigst, daß die Lieder dort allesamt von dir sind."

„No, no", wehrt Joly ab, „so viel Schmeichelei braucht's bei mir nicht."

„Aber du wirst berühmt werden, wenn du einschlagst zu meinem Plan", fährt der Schwaighofer fort. „Wann du dir's zutraust, so schreibst du uns einen *neuen* ‚Alexius', so einen, wie du ihn dir vorstellst. An der Bezahlung soll's nicht fehlen: Keine Kunst ohne Brot."

„Ums Geld geht's mir nicht", antwortet Joly. „Aber gut, ich schreib dir das neue Stück, Schwaighofer, für euch Erler schreib ich das, fürs nächste Jahr, wenn Gott will."

„Und du machst mit uns die Proben, Scholi, wohnen kannst drunten im Mühlgraben, wann's dir paßt, drunt bei der Quell, die Burgl wird schon für dich sorgen." Das hörte Joly nicht ungern – diese dunkelhaarige Burgl, die aus Südtirol stammte, hatte ihn schon jetzt ganz sauber bedient, mit einem Bratl und dem besten Wein und Augenzwinkern. Sie hat ja auch selber mitgespielt beim alten „Alexius", und für die würde er sich schon noch eine Extrarolle ausdenken. Vielleicht war die Burgl ehrlicher als seine Barbara in Kremsmünster, die ihn so plötzlich im Stich gelassen hatte. Auf die Dauer hatte er die Einschichtigkeit ohnehin satt. Doch – für die Burgl würde er sich etwas Besonderes ausdenken . . .

Alexius

Nach kurzer Zeit schon macht Joly sich an die Arbeit. Jetzt gibt es für ihn nur noch eines: das große Spiel vom Alexius! Ganz für die Erler, im Andenken an seinen Vater, aber – im geheimen – ein Geschenk für die Burgl. Er stellt sich vor, wie sie den Engel spielen wird: keinen zärtlichen, milchweißen Zuckerengel, sondern einen kräftigen, der es mit dem Teufel aufnehmen kann. Wie sie dann beide ringen werden um des armen Alexius' Seele! Barmherzigkeit! Gerechtigkeit! Die Chöre müssen das rufen. Aber der Engel wird siegen, und Maria wird am Altar erscheinen und selber die Heiligsprechung verkünden.

Man schreibt immer noch das Jahr 1789. Joly wohnt jetzt beim Webermichlbauern unweit Chieming. Der ist gutmütig und läßt unseren Joly so lange bei sich, bis dieser mit dem Spiel fertig ist. Das hat er gesagt und sogar vor der Bäuerin, denn beide sind fromm und stolz, daß sie einen im Haus haben, der für Erl etwas Gutes tut. Sie haben einmal die Passion dort gesehen und sind ganz zerknirscht nach Hause gekommen. Zwar sind sie selber recht arm, haben viel Unglück gehabt im Stall und mit den Kindern, aber den Joly wollen sie doch nicht fortschicken.

Indessen kommen aus Frankreich neue böse Nachrichten. Sie treffen hart in das stille Land. Zahlreiche Adelige fliehen und suchen irgendwo unterzutauchen. Flüchtlinge aus Paris erzählen, daß die königliche Familie in einem Fußmarsch von mehr als sechs Stunden inmitten entwaffneter Leibgardisten von dem johlenden Volk von Versailles nach Paris geleitet worden ist. Dem Zug vorangetragen wurden abgeschnittene Köpfe, auf Piken aufgespießt; einige Marktfrauen seien auf Kanonen geritten, die im Zuge mitgeführt wurden. Das alles soll am 5. Oktober passiert sein. Weit Schlimmeres stehe noch bevor.

„Da gnad uns Gott, daß das nicht übergreift auf unser Land", sagt der alte Webermichl, der schon einmal in Frankreich war in jungen Jahren.

„Solche Bestien gibt's bei uns wohl nicht", respondiert die Frau, „wir sind ja wohl alle gute Christen!"

„Die? Die sind gut katholisch getauft wie mir selbm, und

trotzdem morden sie und schlachten sie, daß eine Schand ist!" Der Webermichl spuckt aus und bleibt fortan verschlossen.

„'s beste ist, man haltet 's Maul!" Damit beendet die Bäuerin das Gespräch. Aber Joly hatte zugehört und wurde unruhig. Was war er eigentlich? Ein Franzose? Ein Salzburger? Aber er war ja jetzt in Bayern, und drunten in Erl, im Tirolischen, wollten sie ihn vielleicht nicht ungern behalten. O diese verfluchten Grenzen! Längst trug er kein gültiges Papier mehr mit sich. In Kremsmünster hatte man ihn mit einem blauen Auge davonkommen lassen, beim Weg nach Erl hatte er noch sein altes Studentenpapier vorweisen können. Wie würde das jetzt weitergehen?

„Grübeln und Spintisieren hilft zu nichts", sagte er zu sich selbst. Besser, ich bin ein freier Mensch und mir selbst zur Verantwortung als ein Höriger in dieser Welt der Verlogenheit. Und immer noch ist es besser, zu arbeiten, als zu jammern und nichts zu tun. Und so setzte er sich wieder an den kleinen Tisch in seiner Kammer und schrieb weiter an seinem „Alexius". Er dachte an den Schluß: Durchbricht Alexius sein selbstgewähltes Schicksal? Oder wartet er auf ein höheres Zeichen? Muß der Mensch nicht selbst etwas dazu tun, um sich aus seinem Elend zu befreien?

Wieder ist es Winter geworden. Joly hat für seine Chieminger, aber auch für die Seebrucker einige Hirtenlieder geschrieben, vor allem für die Kinder. Er selber ist gerührt, wie er diese einfachen Melodien zum ersten Mal aus den jugendlichen Kehlen hört; er nimmt sich vor, bald ein größeres Christkindlspiel zu schreiben, wenn er nur erst einmal den „Alexius" fertig hat. Aber der macht ihm noch viel zu schaffen.

Indessen hört man rundherum nichts als garstige Dinge. Ganz Österreich stöhnt unter ungeheuren Steuerlasten, die der Kaiser für notwendig hält, damit er seinen großen Türkenfeldzug vorbereiten kann. Astronomische Zahlen werden genannt; die Staatsschuld soll 370 Millionen Gulden ausmachen, alles für die Waffen, wird erzählt. Das ist eine Zahl, die sich ein einfacher Landmensch nicht mehr vorstellen kann, besonders einer, der mit Kreuzern spart und der sich für böse Tage nichts zurücklegen kann.

Man spricht auch von Verschärfungen an den Grenzen. Österreich, aber auch Salzburg, das ja noch immer ein selbständiges Land ist, hat Angst vor einem Einsickern revolutionärer Ideen aus dem umstürzlerischen Frankreich, also wacht man scharf über jeden einreisenden Flüchtling, beobachtet aber auch die schon länger ansässigen Franzosen. Diese müssen sich alsbald bei der Polizei melden und erhalten dann ein „consilium abeundi", eine Art von Ausweisung, außer man gewährt ihnen eine besondere Aufenthaltserlaubnis. Ferdinand Joly beunruhigt das nicht, denn seine Vorfahren sind ja längst in Salzburg ansässig gewesen, freilich, jetzt sind sie wohl allesamt verstorben, vielleicht bis auf den alten Oheim in Kremsmünster, dem er noch immer nicht geschrieben hat. Von seiner Schwester hat er seit den frühen Salzburger Tagen auch nie wieder gehört.

An einem kalten, bösen Februartag des Jahres 1790 stirbt Kaiser Joseph II. in Wien. Wie man auch am Chiemsee weiß, haben die Leute drüben in Österreich wenig zu lachen gehabt unter seiner Herrschaft. Unter seinem Nachfolger wird es kaum besser werden, sagen sie. Joly denkt zurück an die Verhältnisse in Salzburg. Mit den Bauern freilich redet er darüber nicht. Sie wissen von ihm nur, daß man ihn, den Priesterstudenten, zu Unrecht „ausgjagt" hat. Das ist landauf, landab bekannt, aber es kümmert die wenigsten. „Solang der Colloredo regiert, geh i niemals zruck nach Salzburg", ist das einzige, was man von Joly gelegentlich zu hören bekommt.

Die Obrigkeit ist wachsam. In Bayern werden alle Spiele, gleich ob weltlich oder geistlich, verboten; auch Oberaudorf muß jetzt zusperren.

Die Erler aber geben noch keine Ruhe. Sie warten alle auf den „Alexius". Allen Verboten zum Trotz wollen sie an der alten Tradition festhalten. Bevor es wieder zu einem Passionsspiel kommt, soll unbedingt der neue „Alexius" gespielt werden. Was ist mit dem Joly? Hat er endlich den fertigen Text?

An einem hellen Maitag trifft Joly mit seinem Freund Humprecht in Erl ein und übergibt dem Schwaighofer das Rollenbuch für den „Alexius". Im Mühlgraben zur Quelle wartet die Burgl; sie wartet auf mit einem kühlen, süffigen Wein. Joly zeigt ihr, als sie ganz allein sind, die Engelszene im Buch.

„Da bin i hiaz nacha dein Engel?" fragt sie.

„Freilich", antwortet Ferdinand, „für dich hab i's ja gmacht. Und den Alexius, den mußt du dann trösten, in seiner Hundehütten, wie's vorgeschrieben steht."

„Und wer wird dann nacha den Alexius spielen? Du selm?"
Ferdinand lächelt nur vielsagend, was auf ein Ja schließen
läßt. Die Burgl schaut in das ernste, dunkeläugige Gesicht Jolys, in dem nur selten ein Sonnenstrahl sich eingenistet zu haben
schien: Sie bemerkt auch den kleinen Kropf, der Joly immer ein
bißchen zu stören scheint; die Burgl stört er nicht. Dieser Joly
tät ihr schon gefallen, auch wenn er ein armer Teufel ist. Und
wenn sie sich vorstellt, daß sie den Engel spielen soll und ihn,
den in der Hundehütte liegenden Alexius, dann zu trösten hat –
da wird es ihr ganz schwindelig vor Angst, aber auch vor Glück,
denn für den Joly möchte sie schon gern alles tun, doch, sie hat
ihn lieb, das wird ihr jetzt bewußt.

Am liebsten würde sie schon morgen beginnen mit den Proben. Aber, so ist es beschlossen, man wird erst im nächsten
Sommer spielen dürfen. Vielleicht hat sich das Konsistorium
von Brixen bis dahin beruhigt und seinen harten Erlaß überlegt,
vielleicht gar eine Konzession für Erl bewilligt. Schwaighofer
wird es schon richten, dafür heißt er ja auch „der schlaue Fuchs
von Erl".

Der Schwaighofer hat's gerichtet, und man kann endlich
mit den Proben beginnen in Erl. Da aber bricht das Unglück
herein.

Man schreibt den 20. April 1792, und die Zeichen stehen
auf Sturm. Frankreich erklärt Österreich und Preußen den
Krieg. Es dauert nicht lange, da wird es in dem schmalen Zipfel,
den das tirolisch-salzburgische Erl von Bayern trennt, unruhig.
Es ist nicht das erste Mal, daß der Nachbar seinen Fuß in diesen
Zipfel setzt, schon 1741 und 1744 waren bayrische Soldaten
im Zug des unseligen Erbfolgekrieges eingedrungen, jetzt, da
sie mit Frankreich verbündet sind, kommen sie wieder, und es
leistet auch niemand Widerstand. Nun aber will es das Schicksal, daß ein verheerender Südwind aufkommt, der den Staub
auf den Straßen fuhrendick aufwirbelt und auf den fernen
Berggraten im Süden die Schneefahnen glitzern läßt wie sil-
berne Fontänen.

Schüsse fallen, die ersten Schreie, die ersten Verwunde-
ten . . . Ehe man sich's versieht, brennt ein Haus und schon ein
zweites. Und dann greifen die Flammen um sich, die niemand
löschen kann. Sie greifen hinein in die Kornspeicher, in die
Heustadel, ins Gebälk der schönen alten Häuser. Der Sturm

heult bei hellstem Sonnenschein, aber die Flammen übersteigen bald die Höhe der Dächer. Ganz Erl brennt.

Noch steht die Kirche. Aber das Haus des Schwaighofer liegt am späten Abend in Asche. Und mit ihm das fertige Rollenbuch von Jolys „Alexius", dem Heiligen, der den Menschen Friede und Einkehr hätte bringen sollen. Immer waren die Kriege stärker als alle frommen Gebete der Menschen.

Die Nachricht vom großen Brand in Erl dringt in alle Dörfer und Märkte des Chiemgaus. Während die Alten beten, daß Gott ihre Häuser von den Schrecken des Krieges verschone, fluchen die Jungen. Viele werden zu den Soldaten geholt, und man schärft ihnen ein, daß es wieder einmal gilt, die „Feinde" zu schlagen, sie niederzumachen, wo immer es der Befehl fordert. Vergessen sind alle Bindungen wahrer Freundschaft. Der Schlagbaum entscheidet, wo Freund und Feind beginnen. Viele aber desertieren.

Joly trifft es hart: er muß den Verlust seines Spieles hinnehmen, an dem er so lange gearbeitet hat; Abschrift hat er keine. Die Blätter, auf denen er einzelne Szenen oder Liedtexte entworfen hat, sind längst in alle Winde zerstreut.

Fast schlimmer noch ist es für ihn, daß er seine Erler Freunde meiden muß. Und was die Burgl angeht ... Haben sich zwei liebgewonnen, so werden sie auch schon auseinandergerissen. Für Joly war an ein Wiederkommen in Erl vorerst nicht zu denken. Das Elend war groß. Noch aber hielten ihn seine Bauern am Chiemsee. Die Burgl aber, weiß Gott, was aus der geworden ist! Vielleicht ist sie zurückgegangen nach Südtirol. Nicht einmal Abschied nehmen hatte er können! Sie wuchs in seiner Erinnerung zu einem unerreichbaren Engel, dem er vielleicht eines Tages wieder begegnen würde, schließlich gab es noch Wunder. Mancher Glaube an Wunder hat Menschen vor der letzten Verzweiflung bewahrt.

Kriegszeiten

Das Jahr vergeht mit einem grausamen Hin und Her der Mächte; bald siegt die eine, dann die andere Seite. Die Stärke der Kampftruppen ist immens: 400 000 Mann Österreicher, dazu 250 000 Preußen und 800 französische Emigranten sollen einer französischen Armee von 300 000 Mann gegenüberstehen! Sie alle wollen ernährt, gekleidet und mit Munition versehen sein.

Im Juli des Jahres wird Franz II. in Frankfurt zum Römischen Kaiser gewählt. Der Krieg aber, in welchem zuerst Österreich Siege verzeichnet, geht weiter. 1793 wendet sich überraschend das Blatt. In diesem Jahr wird mehr gemordet als ehrlich gekämpft. Erst wird in Paris der verhaßte König Ludwig XVI. hingerichtet, dann im Oktober auch seine Gattin Königin Marie Antoinette. Die Menschheit muß sich wieder an Hinrichtungen gewöhnen, sie ist so vergeßlich, daß sie bei jedem Krieg von neuem erschrickt, obwohl sie nie ohne Krieg gelebt hat.

In der Salzburger Stadt selbst liegen die Verhältnisse freilich anders; hier will man von diesem Interventionskrieg mit Frankreich am wenigsten wissen. Wie schon zu Zeiten des Zukkerbäckers Matthias Joly de Berre gab es hier trotz zeitweiliger Zensuren immer Sympathien für die Franzosen. Hätte sich Ferdinand Joly nicht den abgrundtiefen Haß etlicher Salzburger Bürger zugezogen, er säße heute noch im Gefolge des Erzbischofs auf wohlbestallten geistlichen Stühlen. Selbst für die Französische Revolution gab es auch jetzt noch Wohlwollen: Der „Moniteur", die offizielle Zeitung der französischen Republik, wird von hier aus sogar nach Österreich, vor allem nach Wien, geliefert, wo sie verboten ist.

Die Lage, in der sich Erzbischof Colloredo befindet, ist allerdings alles andere als rosig. Er sitzt in einer Zwickmühle. Wie soll er dem Ansturm von beiden Seiten standhalten und Truppen bereitstellen, wo er keine Soldaten beschaffen kann? 1795 schreibt er seinem Bruder, dem Grafen Franz Colloredo, Kabinettsminister in Wien, daß die Weiterführung des Krieges gegen Frankreich den unvermeidlichen Untergang der Fürstenherrlichkeit bedeute und nur eine rasche Beendigung die Rettung herbeiführen könne. Denn „man kann mit den Leuten nicht mehr auskommen, sie werden täglich kecker und mutwilliger, sie wissen, daß man sie nicht zwingen kann und ihnen gute Worte geben muß. So geht es mir mit allen meinen Bürgern und Bauern . . . Wir bekommen keine Rekruten, können keine mit Gewalt nehmen, und ich bin versichert, daß, wenn ich die 200 bis 300, die ich hier habe, zur Armee schicken werde, die Hälfte davonläuft. Wir können darauf rechnen, einer nach dem anderen verjagt zu werden, nicht durch den Feind, sondern durch unsere eigenen Untertanen."

Erzbischof Colloredo hatte es richtig vorausgesehen. Im nächsten Jahr wurde es noch viel ärger, denn nun wurden auch Gesellen und Studenten vom Aufruhr gepackt. Das Ende des Bistums schien gekommen.

Joly freilich hatte noch immer keine Lust, wieder in die Stadt zurückzukehren, obwohl es die Verhältnisse jetzt erlaubt hätten. Immer mehr hatte er indessen mit seinen Bauern Freundschaft geschlossen, auch wenn es ihm manchmal schlecht ging. Denn es war nicht immer leicht, sich neue Groschen zu verdienen; die Armut nahm zu und auch das Mißtrauen.

Eines Tages aber, als der alte Webermichel, Jolys besonderer Vertrauter, starb, machte die Bäuerin ein ernstes Gesicht. „Scholi, bist lang bei uns gwen, is ja a guate Zeit gwen. Mögn tat ma di a heut noch, aber hiaz, bei der Not, hiaz werd's schwer sein, daß d' noch dableibst. Muaßt di um a andere Kost und a andere Schlafstell schaugn. Einquartierungen soll ma auch kriagn, hat der Burgermoaster gsagt. Außerdem, hat er gsagt, müaß ma gehn schaugn, wia dös mit dem Scholi is, der is leicht a Landfremda, dös geht nit länger so, verstehst, Bäuerin, hat er gsagt."

Ferdinand erschrickt, aber er hat das längst kommen sehen. Seine Salzburger Papiere, die galten freilich nichts mehr, neue bekam er nicht ohne weiteres. Man wird ihn ausweisen. Wohin? Nach Salzburg? Das konnte nicht gutgehen. Ehe ihn der Bürgermeister ins Gebet nahm, packte er lieber seine paar Habseligkeiten, die entbehrlichen Schriften überließ er der Bäuerin zu guter Verwahrung. Eines Tages würde er wiederkommen und sich die Sachen holen.

Joly in Buchbach

Es traf sich, daß in diesen Tagen Roland Humprecht, Jolys treuer Freund aus Umratshausen, mit einem Fuhrwerk vorbeikam. Er hatte in Traunstein einiges zu ordnen und dabei gern diesen Umweg über Chieming in Kauf genommen, um Joly wiederzusehen. Als er von dessen Absicht hörte, den Ort ehestens zu verlassen, war er sofort mit einem Rat zur Stelle. Ein gutes Stück weiter droben in Bayern, im kleinen Marktflecken Buchbach unweit Mühldorf, wo die alte Salzstraße durchzieht von Wasserburg her ins Vils- und Isental, da war er vor kurzem gewesen wegen einer weitläufigen Erbschaftssache. Dort habe er den alten Pfarrherrn kennengelernt, der, von schwerem Leiden geplagt, große Mühe habe mit seinem Dienst; Pfarrer Kirmeyer schreibt er sich. Einen jungen, schreibgewandten Mann, noch dazu einen Lateiner, der gar noch aus Salzburg stammt, würde der ganz gewiß nicht abweisen, im Gegenteil! Ohne jeden Zweifel würde er den mit Freuden aufnehmen. Noch etwas erfuhr Joly durch den Humprecht: Dieses Buchbach unterstand der Salzburger Diözese weit abseits der geschlossenen Landschaft des Erzstiftes. Auch sei der Pfarrhof ziemlich weit entfernt vom Ort selbst, ein Kuriosum. Nicht zuletzt unterhalte der Pfarrherr eine ganz ansehnliche Ökonomie, ein Gemeinwesen fast wie ein Klösterlein, aber ohne seine Enge.

Ferdinand war unschlüssig. Von hier wegzugehen war unvermeidlich, wenigstens jetzt für einige Zeit. Vielleicht war dieser Pfarrer ein guter Mann, der seine Hilfe gerne annahm.

Angespornt durch neue Hoffnungen, läßt sich Joly ein kleines Handschreiben von seinem Freunde übergeben; er wird es dem geistlichen Herrn überreichen. Die beiden nehmen herzlich Abschied und schwören sich, in nicht ferner Zeit wieder zusammenzutreffen. Freilich, die Aussicht auf ein Wiedersehen mit seiner Burgl in Erl schwand jetzt ganz dahin. Längst würde sie in Südtirol sein und auf ihn vergessen haben. Wieder ging ein Traum zu Ende.

Ferdinand ging seines Weges. Sorgsam mied er die Hauptstraßen, allzu viel fremdes Volk war unterwegs. Vorsicht war in jedem Fall am Platze. Gab es doch da und dort „Emissäre" aus Frankreich, die sich als Franziskaner tarnten und also glaubten, leichter ins österreichische Kaiserreich hereinzukommen.

Wenn er so einherschritt, blieben manchmal die Leute stehen. Immer noch sah Joly aus wie ein Priesterzögling, ein wenig schmal, ernst, schwarzgekleidet, dabei fast undurchschaubar mit seinen tiefliegenden schwarzen Augen und der gebogenen Nase. Die Bauern murmelten dann gerne, „der schaugt a weng zivilisch aus", was soviel hieß wie „städtisch" oder jedenfalls mit obrigkeitlichen Verrichtungen im Zusammenhang stehend. Immer aber wurde er höflich gegrüßt, wofür er sich jedesmal mit der gleichen Höflichkeit bedankte.

Am Abend des zweiten Tages erreichte Joly Buchbach und fand auch bald den abseits gelegenen großen Ökonomiehof. Er übergab den Brief seines Freundes und wurde vom Pfarrherrn Kirmeyer mit einiger Zurückhaltung aufgenommen. Es war zu spüren, daß der alte Herr nicht mehr viel Umgang mit seinen Zeitgenossen pflegte. Mißtrauisch sah er hinter seinen Brillengläsern hervor, denn ihm schien, daß die Beschreibung, die Humprecht von diesem Überbringer, der „Scholi" hieß, gemacht hatte, gar nicht so recht zur Erscheinung dieses Dürrbeines passen wollte: Ein Kirchensinger sollte das sein wie kein zweiter im Land? Und dichten sollte er auch und gar noch mächtig sein der lateinischen Sprache? In Salzburg studiert und dann aus traurigstem Anlaß relegiert? Der mußte schon etwas Gehöriges ausgefressen haben, nun ja, ein guter Hirte hatte die Pflicht, sich auch des verirrtesten Schafes anzunehmen! Also lud Pfarrer Kirmeyer den Neuangekommenen zu einem kräftigen Trunk und ließ ihn mit zudringlichen Fragen in Ruhe.

In Buchbach, diesem weltabgewandten, stillen Flecken mit seiner fast zierlichen Kirche, in der der berühmte Christian Jorhan von Landshut Statuen, Bildwerke und eine elegante Kanzel von großer Anmut geschaffen hat, lebte voreinst ein ganz besonderer Prediger, ein gewisser Andreas Strobl, der, etwas später als der aufrüttelnde Kanzelredner Abraham a Santa Clara in Wien, aber früher als der wortgewaltige Raimund Joly in Kremsmünster, durch seine originellen Predigten weit über Buchbach hinaus bekanntgeworden ist. Später hat man ihn freilich ganz und gar vergessen. Pfarrer Kirmeyer machte sich ein Vergnügen daraus, zuzeiten in dem Predigtbuch seines Vorgängers zu blättern. Es dauerte nicht lange, da hatte er auch schon unseren Joly in das Predigtbuch eingeweiht.

„Sieh Er, junger Mann, so muß man es den Leuten sagen, so und nicht anders. Anschauung wollen sie haben, Anschauung und nochmals Anschauung! Wem der Himmel gleichgültig ist und die Hölle nur eine Erfindung der Beichtväter, dem ist freilich nicht zu helfen. Er lebt dahin wie ein Wurm, der nichts anderes kennt als Kriechen und Wühlen, Kriechen und Wühlen."

Joly fiel auf, wie gern Pfarrer Kirmeyer einzelne Worte wiederholte, offenbar um seine Gläubigen noch stärker an den Sinn seiner Predigt heranzuführen.

„Lies Er, lies Er mit mir, junger Freund, oder besser, lies Er laut vor, mich schmerzt heut mein Auge." Damit gab er Joly das schöngebundene alte Predigtbuch in die Hand.

Joly zögerte eine Weile; dann las er langsam in singendem Tonfall, als erfände er beim Lesen zugleich die Melodie:

Bös Gewissen ist ein arger Gast,
Von ihm hast weder Ruh noch Rast.
Die krumpen und schnöden Gmüter
verscherzen die Himmelsgüter.

Die Herrlichkeit der Erden
muß Rauch und Aschen werden.
Kein Fels, kein Erz kann stehn.
Dies, was uns kann ergetzen,
was wir für ewig schätzen,
wird als ein lichter Traum vergehn.

Pfarrer Kirmeyer staunte, wie Joly ohne Mühe zu einer Melodie fand, die sich den Worten auf wunderbare Weise einfügte. Er seufzte auf und setzte die Brille ab. „Wird als ein lichter Traum vergehn", summte er nach.

„Trink Er mit mir ein Glas auf den teuren Verstorbenen!"

Er sagte das, als sei der Buchbacher Prediger Strobl erst soeben dahingegangen; in Wahrheit schien er ihm stets nahe zu sein, so als stünde dieser Sonntag für Sonntag hinter ihm auf der Kanzel. Und die beiden tranken auf das Wohl des Predigers. Pfarrer Kirmeyer stand auf.

„Nächste Woche hat sich der alte Christian Jorhan aus Landshut angesagt. Den muß Er kennenlernen, das ist ein Künstler vom alten Schrot und Korn. Auch liebt er die Musik: sing Er ihm eines Seiner Mariengesäng, da wird er die Ohren spitzen, verlaß Er sich drauf!" Damit verabschiedete sich der alte Herr. Joly aber, neugierig geworden, freute sich auf die Begegnung mit dem berühmten Maler und Bildschnitzer. Zu lange hatte er keine Künstler mehr gesehen.

Christian Jorhan

Schon am nächsten Donnerstag kommt es zur Begegnung mit dem großen Landshuter Meister. „Er ist ein Meister in Affect und Stellungen", liest man in den Beschreibungen der Zeitgenossen, „jeder Gesichtszug drückt das Innerste der Geschichte aus, die er darstellt, so wie Lebhaftigkeit und Ernst der Natur am ähnlichsten kommen. Seine Zeichnungen sind also trefflich, seine Stellungen leicht und ohne Zwang, und der Natur gleich zu arbeiten ist in seiner Macht."

Der fast Siebzigjährige kommt nach Buchbach, um ein paar Ausbesserungen vorzunehmen. Vor allem am heiligen Georg im Seitenaltar, aber auch im Strahlenkranz der Maria in der Verkündigung am linken Pfeiler sind Schäden aufgetreten, die nur der Meister selber beheben kann.

Joly betritt die Kirche, als der Meister gerade ansetzt zu einem Pinselstrich hoch auf der Leiter, gebeugt zu Maria, der allerseligsten Jungfrau und Mutter Gottes. Noch hat ihn der Meister nicht bemerkt. Joly verhält sich mäuschenstill und beobachtet das Tun Jorhans. Fast überschleicht ihn der Neid, daß er das nicht auch erlernt hat in frühen Jahren, das Schnitzen, Malen und Vergolden . . . Seine Lüftlmalerei ist doch ein wenig armselig geraten, obwohl ihn die Leute loben. Aber dieser da, wie der alles macht, mit der größten Ruhe seinen Arm hebt . . .

Und dann kommt ihm ein Einfall, den wir ihm zugute halten wollen, weil es doch ein echter Joly-Einfall ist: auf Zehenspitzen steigt er hinauf zur Orgelempore, so daß er mit dem Meister auf die gleiche Höhe zu stehen kommt. Etwas atemlos ist er schon; dann aber nimmt er sich ein Herz und stimmt ein Lied an, das ihm in diesem Augenblick am passendsten zu sein scheint:

> O große Himmelsfrau,
> sei uns gegrüßt!
> O süßer Gnadentau,
> der dich umfließt!
> Du bist der Gnaden Quell,
> erquickest Leib und Seel,
> du bist gebenedeit
> in Ewigkeit.

Christian Jorhan stutzt. Diese Stimme! Diese feine Melodie! Das fließt aus derselben Quelle, aus der auch seine Bewegungen kommen, denkt er sich, diese Falten am Rockschoße Mariens, das Spiel der Hände, die ausgestreckten Arme des Engels . . .

Als hätten sie es verabredet, grüßen sich die beiden, jeder von seinem Stande aus, der eine ganz verwegen in der Höhe, der andere unter der Orgel, dicht unter dem gemalten Himmelsgewölbe. Dann aber steigen sie herab von ihren Thronen und begegnen sich in der Kirchenmitte. Die Sonne vergoldet jetzt jeden Winkel des weitgebogenen Raumes, und Meister Jorhan beginnt: „Respekt! Respekt! Hat Er das Lied für mich gesungen?"

„Für Ihn, Meister, in Reverenz. Oft steh ich in dieser Kirche, wenn ich aufzuräumen oder etwas vorzubereiten habe, dann schau ich immer auf zu Ihren Figuren. Ich kenne sie alle schon ganz genau."

„Sapperlot, ist Er ein junger Priester?"

„Nein, das bin ich nicht —

hätt einer werden solln,
bin's nit wordn.
Bin eigentlich gar nix,
bin in kein Ordn.
Aber i bin bhend,
bin a ausgjagter Student . . ."

„Also ein Reimer, vielleicht ein junger Herr Dichter?" schmunzelt der alte Meister, der Späße gerne hat. Dann aber nimmt er Joly am Arm und sagt: „Junger Freund, wir müssen uns unterhalten. Seine Art gefällt mir, erzähl Er mir ein wenig, was Ihn hierhergeführt hat und was Er hier treibt."

So kommt es, daß Ferdinand dem berühmten Künstler von seinem bisherigen Leben berichtet, von seinem Kummer um das Versagen in Salzburg und in Kremsmünster, nicht zuletzt über sein Unglück mit dem in Erl verbrannten „Alexius".

„Nichts geht verloren", antwortet Jorhan, „alles, was geschieht, bleibt verborgen im weisen Ratschluß Gottes. Die Gottesfurcht befestigt alle unsere Tritte und lenkt unsere Weisheit. Sagt nicht der große Michael Sailer in Landshut: ‚Die Gottesfurcht ist unser Pilgrimstab, und alles Spekulieren ist ein zerknicktes Rohr?' Quis ut Deus – Er versteht es, mein Lieber –, wer ist wie Gott? Und die Aufklärer, die wollen noch größer sein als Gott, sie glauben, die Vernunft allein kann sie selig machen, in ihnen ist weder Gottesfurcht noch wahrer Gottesglaube. Aber Sailer ringt nicht um Dogmen, er ist ein in sich gefestigter Mann, der von sich sagen kann: ,Prüfe streng, ohne deshalb ungläubig zu sein, glaube fest, ohne hartköpfig zu sein!' Er fühlt sich sicher in der Hand Gottes."

Dieser Predigerton war Joly nicht unbekannt, er erinnert ihn an die alten Salzburger Zeiten. Von dem großen Johann Michael Sailer hatte er wohl schon gehört, auch hatte der alte Hochwürden ihn, den Ferdinand, schon gefragt, ob er nicht daran dächte, eines Tages seine Studien wieder aufzunehmen, das wäre nicht gar so schwer zu bewerkstelligen: Er selbst kenne diesen Sailer, diesen echt humanen Mann, der Verständnis genug aufbringen würde für das Mißgeschick eines „ausgjagten" Studenten: Zwar lebte dieser Sailer derzeit ohne Ämter in Ebersberg, aber es sei kein Zweifel, daß dieser wackere Mann wieder seinen Lehrstuhl für Moral-Pastoraltheologie an der Universität in Landshut erhielte, dann müsse man zugreifen. Ferdinand aber hatte noch immer die alte Scheu vor einer Fortsetzung seines Studiums, mehr sogar denn je. Der Gedanke, in einer großen Stadt, im Gewimmel vieler Menschen zu leben, erschreckte ihn nicht minder, als von neuem in die Obhut eines mächtigen Mannes zu geraten.

Christian Jorhan blieb hartnäckig. Er führte unseren jungen Freund in die letzte Bank in der Kirche, ließ ihn hinsetzen und hieß ihn stille sein. Dann bot er ihm das vertrauensvolle Du an und sprach leise, aber eindringlich: „Mein Lieber, du solltest dich doch an ihn wenden. Er wird dich nicht abweisen. Er ist ein Mann, in dem nichts da ist als stiller Friede, die reine Güte selbst. Wer ihn einmal kennengelernt hat, der vergißt ihn nie mehr. Dabei redet er ganz einfach und gar nicht gelenkt oder gespreizt, alles Höfische, Künstliche, Verlogene ist ihm ein Greuel. Überleg es, mein guter Freund, in diesen bösen Zeiten ist ein aufrichtiger Mensch mehr wert als ein Dutzend Generäle."

Was sollte Joly darauf entgegnen? Hatte der Meister nicht recht? Wie sollte denn sein Leben weitergehen, dachte Ferdinand, immer von Ort zu Ort ziehend, bald hier, bald dort ein

Spiel, ein paar Lieder schreibend, ein paar liebe Menschen kennenlernend, einen gütigen alten Hochwürden? Und dann wird das Alter kommen, da blieben dann vom Meister Jorhan die Statuen, Kanzeln und Altäre, und von ihm, dem Heimatlosen, da blieb nichts . . .

Da erhob der Meister wieder seine Stimme. „Ich ahne, was du dir ausdenkst, junger Freund, aber sieh an, wir sitzen da am ruhigsten Erdenfleck, und drüben im Westen schlagen sie sich die Schädel ein und morden seit Jahr und Tag. Und es kommen die Emissäre und anderes Volk und dringen immer weiter ein in unser noch ruhiges Land, gleich mit oder ohne Waffen. Aber die Aufruhrgeister sind längst unter uns, und ich weiß selbst, wie sie sich heute schon lustig machen über solche Kunst, wie du sie hier siehst; und es wird nicht lange dauern, da wird man diese Engel, diese Putten und Heiligen, diese Kanzel samt den Beichtstühlen und Fahnenstangen nicht mehr verstehen. Ich höre es schon allzu oft: Der alte Jorhan, wie ist der altmodisch, so wie der Günther und der Asam, das ist bald alles vorbei! Heraus mit dem Plunder, wird es heißen. Glaub mir's, junger Freund, schon einmal hat es Bilderstürmer gegeben, sie werden wiederkommen, verlaß dich darauf! Dann wird ihnen nichts mehr heilig sein, und sie werden zuletzt die Wallfahrtskirchen niederreißen, weil sie ihnen ein Ärgernis sind in der Landschaft! Niemand mehr wird das Geld haben, uns Aufträge zu erteilen, und wenn einmal die Fürsten und Prälaten vom Thron fliegen, dann ist es auch aus mit unserer Kunst . . .“

Meister Jorhan hatte sich ordentlich ereifert, aber Ferdinand fiel ihm ins Wort: „Das glaub ich nicht, Meister, die Bauern sind noch da, auf die habt Ihr vergessen. Sie haben die heiligen Bilder, die biblischen Szenen dauernd um sich, an jedem Wegkreuz, an jeder Feldkapelle, in den Wohnstuben. Sie lassen auch ihre Landkirchen nicht im Stich, die Sie, Meister Jorhan, so kostbar ausstatten. Der Bauer braucht das zu seinem täglichen Leben, wie er auch seine Lieder, seine Gebete jeden Tag um sich hat.“

„Davon wissen die Stadtleute nicht mehr viel“, wirft Jorhan ein, „die haben das Predigen längst satt, und oft genug spotten sie schon öffentlich über das Pfaffenregiment. Die Klöster werden doch reihenweis aufgehoben, das weißt du doch, mein Freund!“

„Aber der Bauer laßt nichts aus", erwidert Joly hartnäckig, „und wenn alle Klöster aufgehoben werden, so wird er sich doch seine Feldkreuze, Kirchen und Kapellen nicht nehmen lassen."

Jetzt reut es ihn fast, daß er nicht doch ein Priester ist: Er würde auf die Straße gehen und geharnischt predigen gegen den Verfall des Glaubens. Im selben Atemzug aber verwirft er den Gedanken schon wieder. Und als könne er Gedanken lesen, setzt der Meister wieder ein: „Dann ist dieser Professor Sailer doch der Richtige für dich, auch wenn du kein Priester werden kannst. Er ist doch offen, wie du weißt, für alle Gedanken, wie er auch offen ist für alle Menschen, auch für die einfachsten und ärmsten. Er versteht ihre Sorgen und spricht zu diesen Menschen wie ein Vater. Wenn solch ein Mann Bischof wird, dann ist wieder Hoffnung für Bayern. Jetzt aber ist es finster in München. Graf Montgelas will gar den Fingerlos ans Georgianum nach Landshut holen, diesen Aufklärer und Freigeist im schwarzen Rock!"

Da aber reißt es unseren Joly gehörig um. Was? Den Fingerlos? Den? Der uns hat bessern wollen, damals in Salzburg, bevor sie mich ausgejagt haben! Dieser Fingerlos? „Ich hab ihn ja gar nicht ungern mögen", sagt er, „auch wenn er ein Freigeist war, ein echter Illuminat."

„Ei, lieber Freund, da weht der Wind her! Du weißt etwas von den Illuminaten?"

„Leider", antwortet Ferdinand. „Jetzt sind sie, wie ich gehört habe, verboten. Aber der Fingerlos, der war einer von ihnen, und er hat gesagt: Die jungen Geistlichen sollen wahre Volkserzieher werden. Damit hat er sicher recht gehabt. Wäre ich Priester geworden, ich hätte das schon verstanden. Aber die Freigeister wollen ja alles zerstören!"

Und im gleichen Atem fährt Joly fort: „Man muß doch den Menschen die Bilder lassen, die Bilder der Sprache, die Bilder der Musik, die Bilder, in denen der Mensch sich das Unbegreifliche, das Göttliche vorstellen kann, darum die Spiele, darum die Lieder, die Bräuche, die Prozessionen, Krippen, Passionen und Bittgänge: Nur in der Anschauung kann man doch erleben, was sonst unbegreiflich, unverständlich und zuletzt unsinnig bleibt."

Jetzt hatte Joly sich ereifert. Und weil der alte Meister so aufrichtig zuhörte, fügte er noch hinzu: „Ich weiß nicht, ob uns ein Fingerlos oder ein Sailer noch wird helfen können. Was ist, wenn einmal alles brennt? Man erzählt sich doch, wo die Revolutionäre hinkommen im Westen, da räumen sie alles aus, was nach Glauben, Weihrauch oder Pfaffen schmeckt. Alles wird vernichtet, was nicht nach Vernunft schmeckt. Das hat schon mein seliger Onkel Raimund in Kremsmünster prophezeit!"

Christian Jorhan seufzt auf. „Mein Freund!" sagt er und erhebt sich, „was bleibt uns, als weiterzuarbeiten! Haben nicht die Großen vor uns dasselbe getan? Inmitten von Rauch und Flammen, von Verwüstungen und Elend haben sie weiter an ihren Werken gearbeitet. Denn unsere Aufgabe ist nicht, mitzustreiten auf den Straßen und ‚Hurra!' oder ‚Nieder!' zu rufen, sondern den Pflichten der Kunst zu gehorchen. Und noch eines: Die Menschen brauchen uns, wenn nicht heute, dann morgen oder übermorgen."

Ferdinand war ergriffen. So hatte noch niemand mit ihm gesprochen, auch Oheim Raimund nicht. Es schien ihm, als habe er einen wahren Freund gefunden, vielleicht war es das letzte Gespräch mit ihm, denn der Meister mußte in wenigen Tagen wieder zurück sein in Landshut; und er, würde er jemals nach Landshut kommen? O diese elende Scheu vor allem Städtischen! Der Schrecken von Salzburg saß ihm immer noch tief in den Knochen.

Warum eigentlich immer noch diese Angst vor der Bischofsstadt? Mußte dieser Vorfall mit der Ofengabel und dem leichtfertigen jungen Baron dort nicht längst vergessen sein? Wer wußte überhaupt noch von ihm, dem Ausgjagten? Oder war er wirklich schon so durch und durch stadtfremd geworden, daß ihn der bloße Gedanke an enge Gassen, hohe Bürgerhäuser und Residenzen so abschreckte, daß er vermeinte, fliehen zu müssen, irgendwohin ins Freie, auf die Landstraße, in irgendeine stille Ecke im Land?

Draußen in der Welt, in Frankreich, ging das gnadenlose Toben und Morden weiter, und keiner wußte, zu welchem Ende das noch führen sollte. Joly half wie immer im Kirchenbereich, längst hatte er sich mit den Hausgenossen der großen Pfarrökonomie angefreundet, er sang mit ihnen und war friedlicher Dinge. Auch kam er in der Umgebung herum und zog aus und ein, wo man ihn gerade brauchte. Zwischendurch versuchte er wieder zu schreiben. Den „Alexius" neu zu dichten hatte jetzt keinen Sinn. Erl war weit fort und der Krieg noch lange nicht zu Ende. Statt dessen kramte er in seinen liegengebliebenen Entwürfen, die der gute Humprecht aus den frühen Jahren behalten und ihm jetzt zurückgegeben hatte. Der Kampf zwischen Engel und Teufel fing von neuem an, in ihm zu rumoren. In seinem Dachzimmer im Pfarrhaus ging er auf und nieder, oft auch noch des Nachts, und er „dischkurierte mit eahm selm", wie die Magd sagte, die deshalb manches Mal nicht schlafen konnte.

Helene

Es ist längst an der Zeit, von jener Maria zu sprechen, die eigentlich Helene hieß, Helene Schallhofer, die Ferdinand aber, seit er sie gesehen, „Maria" nannte. Helene war die Tochter eines Großbauern aus der Gegend von Simbach; seit einiger Zeit lebte sie bei Verwandten in Buchbach, die dringend ihrer Hilfe bedurften. Im Hause beim „Xaverbauern" gab es dies und jenes zu tun, nichts aber im Stall und bei der Feldarbeit. Helene war fleißig, bildhübsch obendrein, kein Wunder also, daß unser Ferdinand schon vom ersten Tag an von ihr verzaubert war; allzufern war Südtirol und seine unerreichbare Burgl.

Es dauerte nicht lange, da weihte er das Mädchen ein in seinen Plan, in Buchbach Theater zu spielen. Er hatte Helene im Wirtsgarten rundheraus angesprochen, als sie gerade ein Kandl Bier abholte für ihre Alten. Joly schwärmte von einem neuen Hirtenspiel, das er für die Buchbacher schreiben wollte; Helene hörte ihm zu, denn dieser Ferdinand Joly machte ihr Spaß. Einige Leute wären schon zur Mithilfe bereit, auch würden ein Engel und ein Teufel mitwirken, natürlich Maria und Josef, vor allem aber eine „Seele", eine „Anima", wie sie Joly aus den alten Ordensspielen kannte.

„Und die mußt du spielen, Helene!" sagte Ferdinand ohne Zögern, „nur du hast eine so schöne Stimme, wie sie der ‚Seele' zukommt, und für dich werde ich Lieder schreiben, wie sie hier noch niemand gehört hat! Ich weiß, du heißt Helene, aber für mich bist die Maria – für dich allein werde ich das schreiben, für dich ganz allein!"

„Du bist schön verdraht", war alles, was Joly noch zu hören bekam. Dann hatte es Helene eilig, den Wirtsgarten zu verlassen. Wahrscheinlich vertrugen es die Mädchen nicht, wenn man sie zu sehr anhimmelte.

Von Stund an aber ging ihm die Schallhoferin nicht mehr aus dem Kopf. Wo er auch stand und ging, erst recht beim Einschlafen, sah er ihr Gesicht, das ihm vorkam, als sei es herausgeschnitten aus einer Altarfigur des Meisters Jorhan. Schon schmiedete er die ersten Verse zu dem neuen Spiel, denn bald kam der November, und dann war es höchste Zeit für den Beginn der Proben.

Noch immer hatte er dem Pfarrer Kirmeyer nichts von seinem Vorhaben gesagt, denn Joly fürchtete insgeheim dessen Einspruch; er wußte ja, daß man seitens der Obrigkeit geistliche Spiele kaum noch duldete. Ohne Verzug machte er sich über die von ihm schon lange geplante Szene, in welcher der Teufel und der Engel um die „arme Seele" ringen; je länger er schrieb, desto mehr verrannte er sich in die Vorstellung, daß Helene die einzige wäre, die diese „Seele" singen und spielen könnte, nicht nur das, daß sie ihn, den Ausgjagten, als einzige verstünde, ihn und sein Dichten, sein Spintisieren, all seine Wünsche und Sorgen.

O Ferdinand, nimm doch Vernunft an, was willst du mit der reichen Bauerstochter! Selbst wenn sie dir zuliebe jetzt diese Rolle spielt und diese Lieder singt, sie kann ja niemals bei dir bleiben! Denk an das Lied von den Königskindern, dann verstehst du mich! – So sprach seine innere Stimme zu ihm, aber es half nichts. Endlich kam ihm der Gedanke, den gutmütigen Lixl, der den Josef spielen sollte, in seine Pläne einzuweihen. Er sollte die Helene überreden, mitzuspielen.

Zu Jolys Überraschung zierte sich Helene nicht lange, und so kam es schon bald zu der ersten Probe in einem Nebenraum des Wirtssaales; Joly verteilte die Rollen und las jedem seinen Part langsam und deutlich vor. Weil sie aber mehr als die anderen zu singen hatte, vereinbarte er mit Helene eine eigene Probe, das sollte dann in der Kirche sein. Man muß wissen, daß Joly die Kirchenschlüssel besaß; da der Pfarrhof doch ziemlich weit entfernt lag, war es dem alten Herrn Hochwürden nur recht, wenn sein Helfer öfters einmal in der Kirche nach dem Rechten sah. Joly kam das gelegen: endlich konnte er Helene allein treffen und mußte deshalb keine krummen Wege gehen.

Niemand wird sich verwundern, daß Pfarrer Kirmeyer alsbald von Jolys Theaterplänen erfuhr, denn wo auf der Welt gäbe es Menschen, die ihre Geheimnisse lange mit sich herumtragen? Am Tage vor der mit Helene vereinbarten Kirchenprobe schritt der geistliche Herr schon im Morgengrauen in Jolys Kammer. Mit rauher, aber sichtlich bedrückter Stimme hub er an:

„Scholi, Knecht Gottes! Um Himmels willen! Was tut Er mir an! Wie kann Er sich auf ein Spiel einlassen, wissend, daß dererlei streng verboten ist ohne ausdrückliche Konsistorial-Erlaubnis! Wie sollte ich ansuchen in Salzburg, wo man dortselbst ganz andere Sorgen hat! Und wenn ich's zulaß, so weiß man es morgen in Mühldorf, und in drei Tagen kommt die Nachfrag und Rüge aus der Residenz. Und von einem Scholi das Spiel, das hätt uns gerade noch gefehlt, werden sie sagen. Scholi, Scholi! Das schlag Er sich gründlich aus dem Kopf! In der Kirch könnt Ihr singen, soviel Ihr wollt. Wenn Er dableiben will hier in Buchbach, so befleißige Er sich einer größeren Observanz! – Gott zum Gruß."

Damit war alle Hoffnung für ein Theaterspielen begraben. Die „Seele" blieb unbesungen in der Schublade liegen, wo schon so viel Vergilbtes sich angehäuft hatte.

Andererseits – hatte er dafür nicht seine Helene gewonnen? Denn eines schien Joly sicher: Sie hätte nie eingewilligt, mit ihm allein eine Kirchenprobe zu machen, noch dazu ohne Zustimmung des Pfarrherrn, wenn sie nicht doch für ihn etwas übrig gehabt hätte. Die Melodien zu den Seelenliedern hatten ihr sogar gefallen, und er hatte sich zurückhalten müssen, um nicht wieder in Schwärmerei auszubrechen. Jetzt kannte er seine Helene schon besser und wußte, wie töricht alle Anhimmelei war. Tatsächlich hatte jetzt auch Helene an Ferdinand ihre Freude; trotz seinem so ernsten „Gschau" und dem kleinen Kropf war er doch ein feiner Kerl, fast ein bißchen nobel, ganz anders als ihre stolzen, nicht selten rauflustigen Brüder in ihrer Heimat . . .

Joly tröstete sich auch gar bald und schrieb, weil es ihm der hochwürdige Herr so erlaubt hatte, an neuen Liedern zur Weihnachtszeit. Was der „Seele" zugedacht war, kam jetzt der

„Maria" zugute; ihr wollte er das beste Lied zuschreiben, und zur Christmette sollte sie es singen.

Als es an der Zeit war und Schnee und Nebel Buchbach verhüllten wie eine Traumlandschaft, sang sich Helene Tag für Tag hinein in ihr neues Lied. Von Tag zu Tag gefiel es ihr besser. Zur Christmette konnte sie es dann endlich vorsingen, das neue Lied von ihrem Joly, das er für sie geschrieben hatte! Er selber saß an der Orgelbank. Ein wenig konnte er noch spielen, wie er es einst gelernt hatte im Seminar zu Salzburg.

> Brich an beglückte Stund, o goldne Nacht,
> weil uns Maria hat das Heil gebracht,
> mach uns den Hirten an Frömmigkeit gleich,
> daß deine Liebe von uns niemals weich.
> Wir bitten groß und klein alle zugleich.

> Göttliches Gnadenkind, sieh unseren Schmerz,
> wir opfern alle dir heut unser Herz,
> wir rufen alle verlassen zu dir:
> Gib uns den Frieden, auch das bitten wir,
> verlaß uns Arme nicht gänzlich allhier.

> Fried auf Erden den Menschen insgemein
> soll heut gegeben werden, die guten Willens sein.
> Gott hat dieser Nacht und eben dieser Stund
> das Heil gebracht, erfüll den Liebesbund,
> erfüll den Liebesbund.

Indessen traf sich Ferdinand immer öfter heimlich mit seiner Helene. Die Nächte der Versuchung waren hart, wenn draußen der Föhn heulte und die Dachbalken ächzten. Dann konnte es schon sein, daß Ferdinand den Atem verhielt und fortschlich, weit hinüber zu dem Hause des Xaverbauern, wo ihn sein „Engel" schon mit Herzklopfen erwartete. Denn alles mußte mit größter Heimlichkeit geschehen; schließlich schlief Helene in einem fremden Haus, wenn auch zu ebener Erde. Wäre Ferdinand der Sohn eines reichen Bauern oder angesehenen Bürgers gewesen, so hätte es wenig auf sich gehabt; so aber war er ein Nichts, ein Verfemter, bisher nur unbeachtet von den Augen der Obrigkeit.

Längst hatte Pfarrer Kirmeyer bemerkt, wie es um Joly und seine „Maria" stand. Es ging ihn ja kaum etwas an, was aus den beiden wurde. Anders aber dachten die Leute. Einige mochten ihn gern, diesen Joly, vor allem die Kinder, mit denen er seine Späße machte, Tierstimmen nachahmte oder eine seiner abenteuerlichen Geschichten zum besten gab. Anderen aber blieb er ein Fremder, dem der Hauch des Unbekannten, ja Unheimlichen anhaftete. Am Wirtshaustisch munkelte man, was es doch mit diesem ausgjagten Studenten für eine Bewandtnis habe, und die Geschichte von der Ofengabel und der Hexe, die Ferdinand dann und wann erzählte, wurde höchstens als Scherz eines vielleicht gar zu übermütigen Studiosus belächelt.

Als sie sich zum ersten Mal geküßt hatten hoch über dem Bachufer auf dem Rain, war im Wald noch ein Hauch von Eis. In der Ferne ahnte man die Schneefelder der bayrischen Berge, am Rande des nahen Wäldchens blühten die ersten Trollblumen. Da schien es den beiden, als seien sie nun ledig aller Last, als fänden sie sich in ihrem Glück wie Kinder, die zum ersten Male aus ihrer Umzäunung hinausrennen ins freie Feld. So müßten sie immer beisammen sein dürfen, sagten sie sich, aber sie wußten im gleichen Atemzug, daß es das nie geben würde ohne Umwege und Ängste. Die Schranken waren hoch aufgerichtet und unbarmherzig versperrt, und es gab keinen Schlüssel, der in dieses Schloß passen würde, um sie aufzubrechen.

Wie sollte Ferdinand seine „Maria" zu sich nehmen? Ein elendes Leben in Armut? Verstoßen womöglich von den Eltern? Bald kämen sie ins Gespött der Leute. Sollte er nochmals studieren, wie es Christian Jorhan geraten hatte? Jetzt, da er an die Dreißig ging, war daran nicht mehr zu denken. Was auch hätte ihm das Studium genützt? Was für einen Brotberuf sollte er ergreifen? Ohne diesen aber wäre eine Heirat unmöglich. Ein Dasein als Bettler zu zweien – nein. Aber sich freiwillig trennen, das konnten sie auch nicht. Also umhalsten sie sich und hofften auf einen Ausweg, wissend, daß es einen solchen nicht gab.

Der Tag war kühl und feucht, wie es im Alpenvorland gegen Maiende häufig ist. Die beiden trafen sich heute an ihrem Platz über dem Bachufer zum letzten Mal. Jemand hatte vor kurzem ihren Schlupfwinkel entdeckt und es Helene wissen lassen; das konnte böse ausgehen für beide. Der scheue Kuß Helenens sagte Ferdinand, daß heute alles anders war als sonst. Und doch stiegen sie den kleinen Hügel ganz hinauf, seitlich von einem

Wildzaun, der den Jungwald von den Äckern trennt. Dort wußten sie den verschwiegensten Platz im ganzen Umkreis. Kaum,
daß sie sich niedergelassen, sprang ein junges Reh dicht vor ihnen aus dem Gebüsch. Es schrie recht jämmerlich, als verberge
sich in ihm eine unbekannte, scheue Gestalt; es war wie ein Zeichen. Der Jäger konnte in der Nähe sein, und sein Hund würde
die Liebenden sofort aufspüren. Noch aber kam niemand.

Joly zog Helene noch näher zu sich. Hohes Gras verbarg die
Kauernden. Ein würziger Duft kam auf vom frisch grünenden
Farn, und die blassen Blütensterne der Anemonen zeigten an,
daß auch in diesem Waldwinkel der Frühling eingekehrt war.
Beklommen sahen sie sich an, sprachloser noch als zuvor. Es
schien Ferdinand, als habe er nie ein strahlenderes Augenpaar
gesehen, und es war ihm, als müsse er ertrinken in diesem Ster-
nenbrunnen. So sah es wohl im Paradies aus. Was galt ihm noch
sein Leben? Dieses Sternenpaar in seine Augen eingesogen,
diesen Mund verkostet, diesen Leib umfangen . . .

Helene aber dachte an die nahe Zukunft, und es schien ihr
höchste Zeit, aufzustehen. Rufe hinter dem Hügel verrieten
näherkommende Bauern. Man durfte sie beide hier nicht über-
raschen!

Wie Diebe schlichen sie auseinander, nachdem sie sich vorgenommen hatten, abends noch einmal in der Kirche zusammenzutreffen. Der Vorwand schien glaubhaft: Am nächsten
Tag sollte der Wirtssohn Hochzeit feiern! Ferdinand mußte
dazu singen, und Helene war ausersehen als Kranzljungfer. So
galt es also einiges vorzubereiten in der Sakristei und am Altar,
der Weg zum Chor war dann nicht weit.

Als es dämmrig wurde, stieg Joly mit seiner Helene die
steile Chorstiege empor. Noch war es dunkel in der Kirche, und
keines Menschen Laut störte die Stille.

Wie nun Joly seine geliebte Helene droben am Chor umhal-
sen will, tritt aus dem Dunkel eine finstere Gestalt. Nicht Pfarrer Kirmeyer ist es, sondern der Vater Helenens, der Großbauer, stolz und stiernackig, wie es sich für einen Schallhofer ziemt.
Er war zur bevorstehenden Wirtshochzeit überraschend aus
Simbach hergereist; kaum angekommen, hatte man ihm allso-
gleich etwas zugeflüstert vom Umgang seiner Tochter Helene
mit dem schwarzhaarigen „Studenten", dem man zwar ganz gut
zuhören konnte beim Meßsingen oder im Wirtshaus, der aber

ein blutarmer Häuter sei und ein Ausgjagter aus der Bischofs-stadt. „Den Bazi, wann i den siag . . .", war alles, was der Groß-bauer daraufhin von sich gab.

Jetzt stand er vor dem armen Ferdinand: Alles, was er beim Schein von ein paar flackernden Kerzen tat, war das langsame, immer drohendere Hochheben des linken Daumens, ein tiefes Atemholen und Zähneknirschen; dann ein sanfter und zuneh-mend härterer Griff in Ferdinands schwarzen Kragen, eine Drehung – und ein Wurf über die Orgelstiege, daß Helene laut aufschrie in heller Verzweiflung.

„Und du bist stad, du Saudirndl, dös hab i mir einbrockt mit dir!"

Der Fluch verhallte im ehrwürdigen Kirchenschiff.

Helene rannte heulend die Stiege herab und ließ den aufge-brachten Vater allein. Es war ein Glück, daß die Arme noch ih-ren Ferdinand erreichte, um von ihm, nicht ohne eine letzte Umarmung, Abschied zu nehmen.

„Vergiß net, was mir gredt ham bei de Trollblumen drobn im Holz", war alles, was sie Ferdinand als Trost mitgeben konn-te.

Als Vater Schallhofer die Orgelstiege herunterkeuchte, stand auch Pfarrer Kirmeyer schon da und mit ihm etliche un-gebetene Kinder, die der Schrei in die Kirche gelockt hatte. „Gehts hoam, gehts hoam, da is nix zum sehn", mahnte der Pfarrer die Kleinen. Joly war schon auf und davon, Helene saß jetzt stumm in der Kirchenbank.

Und dann kniete Hochwürden nieder am Seitenaltar vor der Statue des heiligen Georg vom Meister Jorhan und betete dort drei innige Vaterunser für den armen Joly.

„Also, auf der Orgelbank, da ham s' es triebn, die zwoa!" sagte der Schallhofer, und es hallte abscheulich in die Stille der Kirche.

„So wird es gewiß nicht gewesen sein", entgegnete leise der Pfarrer, „ist ja nichts Böses geschehen, und nur unser Herrgott weiß, wozu das alles sein muß. Und noch was, Schallhofer: Ein Lump ist er nicht, dieser Joly. Ist halt ein wenig hitzig, und jung ist er auch; denk Er an das Christuswort, Bauer Schallhofer, wo es heißt von der Ehebrecherin: ‚. . . und wer den ersten Stein wirft . . .'"

Und weil der Großbauer nichts darauf zu sagen wußte und

weil gerade ahnungslose Leute hereinkamen bei der Kirchentüre, so knieten sie jetzt allesamt nieder und beteten ein paar andächtige Vaterunser und noch den Englischen Gruß. Laut flehte Pfarrer Kirmeyer um Gnade für alle armen Sünder, die guten Willens sind, denn, so sagte er laut, „nur der Herr kennt auseinander die Heuchler und die Gerechten, und den Seinen gibt's der Herr im Schlaf". Zwar wußte niemand so recht, warum er das jetzt sagte, aber jedermann begriff, daß hier ein abschließendes Wort gesprochen werden mußte. Und so verließen sie die Kirche, langsam, ein jeder auf seine Weise.

Joly hatte indessen Buchbach schon den Rücken gekehrt. Die wenigen Habseligkeiten hatte er sich noch vom Pfarrhof geholt, wie betäubt war er davongelaufen, Helenens Stimme noch im Ohr.

Die Nacht war warm und hell, er kam noch ein gutes Stück gen Süden bis nahe an Kraiburg, wo er an einem Waldrand in einen Heuschober schlüpfte, um ein wenig zu schlafen.

Die Predigt aus dem Jenseits

Die Aufregung der letzten Stunden und der Dunst des frischen Heus hatten Jolys Stimme verwirrt, und so schien ihm, als höre er im Halbschlaf die Stimme seines greisen Oheims aus Kremsmünster aus dem Jenseits: „Du hast Übles getan, sehr Übles, für das du itzt Strafe leidest. Du weißt, Ferdinand, ich habe dich immer beobachtet, aber du hast es nicht gewußt. Deine heimlichen Gänge zu Helene hättest du besser unterlassen, mein Guter, die haben dir den blauen Dunst in die Stirne geblasen, die vormalen noch rein gewesen, sie haben dein Auge getrübt, das klare, reine Auge, so daß du nicht mehr hast unterscheiden können die Köstlichkeiten der wahren Erkenntnis vom Blendwerk des Weibes. Von diesem hast du dich abermals betören lassen und dem Teufel damit ein gar leichtes Spiel verschafft, hast ihn geradezu eingeladen, in dir zu wohnen, auf daß er sich einniste in deiner jungen, noch so anfälligen Seele . . ."

„Raimundus, ehrwürdiger Oheim, wie redest du mit mir? Hat Er denn die Liebe nie gekannt? Weiß Er denn nicht zu unterscheiden zwischen jener verwerflichen, dem Teufel verschriebenen Unzucht, dem billigen Vergnügen, dem auszuweichen ich mich immer bemüht habe, und der wirklichen Liebe, die mich schon mehrmalen befallen, bis hin zu jener unvergleichlichen Helene, die meine ‚Maria' war und noch ist . . . Ehrwürdiger Oheim, seid doch nicht ungerecht mit Euerem unglücklichen Ferdinand . . .“

„O Ferdinand, der du deine Mutter nie gesehen, o Ferdinand, warum hast du nicht weiter studiert, du, der vorbestimmt war zum hohen Berufe des Priesters! Großes wäre dir beschieden gewesen, jetzt aber, das sage ich dir, jetzt ist es zu spät.“

„Hoher Oheim Raimundus, Ihr trägt zwar auch den Namen Joly, meinen Namen, das ehrt mich, ich gebe es zu. Aber Ihr solltet mich nicht schelten. Ich bin und war nie des Teufels, und er hat mich auch nicht geleitet zu meiner Geliebten. Wenn ihr mich beobachtet habet – es war nicht schön von Euch, großer Oheim –, so habet ihr falsch beobachtet. Beflecket um Gottes willen nicht Helene, diesen Engel, mit Eurer Anklag, in ihr hat der Teufel nichts zu suchen. Daß ich sie verlassen mußte, ist für mich die größte Strafe und Schmach.“

Und weiter sprach Oheim Raimund aus dem Jenseits: „Unrecht tust du mir, Ferdinand, Unrecht. Ich habe dich nur begleitet, denn mir war bang um dein Seelenheil. In der Liebe sind immer zwei Würzelchen verborgen, wie dir doch bekannt sein dürfte aus den Predigten unseres großen Abraham a Santa Clara. Das eine reicht hinauf in das reine, überirdische Blau des Himmels, das andere in den sumpfigen Pfuhl der Leidenschaft. Weh dem, der da ertrinkt in seinen Tiefen! Quam dulcia sunt basia puellae!“

Nachdem dieser das im Schlaf geredet, stand das Angesicht des bleichen, vom Zugriff des Todes gezeichneten Pater Raimund dicht vor Ferdinand; es schien, als wäre der schon vor langem Verstorbene noch gar nicht richtig gestorben, so, als sei ein Hauch des Lebens noch spürbar in seinem Leibe und dränge nun ganz nah hin zu Jolys innerem Aug und Ohr. Ferdinand erwachte nun vollends, das Mondlicht glänzte hell und lieblich in dieser Maiennacht. Hätte er doch jetzt schreiben können! Eine Szene hätte er aufgeschrieben, einen gewaltigen Kampf zwischen Teufel und Engel oder auch, wie Maria der Schlange, dem zwiezüngigen Satan, den Kopf zertritt. So aber starrte er nur hinaus in den erwachenden Morgen, er hörte unter den tausend zirpenden und zwitschernden Stimmen des Waldes ganz deutlich die Stimme Helenens: „Vergiß net, was mir gredt ham bei de Trollblumen drobn im Holz." Und Ferdinand wußte, daß er nicht allein war. Sicher dachte Helene jetzt auch an ihn, und sie würde sein wahrer Schutzengel bleiben, nicht nur für den nächsten Tag. Seit dieser Nacht aber wußte Ferdinand auch: Oheim Raimund, der gütige, wird ihn begleiten auf seinen Wegen, und er würde ihn beraten im Traum, weither aus einer anderen Welt, die wir nur ahnen, aber nicht kennen.

Seit jenem Tag hielt es Joly nicht mehr länger als ein paar Nächte an einem festen Platz. Er zog unstet von Hof zu Hof, von Ort zu Ort hin bis zur Alz, bald schon weiter in das liebliche Land hoch über der Salzach, wo er neue Freunde fand, fast mehr als zuvor. Die Zeit verbrachte er mit den gewohnten Beschäftigungen: Bald galt es, einem Einödbauern eine Bittschrift aufzusetzen für das Amtsgericht, bald die Abfassung einer Klageschrift für den Bürgermeister eines Dorfes, oder es hieß für Joly wieder einmal den Hochzeitslader zu machen, ein neues Lied für den Hochzeiter zu dichten oder auch für die Frau Göd um einen Extrazwanziger. Seit dieser Zeit ließ sich Joly seine Lieder und Sprüchlein gut bezahlen, von den Armen weniger gut, von den Freunden oder ganz Armen überhaupt nicht. Wohl sang er zuweilen ein Grablied für einen Verstorbenen, oft genug aus dem Stegreif, aber lieber sang er für die Neugeborenen zur Taufe. Mochte er wenigstens sein Scherflein dazu beitragen, daß eine Menschheit heraufkam, die besser ist als die jetzige, eine Menschheit ohne die fortgesetzten Ängste, ohne Drangsalierung und Abfall von Gott.

Schon kamen die Schullehrer und wollten kleine Lieder für die Kinder; aus den Liedern wurden Spiele, und als es wieder der Adventzeit zuging, verfaßte unser Ferdinand auch noch Anrollsprüche und Anrollgsangln, ganz besonders zum Sternsingen, diesem alten schönen Brauch, den er aus seinen Salzburger Tagen noch gut im Gedächtnis hatte.

Am meisten aber begehrte man ihn zum Erzählen. An den langen Abenden im Herbst kamen die Leute in den großen Bauernstuben oder auch in Wirtshäusern zusammen, da konnte sie unser Joly bis tief in die Nacht hinein fesseln mit seinen Geschichten, die bald lustig, bald traurig waren, wie es hieß, „bald zan lachn, bald zan flenna". Aber je düsterer die Zeiten wurden und je näher Kriegsgefahr und Bauernnot herrückten vom Westen, desto mehr wollten die Leute erfahren. „Scholi, verzähl! Verzähl, was d' Neuchs woaßt von drauß't in der Welt", hieß es dann, denn Ferdinand, der so viel herumkam, wußte freilich viel, hatte so manches gehört von den entsetzlichen Greueln, die sich nicht nur in Frankreich abspie.ten, Geschichten von Flüchtlingen, von Deserteuren, Abenteurern, Marketenderinnen . . .

Es gab freilich noch manche, denen solche Nachrichten nichts bedeuteten. Sie lebten dahin, als ginge sie das alles gar nichts an. Zum Dorf mitsamt seinem Pfarrer war es oft weit, noch weiter zum Pfleggericht oder gar in die großen Städte. Ist nicht Gleichgültigkeit eines der größten Übel? Abscheulich der Mensch, dem es nichts ausmacht, ob einer neben ihm verdirbt . . .

Joly im Totenboot

Nicht unweit von Freutsmoos steht abseitig im Wald die uralte Kirche von Meggenthal. Es ist eine sonderbare Kirche, in der nur selten ein Gottesdienst stattfindet. Schon einige Male war Joly dorthin gekommen und hatte auch in dem nahegelegenen Bauernhof angenehme Stunden verbracht.

Es traf sich, daß man ihn in diesem Gehöft gut gebrauchen konnte, denn das und jenes war auszubessern oder zu bemalen, und ein Schreiber für ein wichtiges Erbschaftsanliegen war hochwillkommen. Die Tittmoninger Herren kamen den Meggenthalern viel zu teuer, und obendrein hatte man an Joly seinen Spaß. Es war wieder Spätherbst, und die Nebel zogen tief herunter über die dichten Wälder in diesem einsamen Landstrich.

Eines Tages nach Sonnenuntergang weilte Joly ganz allein in diesem Gotteshaus zu Meggenthal. Damals stand hier nicht nur der Taufstein zur Linken des Altares, der in einem schönen Halbrelief Maria Selbdritt darstellt, sondern auch ein Steinsarg zur Rechten, offen wie ein Boot, eigentlich ein steinernes Boot. Joly erinnerte sich, von solchen Totenbooten einst gehört zu haben; sie stammten wohl noch aus der Zeit, in welcher die Römer im Lande lebten. Das war gar nicht so abwegig, denn ganz in der Nähe, am Kirchentor einer anderen Landkirche, hatte er erst vor kurzem einen schönen römischen Grabstein mit einer Inschrift entdeckt, auf dem ein lustiger Delphin in schwungvollen Bewegungen zu sehen war. Über das Totenboot wußte freilich niemand etwas Genaueres. Es stand allen offen, an seinen Rändern hatte sich schon der und jener angestoßen, es gab kleine Bruchstellen, auch schimmerte am Boden schon grünes Moos, denn es war feucht in der Kirche. Vielleicht auch hatte das Boot aus Stein früher einmal im Freien gestanden, auf einer Opferstätte, wer weiß das?

Wir haben bisher verschwiegen, daß Joly oft, wenn er vor Frauenaltäre trat, das Verlangen überkam niederzuknien. So auch hier, in diesem Raum, in dem es im Dämmerlicht des späten Novembertages aussah, als befände man sich zwischen Anfang und Ewigkeit. Der Taufstein zur Linken lud Joly ein, an das Wasser des Lebens zu denken; auch er war einst in ein solches Wasser getaucht worden. Wieder kam ihm seine Mutter in den Sinn, die er nie gesehen hatte. Konnte nicht seine selige Mutter eine der drei Marien sein? Wie sie so lieblich auf ihren ziemlich abgerissenen Ferdinand herabblickte! Während er nun kniete und schaute, wandte er den Blick hinüber zum steinernen Boot zur Rechten. Er wußte wohl, welchen Weg seine Mutter vor Jahren genommen hatte. Lang war das her, aber vielleicht reiste sie noch immer, in einem anderen, unsichtbaren Boot freilich, kaum größer als dieses hier. Sicher hätte sie auch in diesem Platz gefunden, denn sie war klein und schmal gewesen, so hatte man sie ihm geschildert.

Joly stand auf, tat behutsam einen langen Schritt und sah hinein in das Boot. Er vergaß immer mehr, daß es eigentlich einen Sarg darstellte. Plötzlich und ohne zu überlegen überkam ihn das Verlangen, sich da hineinzustrecken. Schon schwang er sich über den Rand, zog Arme und Beine eng an und beugte sich tief in die steinerne Wölbung.

Als er nun so dalag, berührte ihn die Kälte des Steines zwar seltsam, aber bald gewöhnte er sich an sie. Es war unendlich still um ihn, die Zeit hatte aufgehört fortzuschreiten, und nur zuweilen schien es ihm, als brächte der Wind von weither irgendeine Botschaft an die Kirchenfenster, eine Botschaft, die niemand verstand. Je mehr Joly nun die Augen nach oben richtete, desto deutlicher kamen die Gestalten der drei Marien auf ihn zu, ja es schien ihm, als lächle nun die eine, die am schönsten geraten war, verstohlen zu ihm herab.

Je länger er sie beobachtete, desto näher kam sie zu ihm, und schon glaubte er, den Saum ihres blauen Mantels an seiner Stirne zu verspüren. Er schloß die Augen; von ihrem herrlich gefalteten Mantel beschützt, fühlte er sich geborgen wie selten zuvor.

Lange lag er so, ehe sich die Gestalten wieder zurückzogen zu ihrem alten Standplatz am Altar. Da hörte er einige Stimmen, die sich der Kirche näherten. Rasch kletterte er aus der steinernen Enge, schlich hinüber zum Taufstein, bekreuzigte sich und verließ den Raum durch eine Seitenpforte. Die Leute hatten ihn nicht bemerkt, es war auch besser so. Vielleicht wären sie vor Schreck wieder hinausgerannt aus der Kirche, wenn sie ihn ausgestreckt gesehen hätten im Totenboot.

Einige Male noch in den nächsten Tagen schlich Joly hinein in die Kirche, und wenn weit und breit niemand zu hören war, legte er sich wieder in das steinerne Boot und träumte hinauf zu den Marien. Nicht immer kamen sie zu ihm herab, aber die eine, die das schönste Angesicht hatte, blieb am längsten, und es sah aus, als wolle sie gar nicht mehr zurück zum Altar. „Maria", seufzte Ferdinand, und es war schwer auszumachen, ob er an seine Mutter dachte oder an Maria, die Mutter Gottes, oder aber an seine geliebte Helene, die Schallhoferin, die für ihn verschollen schien für immer und ewig.

Joly zieht zur Streichenkirche

Unversehens brach Unglück herein über unseren Ferdinand. Eines Tages beschimpfte ihn ein Bauer und nannte ihn einen Drückeberger, ja er drohte ihm mit dem Stock: „Geh weida, hiaz ist gnuag mit deiner Bettlerei, schaug di um a anders Brot, bist lang gnua da gwen bei uns. Hiaz is Kriag!"

Tatsächlich war schon seit Monaten Krieg, aber hier war es bis jetzt noch recht ruhig zugegangen, und die Menschen lebten noch dahin wie im Frieden.

Am 12. März 1799 erklärt Frankreich den Österreichern den Krieg. Das Jahr 1800 geht dahin mit wechselvollen Eroberungen, fragwürdigen Siegen oder Verlusten, blühende, bis dato unversehrte Landschaften werden verwüstet, kostbarer Hausrat, wertvolles Kirchengut wird geplündert oder vernichtet. Nun aber, dicht vor Wintereinbruch, schickt Napoleon seinen General Moreau nach Süddeutschland, und schon am 2. Dezember kommt es zur Schlacht von Hohenlinden, die für die Franzosen siegreich endet.

Hohenlinden liegt nicht allzuweit entfernt von jener Gegend, in der sich Ferdinand Joly noch immer herumtreibt. Schon ein paar Tage nach der Schlacht kommen Scharen von Flüchtlingen über die morastigen Wege und Straßen des Chiemseewinkels. „Fliehts! Die Franzosen kemman!" wird geschrieen. Oder man hört: „Die Blauen san da, die Blauen!" Das bezieht sich auf die blauen französischen Monturen, die bald das Schreckenszeichen der Invasion werden. Gerüchte gehen um, wonach die Eroberer alles niederbrennen, wo ihnen Widerstand entgegentritt.

Jetzt war es Zeit für Joly, vorsichtig zu sein. Bei einer alten Häuslerin am Westerbuchberg ließ er sein Bündel Schriften und andere unhandliche Sachen, packte die notwendigsten Habseligkeiten zusammen und zog noch weiter südwärts, am düsteren Marquartstein vorbei nach Schleching, wo die Westerbuchbergerin Verwandte hatte, weitschichtig freilich. Auch wußte sie nicht mehr genau, wo diese hausten. Oben am Berg sollte es sein, in der Nähe des bekannten Wallfahrtskirchls „Zur Streichen". Joly werde schon hinfinden, dort würden auch die Franzosen nicht so schnell hinkommen, denn Kirche und Hof lagen dicht an der Tiroler Grenze.

Joly hatte keine Angst vor den eindringenden Soldaten, er hegte nur einen tiefen Abscheu vor diesem aufgezwungenen Krieg, der nichts wie Elend brachte, Liebe und Vertrauen unter den Menschen zerstörte und nur wieder neuen Haß säte. Wenn er verschont bliebe, würde er alles daransetzen, sich für seine Mitmenschen aufzuschließen, für sie zu singen, spielen und zu predigen, mehr zu ihrem Trost als zu ihrer Erheiterung. Denn in ihrem Haß durften sie nicht allein gelassen werden, und es schien ihm zweifelhaft, ob es die geistlichen Würdenträger alleine fertigbringen konnten, die verbitterten Menschen zu ihrem verlorenen Frieden hinzuführen. Warum hatten sie denn nicht verhindert, daß dieser wahnsinnige Krieg ins Land kam? Hätten sie nicht vor Jahren diesem gottverblendeten französischen König seinen stinkenden Luxus, sein verkommenes, von Intrigen gezeichnetes Luderleben entziehen können? Und wie war das in Salzburg gewesen? Wozu der ganze Hofglanz, diese Hofkämmerer, Hofdamen, Hoftafeleier und rauschenden Feste, die doch nur möglich wurden, weil man dem dummen Bauern den letzten Kreuzer aus der Tasche preßte?

Jetzt hatten die feinen Herren ihre Quittung, doch abermals mußte der Arme bezahlen.

Aufgerührt von solchen Gedanken, erreichte Ferdinand um Mitte Dezember den Hof unter der Streichenkirche, in guten Tagen das Ziel eifriger Wallfahrer. Dort wurde er zwar wie ein entfernter Verwandter aufgenommen, gütig, aber mit der gebotenen Vorsicht. Man wies ihm eine Kammer an, deren Fenster dicht in den Berghang hineinführte. Dort konnte er vorerst bleiben und bei notwendigen Verrichtungen mittätig sein.

Indessen hatten sich die Franzosen über Teisendorf bis in die Dörfer vor Salzburg durchgekämpft; unter dem Högl, bei Siezenheim, war es zu erbitterten Gefechten gekommen. Erzherzog Johann mußte die Residenzstadt räumen, Franzosen und Bayern fielen, wie man erfuhr, plündernd und brandschatzend über die wehrlose Stadt her. Erzbischof Colloredo soll sie schon vorher Hals über Kopf verlassen haben; er soll nach Kärnten geflohen sein, hieß es.

Noch wußte man hier oben nicht, was sich an jenem traurigen Weihnachtstag des Jahres 1800 im Saalachtal zwischen Reichenhall und Lofer abgespielt hatte. Verängstigt sitzen die Bauern und Waldarbeiter im Haus unter der Kirche. Sie hören einem jungen Flüchtling aus Unken zu, dem der Schrecken dieses Weihnachtstages noch in allen Gliedern steckt, als er am späten Silvesternachmittag in der „Streichen" auftaucht. Keuchend bringt er hervor, daß er den französischen Militärs entkommen sei, nachdem sie ihn bei den Kämpfen am Botenbichl unweit von Unken geschnappt und nach Reichenhall geschleppt hätten. Er aber habe sich heimlich ein Gewehr verschafft und in einem günstigen Augenblick den Wachtposten überwältigt. Im selben Augenblick aber seien zwei oder drei Gestalten aufgetaucht, die sich seiner bemächtigen wollten. Da habe er ins Dunkel geschossen und einen Schrei gehört. Er meint aber nicht, daß er jemanden getroffen habe. Er selbst konnte sich im dichtesten Gestrüpp durch Schnee und Morast durchschlagen.

„Dös müßts wissen, Leit, dös sand oft gar koane rechten Soldaten, die da herkemman aus Frankreich, da is scho a rechts Gsindl dabei in der blauen Montur, net amal alles Franzosen. Dahergelaufener Pofel, der sich an Vorteil verspricht beim Plündern!" sagte der Flüchtling. Noch schwiegen die anderen, bis die Streichenwirtin dem Abgehetzten erst einmal einen heißen Trunk zuschob, dem Joly auch einen. Der saß ganz blaß und mager in der Ecke und wandte seinen Blick nicht von dem Unkener Bauernsohn. So schnell wird er sich auf ein Gespräch nicht einlassen. Aber Joly denkt nach: Der größte Teil dieser fremden Soldaten, die da schon jahrelang herumkommandiert werden von einem Ort zum andern, sie sind verroht durch die endlosen Massaker und Straßenkämpfe in Paris und in den französischen Provinzen. Hier aber, im Bayernland, und erst recht in Salzburg, da gab es noch etwas zu plündern und, wenn es ärger zuging, auch zu notzüchtigen oder gar zu morden. Einmal angefacht, wächst immer solcher Appetit ins Hemmungslose, und keine Erinnerung an die Tage der Kindheit, an Vater, Mutter oder die heiligen Sakramente hilft dann gegen den Rausch, einmal Sieger zu sein und den anderen zu erniedrigen.

Niemand schien es in dieser Silvesternacht ums Reden zu tun. Dann aber geschah etwas Seltsames. Erst stand ein ganz Alter auf, dann einer, der bisher stumm am Ofen gesessen hatte, jetzt erhob sich auch der dürre Holzknecht, der dem Unkener recht mißtrauisch begegnet war, und nun machten sie allesamt ein Kreuzzeichen, und die Wirtin sagte: „ Es werd das Gscheidest sei, wann mir alle mitanand ñaufgehn zur Kirchn. Der Geistlinga Herr kimbt heut gwiß nimmer, werd halt morgn kemma. Allsdann gehn ma alloanigs, der Herrgott werd uns nix für übl nemma, wann ma zu eahm beten a ohne den geistlichen Beistand. Und ös zwoa Fremdn – damit zeigte sie zum Unkener Flüchtling und zum Ferdinand Joly –, ös arme Häuta: dankts dem Herrgott, daß's euch verschont hat."

Und so begaben sich alle hinauf zur kleinen Streichenkirche, die über und über ausgemalt war mit seltsamen Bildern, gemalt vielleicht in ähnlichen Notzeiten von einem unbekannten Künstler. Und da schon kein Priester mit herauf gekommen war in diese winterliche Öde, erinnerte sich Joly so manchen Silvestertages, wo er Gebete und Lieder mitgesprochen und gesungen hatte, am schönsten wohl noch mit seiner Helene in Buchbach. Und er sah sie im Geist vor sich, anmutig und hell, als schiene die lichteste Maiensonne und als gäbe es kein Morden und Toben jenseits dieser Berge. Und als sie nun alle in den schmalen Kirchenbänken saßen und es ganz still wurde im Raum, da hub Joly an zu singen, leise zuerst, aber mit einer Stimme, die ihm selber vorkam, als werde sie geleitet von einer zweiten, sehr fernen. Und er sang „Vidimus stellam ejus in oriente" auf lateinisch, denn vor ihm leuchteten jetzt die Heiligen Drei Könige auf: die Streichenwirtin hatte vor ihnen eine große Kerze entzündet.

Als Joly so sang und der Klang seiner Stimme den kleinen Raum ausfüllte wie nie zuvor, da erschraken wohl manche Zuhörer. Andere sahen zu Joly hinüber wie zu einem Priester. Und weil es jetzt eines Wortes bedurfte nach solcher Einstimmung, trat Joly zwei Schritte bis dicht vor den Altar, sah erst lange und eindringlich in die Gesichter dieser von Not und Arbeit gezeichneten Leute und redete dann zu ihnen:

„Sehet, ihr alle seid in Angst um den morgigen Tag, dem Jahresanfang, der doch ein Feiertag ist für alle Christen. Sehet, unter uns ist einer, der ist gejagt worden um eines verfehlten Schusses willen. Er wird als Mörder angesehen, wir aber fragen ihn nicht, ob er den Schuß getan aus Mutwillen oder aus Not. Es würde nichts ändern. Würde er den Siegern angehören, so hätte er schießen dürfen ohne Scheu, und sein Schuß wäre gar noch als Heldentat erklärt worden und nicht als Mord. So aber sind zweierlei Maß unter den Menschen, wie es schon immer war in der Geschichte der Menschheit. Nur Gott der Herr allein weiß, was gerecht ist und was ungerecht, und nur ER kann hineinschauen in die Seele des Menschen, in meine Seele und in die Seele des Mitbruders, der hier unter uns zittert vor seinen Verfolgern. Denn dieser Gehetzte weiß, daß es für ihn kein Pardon gibt, denn gejagt ist gejagt, und der Gejagte ist immer rechtlos, auch das lehrt uns die Geschichte.

Ihr aber, die ihr ein Dach und ein Haus euer eigen nennt, nehmt ihn auf für diese oder die nächste Nacht und betet für ihn. Betet auch für die anderen unschuldig Gehetzten und Gemordeten. Lasset uns beten, damit wir würdig werden der Verheißung Christi. Lasset uns nicht verzweifeln, und denkt an das hohe Fest, an dem einst drei Weise gekommen sind aus fernen

Landen, um zu suchen ein neugeborenes Kindelein. Sie waren geleitet von einem nie gesehenen wunderbaren Stern. Oft war dieser Stern verdunkelt auf ihrer Reise durch schwarzes Gewölk und undurchdringliche Finsternis, aber selbst der aufgepeitschte Wüstensand und sengende Sonnenhitze haben die Weisen nicht davon abbringen können, dem Stern zu folgen, denn sie hatten die Richtung. Und sehet, Brüder und Schwestern, wir brauchen die Richtung. Wir Gläubigen wissen, es gibt einen Stern, aber diese Frevler, diese verrohten, die sich noch Soldaten nennen, sie haben den Stern, sie haben die Richtung verloren. Schlimmer freilich sind ihre Obristen, ihre Generale, die tragen die Hauptschuld. Ich sage es euch frei, auch wenn ihr mich ausliefert den Korporalen, diese, und nur diese sind schuld an dem Elend. Denn sie haben dem Napoleon nicht widersprochen, sie haben die Truppen ausgehoben, ihnen Sieg und Beute verheißen, alles mit dem Spruch ‚Für eure Ehre‘! Wo bleibt da die Ehre? Elend haben sie gebracht über die Völker, Elend und Schande. Wo bleibt da der Sieg? O Herr, führe sie heraus aus ihrer Finsternis, zeig ihnen den rechten Stern!

Wir aber, die zu arm und hilflos sind, um etwas zu ändern, wir beten zu Gott dem Herrn um Gnade."

Und er sang:

Es sei mir erlaubt
mit tiefgeneigtem Haupt,
o Gott, dich anzubeten.
Du kamst, uns Menschen zu erretten.
Du willst der Menschen insgemein
Trost, Heiland und Erretter sein.

Wie selig ist der Tag,
wie heilig ist die Nacht,
die dich vom Himmel
hergebracht!

Nimm dieses Opfer,
Herr,
in Gnaden an,
dieweil ein Mensch wie ich
dir nicht mehr geben kann!

Und dann sprach er mit allen: „Ehre sei dem Vater und dem Sohne und dem Heiligen Geiste. Wie es war im Anfang so auch jetzt und in alle Ewigkeit. Amen."

Als die Leute aus der Kirche gingen, blieb die Streichenwirtin noch allein im Dunkeln zurück. Und sie sah, daß Joly unbewegt noch dort stand vor dem Bilde der Gottesmutter. Als er sich dann zur Türe wandte, trat sie zu ihm und sagte: „Bist leicht doch a Prediger gwen in Salzburg? Sagst es nit, muaßt's a net sagn. Mir verstehn dich ara so. Dankschön, Scholi. Bleib nur da, solang's dich gfreut."

Und dann gingen sie wortlos hinunter in das alte Bauerngehöft, das in den Berg hineingeduckt dalag wie im tiefen Schlaf, behütet vor aller Hast und Kriegsnot, ein Sinnbild des Friedens.

Am Heiligendreikönigstag kommt der geistliche Herr doch noch herauf von Schleching. Er bringt eine wichtige Nachricht. Es ist ein Waffenstillstand geschlossen worden, und Salzburg und Tirol werden von nun an den Franzosen überlassen. Schon am Neujahrstag sollen sie in den Pinzgau einmarschiert sein, 800 Mann seien es gewesen, wenn nicht mehr. Das ist zwar nicht gerade viel, aber man kennt ja diese Monturen. Das neue Jahr bringe nichts Gutes, das sei gewiß. Aber lasset uns beten, damit die Mächtigen dieser Welt sich nicht weiter versündigen vor Gott, setzte der Pfarrherr hinzu.

Joly verschwindet und taucht 1803 wieder auf

Von diesem Tag an verschwindet Jolys Lebensspur für einige Zeit im dunkeln. Wahrscheinlich hätte es Joly gereizt, gerade in dieser Notzeit, in der die kirchlichen Dinge so ganz im argen lagen und täglich neu bedroht wurden, eine Bauernpassion zu schreiben, die den „Herren" zeigen sollte, was noch an echter Glaubenskraft unter den Landmenschen am Leben war.

Leider wissen wir so gut wie nichts über die Abenteuer, die Joly in den beiden nächsten Jahren bestanden hat, erst wohl im Zillertal, dann, über den Gerlospaß kommend, im Oberpinzgau; vielleicht ist er auch noch viel weiter herumgezogen im „heiligen Land" Tirol. Tausendmal hat der Wind seine Spuren verweht, hat seinen Namen ausgelöscht bis auf ein paar verwitterte Zeilen, die Nässe und Frost überdauert haben in manch einem Hausbuch, auf einer Votivtafel, einem Leichladen oder einem Bildstock.

Eines Tages aber taucht er wieder auf, ganz plötzlich, als wäre er dort nie verschwunden. „1803" schreibt er und setzt seinen Namen dazu: JOLY. Er ist wieder da, in seinem geliebten Rupertiwinkel. Viel hat er erlebt, sein Schutzengel hat ihn in mancher bösen Stunde beschützt. Er glaubt an Schutzengel und weiß, daß ihn Helene nicht vergessen hat.

Joly kann viel erzählen, und sein Erzählen nimmt kein Ende, wenn er von Hof zu Hof, selbst von Großbauern, Wirten, manchmal auch vom hochwürdigen Pfarrer selbst eingeladen wird. Da kann er bis tief in die Nacht Wahres und Erfundenes ausbreiten, er kann dazu singen, manchmal auch wie in alten Tagen seine oft derben Späße mit den Zuhörern treiben, indem er den oder jenen aufs Korn nimmt, der ihm gegenüber allzu gnädig tut. Eines Tages geht er als Vorsinger mit einer feierlichen Prozession. Einen seiner neuesten Bittgesänge stimmt er selbst an; die Bauern fallen singend ein. Endlich kommt er auch richtig zum Stückeschreiben, und er schreibt jetzt kurze, scharf gewürzte Spiele für die Bauern, in ihrer Sprache, in ihrer Denkungsweise, immer aber wohlgesetzt, geschliffen, spitzfindig, keine Zeile nur hingeschleudert. Das rasche Hinwerfen von Reimen war Joly schon früher verhaßt. Seinen Spott über derartige Produkte, auch über die lieblos frömmelnden Verse in manch einem der neu verordneten Kirchenlieder kannten die Leute.

So nimmt es nicht wunder, daß Joly bald im ganzen Land zwischen Inn und Salzach ein gern gesehener Gast ist, unstet zwar wie eh und je und auch zuweilen ein wenig unheimlich in seinem strengen schwarzen Gewand, ein Mann, um den sich bald seltsame Geschichten ranken, den die Kinder gern mögen, weil er es wie kaum ein anderer versteht, mit ihnen zu spielen und zu singen. Es ist aber zuzugeben, daß es auch Mißtrauische gab, die argwöhnten, Joly könne es so machen wie jener Rattenfänger zu Hameln. Brachte er mit Dorfkindern nicht manchmal ganze Julinachmittage im Himbeerschlag zu oder verlor sich in einem dichten Gehölz, um mit abenteuerlich aussehenden Pilzen wieder herauszukriechen? Welcher brave Christenmensch aß solches Waldgewächs? Ganz geheuer war er nicht, dieser Kauz; schließlich wisse man ja nicht, wo er eigentlich sein Zuhause habe, auch wäre die Geschichte von der

Hexe mit der Ofengabel, in die der junge Priesterzögling einst verwickelt gewesen sei, doch eine recht verdächtige Sache. Verdächtig schien manchem auch, daß sich dieser Mann niemals in größeren Orten aufhielt, den Obrigkeiten offenbar auswich, wo es nur ging. Aber dennoch mochte man ihn, und gegen sein Dichten und Singen kam nichts auf weitum im Land.

Wiederum Krieg

Diese friedliche Zeit, wenn man sie überhaupt so nennen konnte, dauerte freilich nicht lange. Schon 1805 kam neues Elend über das Land. Am 8. September überschritten österreichische Truppen die bayrische Grenze, am 23. September erklärte Frankreich an Österreich abermals den Krieg. Napoleon war wieder im Vormarsch.

Für Salzburg begann eine neue Leidenszeit. Zwei Jahre nur hatte Ferdinand von Toskana als weiser Kurfürst regiert, da marschierten am 30. Oktober die Franzosen in die Residenzstadt ein. Von Salzburg forderten sie die astronomische Summe von 6 800 000 Franken als Kontribution. Was nur einigen Wert hatte an Gold und Silber, mußte ausgeliefert werden, kostbare Kelche, Monstranzen und Glocken verschwanden im nimmersatten Rachen der Usurpatoren.

Während Marschall Bernadotte Salzburg besetzt hielt, zog General Deroy mit den verbündeten Bayern über den Steinpaß nach Tirol. Wer in diesen Tagen noch in Ruhe leben wollte, mußte sich mäuschenstill verhalten. Ein lautes Wort des Unmutes genügte, um sich unberechenbaren Schikanen auszusetzen.

Dann endlich, am Stephanitag dieses Jahres, wurde in Preßburg ein Friede geschlossen, der freilich noch lange kein echter Friede war. Das stark zusammengeschrumpfte Salzburg kam jetzt zu Österreich, Tirol zu Bayern.

Bei all dem Durcheinander hatte sich Joly gänzlich in seine vertrauten Ortschaften im alten Bauernland zwischen Chiemsee und Salzach zurückgezogen. Wieder wissen wir kaum etwas von ihm, vermuten ihn aber vor allem im Gebiet nördlich von Waging, wo man ihn schon von früher her kannte und sicher da und dort wieder bereitwillig aufnahm. Er teilte schließlich das Los der Bauern, die selbst ohnmächtig zusehen mußten, was die

Landesherren mit dem schier unüberwindlichen Kriegsherren Napoleon jeweils aushandelten. Warum der bayrische Soldat nun plötzlich gegen einen Salzburger oder Tiroler zu Felde ziehen mußte, der doch in langen Zeiträumen sein friedlicher Nachbar gewesen war, wurde ihm nicht gesagt. Der Soldat hatte zu gehorchen und hat dort zu schießen, wo ihm dies befohlen wird. Wer Feind oder Freund ist, entscheiden immer die Herren. Was sollten da die daheimgebliebenen Bauern mitreden? Was ihnen blieb, waren bittere Spottverse am Wirtshaustisch, da und dort ein Aufbegehren, nicht zuletzt die Fahnenflucht, obgleich diese nicht nur gefährlich war, sondern in weiten Kreisen obendrein noch als schimpflich galt.

Joly nahm an diesem inneren Zwiespalt, in den sich so viele tüchtige Leute versetzt sahen, oft genug Anteil. Ihn, den jetzt Vierzigjährigen, hatten die Kriegstreiber noch jedesmal verschont oder auch übersehen. Sein Aussehen verriet so wenig militärische Eignung, daß man kaum auf den Gedanken gekommen wäre, ihn an eine Kanone zu stellen. Viele nannten ihn immer noch den „Studenten". Nur wenn ihm einer etwas Böses antun wollte, hieß er ihn den „Ausgjagten" oder den „kropfaten Scholi". Das aber kam nur selten vor.

Die frommen Sprüche der Witwe Vefi Rahamer

In dieser Zeit der Not wäre unser Scholi beinahe einer Witwe Vefi Rahamer in die Fänge geraten. Die resche, nicht mehr ganz junge Frauensperson hatte ein Herz für unseren Freund, seit sie ihn in Freutsmoos in der Kirche hat singen hören. Sie besaß eine Krämerei und war auch sonst nicht unbegütert. Eines Tages bat sie Joly, er möge ihr doch auf ihr Haus in Loding einige schöne Sprüche und Bilder aufmalen. Dafür durfte er ja auch in dem geräumigen Haus nächtigen auf unbestimmte Zeit, „bis d' halt fertig bist mit deiner Lüftlmalerei". Und Joly kam, nächtigte und malte der Witwe die frommen Sprüche an die Hauswand. Die Verse hatte sie selber mitgebracht von einer kleinen Wallfahrt nach Mühlberg bei Waging. Die Wallfahrt war zwar lächerlich gewesen, gerade nur zwei oder drei Wegstunden alles in allem, das doch arg wenig ist für den Bittgang einer begüterten Witwe. Aber da war eigentlich der Vetter Schorsch Lallinger schuld, der den Gedanken an eine echte, das Herz bewegende Wallfahrt schon gar nicht hat aufkommen lassen: „Woaßt Vefi", sagte er schon bald nach der ersten Wegstunde, „in Brünning wissat i a guats Wirtshaus, a Stärkung muaß der Mensch haben." Und schon war man an einem der breiten, einladenden Biertische angekommen und trank die erste Halbe – Waging war noch weit.

Der erste Spruch, den unsere Witwe Vefi aufgeschrieben hat, lautete:

Wann du deinen Feinden von Herzen verzeihst
und ihnen Gutes tust,
so ist es mir lieber, saget Gott,
als wann du bloßfüßig gingest nach St. Jakob,
jede Meile Weges dich eine Stund mit Ruten schlägest.

Joly las die Zeilen und schüttelte den Kopf. Was die Vefi mit so einem Spruch anfangen will? Der hat doch keinen Sinn! Nie wird sich einer eine Stunde lang mit Ruten schlagen und bloßfüßig nach St. Jakob gehen.

„So is ja a net gmoant! Red net vül und mal, 's werd besser sein!" meinte die Vefi.

„Daß du den Spruch am Haus haben willst, das ist schwer zum verstehn, Vefi! Wer hat dir denn den eingegeben?"

„Der Herr Pfarrer hat ihn mir geben droben in Mühlberg, er mag ihn gern leiden, den Spruch, hat er gsagt."

Joly schweigt. Dann, nach einer Pause: „So, hat er gesagt . . ." Und so malt Joly eine ganze Stunde lang einen armen Büßer, der mit bloßen Füßen ausschreitet und sich mit einer langen Rute wund schlägt.

Später kommt die Vefi wieder: „Ja was hast hiaz gmalt! An Büßer fast nackert und no mit einer solchen Ruten! Wie er si schlagt! Dös geht nit!" Etwas verdrossen gibt sie dem Joly ein zweites Blättchen in die Hand, auf dem der andere Spruch steht:

So oft du in deinem Leben einem Armen
mir zu liebe nur einen Pfennig reichest,
so ist es mir lieber, saget Gott,
als wann nach deinem Tode deine Freunde
ganze Säcke voll Goldes für dich
und deine Seele austeilen.

Und Joly sagt: „Das geht a weng besser. Das mit dem Pfennig gfallert mir. Also, Witwe Vefi, das wird geschrieben und gemalt." Und schon geht Joly an die Arbeit und malt einen Armen, einen heruntergerissenen, ganz mageren, der von einer stattlichen Frau einen nagelneuen Pfennig überreicht bekommt; ohne es sich zuzugeben, hat er dabei die Witwe Rahamer selber konterfeit. All das mit einer Huld, die selbst die Kaiserin Maria Theresia noch entzückt hätte. Aber das Arge kommt erst: Joly malt eine bunte Schar von Männern und Frauen, die übergroße Säcke mit Gold einherschleppen. Auf den Säcken steht abwechselnd geschrieben: für deine Seele, für deine sündige Seele, für deine Seele, für deine sündige Seele . . .

Joly ruht sich aus. Er sitzt in der Nachmittagssonne und träumt ein wenig vor sich hin.

„Jesus Maria Josef!" ruft die Vefi, als sie die Hauswand sieht. „Was hast jetzt toan? A so a Büldl soll i vor mein Haus habn? Da lachn ja d' Leut und bleckn mi aus! Scholi, Scholi, tua's weg, schleunig, mach's fort, eh daß wer daherkimbt! Mir sand doch koane Narren!"

„Warum?" wundert sich Joly und macht sein unschuldigstes Gesicht. „Witwe Vefi, derfst mit mir nit glei so zannern, dös is unrecht von dir. Ich mal halt so, wie's in den Sprüchln hoaßt."

„Aber Scholi, Scholi, werd amal gscheid! Hiaz mal endlich so, daß d' Leut nix zan Lachn habn! Hiaz gib i dir den dritten Spruch vom hochwürdigen Herrn Pfarrer, aber dös is der letzte, und jetzt mal koan solchen Unsinn mehr aufs Haus, sonst is aus mit uns zwoa, und du kannst schaugn, wost dahingehst!"

Und Joly liest den dritten Spruch:

Wenn du in deinem Leben täglich für dich
oder andere betest, so ist es mir lieber,
sagt Gott, als wenn nach deinem Tode sämtliche
Heiligen im Himmel in die Knie gingen und für dich bitten!

„Witwe Vefi, dös kannst net aufhängen vor deiner Haustür! Da werdn die Leut erst recht stehn bleiben, wann s' lesen! Stell dir vor: Alle Heiligen knien im Himmel auf oan Bildl! Wer soll dös malen! Und wer is denn auf die Gedanken gekommen, daß alle Heiligen im Himmel für dich bitten sollen! Na, na, Vefi, da mal ich dir schon ganz was anders über die Tür, aber die Heiligen, die laß ma schlafn, net bös sein!"

Nach kurzem Zögern wischt sich die Witwe die Tränen aus dem Gesicht, legt die Arme um den verdutzten Joly und sagt: „Wannst dableiben möchst, so derfst eh malen und schreiben, was du willst . . . Scholi, Scholi – bleib da!"

Das aber geht ihm zu geschwind, denkt sich der Joly, ganz so uneben ist sie freilich nicht, die Witwe Rahamer, aber was hat er zu schaffen mit dieser Kramerei, er, der von solchen Sachen nichts versteht, er mit dieser Vefi vor dem Traualtar? Und da steht schon Helene vor seinen Augen. Nein, Helene, das kann ich dir nicht antun! Und so löst er sich erst einmal vorsichtig aus der Umarmung: „Dös muaßt schon verstehn, so gschwind kann i nix sagn, Vefi. I bin doch a ganz Oaschichtiger, woaßt eh, i taug doch nix für dein nobles Haus, bald gnuag tatst es bereun, daß i dabliebn war bei dir!"

Ohne Umschweife aber fängt die enttäuschte Witwe zu poltern an: „Zwegn was bist dann überhaupts herkemma zu mir? Zwegn an Bildlmalen wohl doch net gar? Du bist mir a saubers Mannsbild, du Scheinheiliger! Singst vom Fensterstock-Hias und hast selber a Schiß vorm Kammerfenster! A Feigling bist, a Ausgjagter, dös gspürt ma! Schwing di, du Lump, du notiger . . ."

Es war hoch an der Zeit, daß Joly ins Haus rannte, um sein kärgliches Bündel, Lodenhut und Mantel zu packen und auf und davon zu eilen, zur Hintertüre freilich, verfolgt von einer Schimpfkanonade nach der anderen. Drüben, am Dorfrand, schaute ein alter Knecht der keifenden Witwe Vefi zu. „Koa Wunder, wann s' schon zum dritten Mal a Malheur hat mit ihre Hochzeiter. Werd's halt wieder recht deppat angfangt habn mit eahm." Und er fährt mit seiner Gabel tief in den Misthaufen, der frisch aufgeschüttet in der Sonne dampft. Armer Joly, denkt er sich, hättst schon amal a guats Weiberleut verdient. Aber solche Leut wie du und i sand im falschen Stand geboren.

Nun war es keineswegs so, daß Joly wie ein Unschuldsengel dahingelebt hätte, dem frommen Mönche gleich, der sein Gelübde getan hat und dann seine Begierden abtötet in Pönitenz und Weltverachtung. Die wenigen seligen Stunden seines Lebens hatte er keineswegs vergessen. Freilich, einmal in jenem Sommer im Oberpinzgau, da hatte es ihm die Scharler Gertrud schon arg angetan; die blitzsaubere Bauerndirn wäre fast mit unserem Ferdinand einig geworden, aber da war wieder das alte Lied der Nachbarn: Was ist das für einer, dieser Scholi? Wo kommt der her? Ein entlaufener Klosterbruder vielleicht? – Die Gertrud hat das wenig gekümmert; in den Wochen, die sie auf der Sonnberg-Hochalm mit ihrer Tante, der alten Moid und den zwei Hüterbuben zugebracht hat, ist unser Joly mehr als einmal droben gewesen. Erst hat es niemand bemerkt, dann aber hat es der Mesnersohn ausgeplaudert, der dem Kirchensinger Joly neidisch war. Denn Joly war damals, wie er öfters erzählte, ein angesehener Kirchensinger im Oberpinzgau, mit dem Scharler von Neukirchen machte er die schönsten frommen Lieder, eines nach dem anderen; dem Mesnersohn aber waren sie allesamt mißraten. Der nun wollte die Scharlerin mit dem dahergelaufenen Joly in einem Heuschober gesehen haben. Wie es schon geht, das Gerede griff um sich, und schon bald kam es in die Ohren des Pfarrherrn, der dem Joly kurzerhand das Kirchensingen untersagte. Armer Joly, mit den Landpfarrern hast du genauso wenig Glück wie mit den Mädchen! Ein „Mentscher-Narr" (so heißt im Pinzgau der Liebestolle) warst du gewiß nie, aber die „Mentscher" hast du trotzdem immer zu gut leiden mögen, das war dein Glück im Unglück. Aber weil du nie ganz bei einer geblieben bist – von der Helene reden wir nicht –, hast du wenigstens unzählige Gstanzln gemacht, ohne die manche Singvögel recht arm dran wären!

Der jungen Scharlerin hast du zum Abschied gedichtet:

Dirndl, hast gheirat,
i wünsch dir viel Glück,
daß d' es alls brauchen kannst,
was dir Gott schickt:
An Schober, zwoa Metzen,
a Kalbl, a Kuah,
a Henn, a bravs Hahndl dazua.

Einer anderen, die ihn oft ausgefoppt hat, hat er es anders gesungen:

Dirndl, hast gheirat,
von der Welt bist hiaz weg,
es derf di nit reun,
is koa Schand um den Dreck.
Aufstehn därfst a nit,
den Buaman auftoan,
schlafen därfst a nit alloan.

115

Den Nachgesang aber hat er für sich selber gemacht. Und darum wohl singen ihn die Leute am Land noch bis zum heutigen Tag:

Hola-di-jo!
Zum Bua sein zweng Geld,
zum Bauer sein zweng Feld,
und zum Oansiedl wern
han i d' Dirndln viel zgern.
Hola-di-he!
Wann i amal stirb,
ja da wern die Leut redn:
„Pfüat di God", wern sie sagn,
„der hat die Dirndln gern mögn."

Sogar die alte Moid vom Schusterlehen, die er gerne seine „Mehlprimel"genannt hat, bedachte Joly zum Frühlingsanfang mit einem Gstanzl, das freilich nicht für jedermann bestimmt war:

Hiaz is Fruahjahr angangen,
's blüaht draußd auf der Flur.
Bist mei gschamige Moidl
und koa nackate Hur.

Dazu muß man wissen, daß die Mehlprimel im Pinzgau „gschamige Moidl" heißt, während man die Herbstzeitlosen recht respektlos mit einer unbekleideten Hure vergleicht.

Der Moid sind richtig die Tränen gekommen beim Abschied von der Alm. Wie oft hat sie mit der Gertrud und den beiden Halterbuben den Liedern und Geschichten Jolys zugehört, bald im Lachen, bald im Weinen! Damit war es jetzt aus, und der Joly ist weitergezogen, kein Mensch wußte, wohin.

Jolys Erlebnisse gleichen den Vorgängen, die man manchmal im Traum erlebt. Sie sind kaum an Ort und Zeit gebunden; hinter verschneiten Zäunen blühen Moossträucher, und der Träumer bringt seiner Geliebten die ersten Walderdbeeren; er eilt den Almhang hinauf, als ob er Flügel hätte, Helenes Zöpfe flattern im Wind.

Einmal stritt er im Traum mit einer hochnäsigen Almdirn, die mit ihren zwei ledigen Kindern auf einer abgelegenen Hütte hauste. Er hatte seine Hilfe angeboten, sie aber hatte ihn abgewiesen mit den Worten:

Du zaundürrs Mannei,
du dalkata Bua,
geh zum Pfarrer sei Köchin,
kriagst Schmalznudln gnua!

Er aber gab zurück:

Zum Oschaugn, zum Stolzsein,
da bist ma zweng schön,
zwegn dir braucht ka Oanziger
auf d' Hochalma gehn.

Dann aber war ein furchtbarer Sturm aufgezogen und mit
Blitz und Donner dreingefahren. Und plötzlich sah Joly im
Traum die brennende Almdirn, die ihn gerade noch verspottet
hat. Hilflos jammerten die beiden Kinder. Zur Linken aber sah
er drei große Bauern, die „Könige vom Pinzgau", sie starrten
voll Entsetzen, einer aber schien seine heimliche Freude an
dem Schauspiel zu haben, denn er kannte die Dirn ganz gut,
obwohl sie weitum im Land verschrien war. Und leibhaftig! Da
flog sie dahin als Hexe . . .
So seltsam waren Jolys Träume.

Der verlorene Sohn in Halsbach

Im äußersten Zipfel des nördlichen Rupertiwinkels liegt
Halsbach, ehedem gerade noch zum Erzstift Salzburg gehörig,
ein theaterfreudiges Dorf, in dem Joly neue Freunde fand.
Wieder einmal war es zuerst ein Geistlicher, der sich unseres
Landfahrs annahm; er war froh um Joly, denn er konnte einen
tüchtigen Kirchensinger gebrauchen, auch wußte er noch aus
seinen Kindertagen, daß vor Jahren im nahegelegenen Asten
ein gewisser Melchior Joly als Priester gewirkt hatte, auch einer
aus Salzburg, mit dem unser Ferdinand vielleicht gar noch ver-
wandt war. Dieser gute, noch junge Seelenhirte verhalf Joly zu
einem Auftrag. Schon lange wollte man nämlich ein Spiel vom
verlorenen Sohn aufführen; besondere Gründe sollen dafür
gesprochen haben. Man redete dies und das, auch von einem
reichen Bauern, der seinen zweiten Sohn hartherzig von Haus
und Hof gejagt haben sollte und der dann zusehen mußte, wie

bei einem schrecklichen Augustgewitter sein Anwesen vom Blitz getroffen worden und alsdann jämmerlich „verbrunnen" ist, wie die Leute hierzulande sagen.

Eine anständige Geldsumme zahlte die Spielgemeinde von Halsbach an Joly im voraus, insgeheim unterstützt durch den Seelsorger. Der Arme konnte sie gut gebrauchen, denn längst sollte sein oftmals geflickter schwarzer Rock durch einen zwar ebenso scharzen, aber neuen Rock ersetzt werden, zu schweigen von den zerbeulten Hosen, die schon von der Witwe Vefi Rahamer beanstandet worden waren.

Joly kam der Auftrag nicht nur des leidigen Geldes halber sehr gelegen. Den Verlust seines „Alexius" hatte er nie ganz verschmerzt, jetzt konnte er in dem neuen Stück einige der einstigen Gedanken wieder aufgreifen. Die Halsbacher hätten es gern gesehen, wenn Joly selber mitspielen würde; er aber schwankte noch: Wen sollte er darstellen? Den verlorenen Sohn oder den Hanswurst, der sich hier als der Bediente eines reichen Geizhalses ausgibt, einer, der den Leuten als einziger die ganze Wahrheit an den Kopf zusagen darf? Joly entschied sich für die Rolle des verlorenen Sohnes. Den „Bedienten" wollte er seinem neuen Freund zuweisen, dem Hansl z' Roitham. Diesen hatte er vor kurzem bei einem Dorffest kennengelernt; er hatte gespürt, daß er in ihm wieder einen tüchtigen Kameraden besaß; seit dem Verlust seines lieben Roland Humprecht aus Umratshausen war ihm Ähnliches nicht mehr begegnet. Auch der Hansl war ein Kirchensinger, darüber hinaus ein lebfrischer, überall beliebter Musikant, Joly in seinen frühen Jahren nicht unähnlich. Er war weit jünger als Joly und hatte einigermaßen lesen und schreiben gelernt, war anstellig und lernte seine Rollen und Lieder schnell und gewissenhaft. Auf die Leute wirkte er wie ein echter Spaßvogel, ganz im Gegensatz zum jetzigen Joly, von dem man mehr und mehr sagte, er schaue manchmal so finster und ernsthaft drein, daß man sich vor ihm hätte fürchten mögen.

In seiner Stube unter dem Dach geht Joly hin und her. Es ist schon längst Nacht, aber jetzt findet er die richtige Zeit zum Nachdenken. Dabei redet er laut vor sich hin, tritt an den Tisch und schreibt zum Licht einer Kerze zwei oder drei Zeilen, geht weiter und schreibt von neuem. Das währt eine gute Stunde, und dann steht schon eine Menge auf dem Papier. Es ist ein

Glück, daß ihm der geistliche Herr etliche Bogen verschafft hat,
denn Papier war rar in diesen Zeiten. Joly läßt den „Bedienten"
und den Bauern, bei dem der ehedem so noble Herr Sohn zuletzt als elender Sauhirt niedere Dienste tun muß, in der Mundart sprechen; den Vater und die beiden Söhne führt er in städti-
schem, etwas altväterischem Schriftdeutsch durch. Der jüngere
Sohn ist von seinem reichen, geizigen Vater voll des Stolzes
weggezogen und hat sich in die „freie" Welt begeben. Der Bediente tritt auf.

BEDIENTER:
    Nu, was werd's denn heut Neus gebn,
    fragn d' Leut auf der Welt durch eahn ganz Lebn.
    Gebn tat's schon wieder was Neus,
    aber a nix Gscheits.
    Mein gnädign Herrn sein Sohn is aussi in d' Welt
    mit aran großen Sack voll Geld.
    Er sagt: „Die weise Welt wird mich lehrn –",
    aber dös werd gehn was wern!
    Er is a so a leichter Kampi
    und a seelnguats Lampi;
    i wollt eahm's scho sagn!
    Aber dös war eahm z' schlecht, wann er mi müaßt fragn!

    Die jetzige Welt is so falsch und so schlau,
    daß oa Bruder dem andern därf nimma trau(n).
    Habts dö Falschheit von sein Bruadan nöd vernumma?
    Sei Stimm hat scho recht schlau klunga.

    Ja betrachts amal die stolze Welt,
    wia schlecht es verschwendt sein Hab und Geld!
    Der Bauer kleidt si wia der Bürger; der Bürger is azwiar a
    Narr,
    und betracht ma dö Weibsbilder, dö hamt erst an Stroa!
    Eahna Gwand is bald z' kurz, bald z' lang
    und geht eahn dent hint und vorn nix zsamm.
    Aber also sans, dö Matzen:
    den letzten Kreuzer künnant s' oan oschmatzn.

    Aber nun muß der „Vater" „allein, verdrossen und schwer
seufzend" auf und ab gehen, und er muß dabei an seinen Sohn
denken, der ihm schon verloren scheint, denn er kennt ihn gut

genug mit all seinen Schwächen und mit seiner Freigeisterei. Und er läßt ihn sprechen:

Stolz auf sein Hab und Gut und auf sein vieles Geld,
halt er es sicher schon mit der verblendeten Welt.
Und darum hab ich schon so manche finstre Nacht
in Kummer un Sorg ganz schlaflos zugebracht.
Wieviel Seufzer schon mein Herz hat ausgestoßen!
Wieviel Tränen schon aus meinen Augen flossen!

Inzwischen ist der verlorene Sohn schon gänzlich heruntergekommen; bei einem schlechten Bauern muß er um geringe Kost den Ochsentreiber machen, aber weil sein Gewand schon so zerfetzt und zerrissen ist, schämt sich selbst schon dieser Bauer seines dahergelaufenen Knechtes. Und wieder greift Joly zur Tinte und schreibt in großer Hast:

Der verlorene Sohn in zerlumpter Kleidung tritt auf.
DER VERLORENE SOHN:
Bauer! Hiaz han i an Ochsen vertr ebn.
BAUER:
Ja, bist zimla lang ausbliebn.
DER VERLORENE SOHN:
Dös grop Wetter hat mi aso verhaltn.
BAUER:
Ja, hat da denn dei schöns Gwand neamd ghaltn?
DER VERLORENE SOHN:
Gib ma du an anders!
BAUER:
Na, na, du kannst Sau hüaten!
Da magst recht Läus brüaten.
Hinaus mit dir in das Feld!
Da brauchst du koa Gwand und koa Geld,
da kannst du mitn Sauen fressen,
magst eppan deant dei gstädtisch Prachtn a wengg vergessen.
Und da hast a Haferl zun Siedn,
kimmt dar eppan deant no an andera Sinn eini in dei Hirn.
An Summa magst mitn Sauen fressen,
mag i die eppan deant an Winter amal braucha zun Dreschen!

DER VERLORENE SOHN:
 Gel? Du fraßt d' Sau
 und mir zölatst as ein an mein Bau!
BAUER *(jagt ihn davon)*:
 Da hast an Hüatastecka,
 und wann's da nöd recht is —

Den Rest schreibt Joly nicht auf, das wird dann bei der Aufführung zu Ende gebracht; selbst hier kennt man schon überall
das Götzzitat!
 In den nächsten Abenden schreibt Joly eifrig weiter. Jetzt
läßt er den „älteren Sohn" kommen, dieser soll den tiefbetrüb-
ten Vater ablenken. Der „Sohn spricht zum Vater": „Sie wissen
ja noch nicht, wie's recht mit ihme steht", worauf der „Vater"
antwortet: „Das weiß ich aber wohl, wie's mit der Jugend geht.
Ein Lamm, das sich zu weit von seinem Hirten laßt, wird bald
von einem Wolf rachgierig angefaßt."
 Jetzt ist es Zeit, daß der verlorene Sohn in sich geht und
seine große Verblendung begreift. In einem langen Selbstge-
spräch ergeht er sich in Vorwürfen:

DER VERLORENE SOHN:
 In meines Vaters Haus hab ich kein Not gelitten:
 Und itzt muß ich die Schwein auf offnen Feldern hüten
 und Hunger plaget mich bei Tag und bei der Nacht.
 O Gott, hätt ich doch das bedenket und betracht!
 Ich lebte täglich wohl mit Huren und mit Prassen;
 so hat mich endlich Gott und seine Gnad verlassen.
 Die falsche Welt hat mich so sehr betrogen
 und hat mein Hab und Gut bereits an sich gezogen.
 Dort war ich noch geliebt, von jedem hoch geacht,
 so wie man mich anitzt verspottet und verlacht.

Und dann beschließt der verlorene Sohn, zurückzukeh-
ren und seinem Vater zu Füßen zu fallen, „dieweil sein Vater-
herz ihm nichts versagen kann". Den Vater aber grämt das
Schicksal seines Sohnes so sehr, daß er schon an den nahen Tod
denkt.
 Da aber gibt sich der verlorene Sohn zu erkennen, der
Bediente wird gerufen, es kommt murrend nun auch der ältere
Sohn. Der Vater jedoch, erfüllt von großer Reue über sein frü-

heres Verhalten, schließt den Verlorenen in aller Liebe in seine
Arme und läßt ihn festlich kleiden; dazu singt er:

Denn dieser mein Sohn war verloren
und ist nun wieder neu geboren.
Er war tot an fremden Orten
und ist nun wieder lebendig geworden.

Jetzt muß auch der „Chor", der aus den fünf Spielern be-
steht, sein großes Schlußlied anstimmen, während der Bediente
zuletzt den Leuten die Moral von der Geschichte auf seine Weise
erzählt. Das aber schreibt unser Joly nicht auf, denn er weiß,
daß das der Hansl z' Roitham großartig aus dem Stegreif machen wird. Es ist auch besser, wenn nicht alles aufgeschrieben
ist, er kennt seine Leute; es möchte doch ein Siebengescheiter
aus der Stadt da herumschnüffeln und den guten Halsbachern
das Spiel noch versalzen. Zensur gab es zwar nur an den großen
Theatern, aber den Obrigkeiten war es stets ein Dorn im Auge,
daß die Bauern und kleinen Leute immer noch Theater spielten. Oft genug hat man es ihnen verboten. So aber konnte es
bleiben: Die Hauptsache war aufgeschrieben, das Einüben der
Szenen konnte beginnen.

Die Proben gingen zügig voran. Für den „Geizhals" hatte
man Herrn Pongratz, einen älteren Herrn aus Altötting, gewonnen, der gerne nach Halsbach herauskam, weil er hier Verwandte besaß. Den „älteren Sohn" spielte ein Roßknecht, der
gerne ein Bauer sein wollte, aber damit bisher kein Glück hatte.
Für den „Bauern" selber hatte man hier seit eh und je einen beliebten Darsteller, den stämmigen „Gnod", der sich trefflich
aufs Jammern und, wenn es not tat, nicht minder aufs Fluchen
verstand. Er war schon im Austrag, aber noch rüstig und unter-
nehmungslustig wie ein alter Fuchs. Joly selber und sein Spezi,
der Hansl z' Roitham, ergänzten die Kompanie, die sich wahrhaftig sehen lassen konnte.

Das Spiel wurde ein voller Erfolg, Wiederholungen wurden
notwendig, weil der Andrang so groß war. Bis von Altötting
und Tittmoning waren Leute gekommen. Auch befand sich unter den Zuschauern der dritten Aufführung ein nobler Herr aus
Laufen, der Joly den Antrag machte, für das dortige Schiffertheater ein neues Stück zu schreiben. Dieser Antrag war eine
ehrenvolle Sache für unseren Joly, denn das Schiffertheater zu

Laufen, damals noch salzburgisch, stand im besten Ruf, was sogar die Salzburger Landesregierung würdigte. 1797 waren allerdings starke Einschränkungen erfolgt; die Stücke mußten den Salzburger Beamten zur Zensur vorgelegt werden. Jetzt aber spielte man wieder mit allen Registern: Lust- und Trauerspiele, ja selbst Opern standen auf dem Programm der Theaterdirektoren Sebastian und Anton Standl. Ganz besonders beliebt waren die Hanswurstkomödien; unter ihnen gab es den „Bayrischen Hiasl", Emanuel Schikaneders „Tirolerwastl", aber es gab auch einen Laufener „Don Juan" und einen „Johann von Nepomuk", den ein Geistlicher namens Zanusi verfertigt hatte.

Der Herr aus Laufen hatte Joly seinen wahren Namen nicht verraten. Er war offenbar einer der heimlichen Spender, der den im Grunde sehr armen Schiffern einiges beisteuerte: zog doch das „Schiffertheater", also die Kompanie der Mitwirkenden, als Wandertruppe vom Herbst an, wenn die Salztransporte aufhörten, über den Winter bis in das Frühjahr hinein weitum ins Land.

Das Angebot schien Joly zwar verlockend, schließlich hatte er ja selber mit seinen Drischlegkomödien, die den Hanswurstkomödien recht ähnlich waren, überall Erfolg, und das gutbezahlte Stück von der „Belagerung von Gibraltar", das der bekannte Salzburger Pädagoge Michael Vierthaler 1800 für Laufen schrieb, hätte er ebensogut verfassen können. Auch machten ihm andere in Laufen eingebürgerte Gewohnheiten Spaß: Die weiblichen Rollen wurden von altersher von Mannsbildern gespielt; außerdem wurde nie ein Theaterzettel angeschlagen, sondern mittags Schlag 12 Uhr wurde die Vorstellung von einem Mann in auffälligem Kostüm auf der alten Salzachbrücke oder am Markt- und Kirchenplatz ausgetrommelt und der Zettel laut verlesen. Allein schon das laute Verlesen schien Joly Grund genug, hier einzusteigen und für die Laufener ein respektables Stück zu schreiben.

Warum Joly doch nicht einwilligte, wissen wir nicht. Es mag sein, daß er sich mit einer reinen Hanswurstkomödie nicht zufrieden geben wollte; für „seine" Dörfer im Rupertiwinkel konnte er das gerne tun, aber für Laufen hätte er sich ein größeres, wenn gar ein geistliches Spiel gewünscht. Das aber, so vermutete er, wollte man sich doch eher von einem der sanktionierten Schreiber aus Salzburg oder München verfertigen lassen und nicht von einem Joly, von dessen Leben und Treiben man nicht immer das Allerbeste gehört hatte. Anderseits lockte ihn, daß die Schiffertruppe so weit ins Land zog, daß ihre Stücke eine sehr große Verbreitung erlangten; schließlich war Jolys Ehrgeiz noch nicht ganz erloschen, und so bat er sich endlich drei Wochen Bedenkzeit aus bei dem Laufener Herrn, der ungenannt bleiben wollte, aber Joly immerhin zum Zeichen seiner Glaubwürdigkeit ein Kuvert mit seiner Adresse und einem nicht unansehnlichen Vorschußbetrag in die Hand drückte.

Neue Theaterpläne

Schon in den nächsten Tagen geht Joly um mit einem neuen Plan für Laufen. Wieder tritt die „Seele" vor sein inneres Auge, Helene singt ihr trauriges Lied, denn in der ersten Szene soll der Streit zwischen Engel und Teufel um die arme verfolgte Menschenseele ausgetragen werden. Dann sollte es einen Kampf geben, mit dem Schwert natürlich, bei dem der Engel zuletzt den Teufel erschlägt.

Kaum ist eine Woche vergangen, da liest Joly seinem treuen Hansl z' Roitham auch schon die ersten Szenen seines Spiels vor. Der Hansl aber ruft aus:

„U je! Ferdinand! Dös werd a bluatige Gschicht! Dös is nix für die Laufener, und die Zensur werd's a gwiß net zualassn!"

Joly darauf: „Magst recht habn, daß dös nix is für die Laufener, aber warum redst glei von der Zensur? Derschlagen tuat der Engl den Luzifer ja sowieso nicht, schließlich ist er ja nur ein gefallener Engel, und darum auch ist er immer noch unter uns, wie uns die Alten sagen. Im Stift dazumal hab ich solche Spiele selber noch gsehn, da gibt's ganz harte Sachen, davon hast du koa Ahnung net, mein lieber Hans! Was i möcht, das war a richtiges Theaterstück von der Erlösung des menschlichen Geschlechts, kurz, ein Spiel vom Menschen!"

Joly hielt inne. Plötzlich war ihm klar, daß seine Pläne nicht für das Laufener Schiffertheater taugten. Ein Spiel von der armen Seel, von Luzifer, Engel und womöglich Propheten hatte in der engen Bürgerstadt kaum seinen Platz. Aber den splendiden Ungenannten würde Joly aufsuchen, vielleicht könnte er den Laufenern dann später eine urkomische Hanswurstgeschichte liefern, eine Geschichte vom Dr. Storax vielleicht, oder auch einen „David und Goliath" mit dem Hanswurst in der Mitte . . .

„Wo bist scho wieder mit dein Sinnieren?" fragt der Hansl den Joly.

„I hab an die arme Seel denken müssn, die ist nix für Laufen, und der Engel schon gar nicht, du hast recht, mein lieber Hans."

„Also trink ma auf die arme Seel", fährt der Angesprochene fort und schenkt dem Joly vom mitgebrachten Wein in sein Glas. Wein ist rar in diesen Zeiten, und der Hansl hat seinem Kumpan eine Extrafreude mit einer Flasche welschen Weines machen wollen. „Kannst an Zuspruch gwiß brauchen."

„Du, Hans", sagt da der Joly, „jetzt is ma wohler im Leib; 's is was Args, wann ma si net entscheiden kann. Jetzt red ma nimmer von Laufen. I schreib das „Spiel vom Menschen", und jetzt horch: Wann der Luzifer verschwindet von der Szene, dann treten die Hirten auf, alle drei, zwoa junge Buabn und a ganz alter Mann, der Bachtl. Für den hab i schon a Gsangl:

Ruhet sanft im tiefsten Schlaf,
meine Rinder, meine Schaf,
in stiller Mitternacht.
Bis euch die Morgenröt
und meine Hirtenflöt
von dem Schlaf auferwacht!
Wünsch allen gute Nacht!
Wünsch gute Nacht!"

„Respekt", sagt der Hansl, „und was willst nacha die zween Buam singa lassn?"

„Ganz das Gegenteil von dem muaß werdn, a Hirtengsangl voller Freud und ganz a so, wie's für die Buabn paßt, sand ja no Kinder!" Und dann singt er's dem Hansel vor und bewegt sich dazu wie ein Tänzer, denn er will ja, daß die Hirten auch nicht stumm hocken bei dieser lustigen Melodie:

Jodl sing, Maxl spring,
is a groß Wunderding!
Englgsang, Musiklang
währt heut nacht lang!

Auf vom Schlaf, losts nur zua!
D' Engl gebn gar koa Ruah!
Liab und doll, freudenvoll,
Bua, mir gfallt's wol.

Gehn mar all zu dem Stall,
z' Betlehem unt' im Tal
leit das Kind für die Sünd,
gehts Buam, lafts gschwind!

Hat koa Pfoad, nix von Kload,
mir is ums Büabl load.
Nackat bloß, Kält is groß
in Muattaschoß.

„Das is a herzigs Liad", meint der Hansl, „und wann's die
zween Buabn singan, werdn die Leut mitjuchizen, verlaß dich
drauf! Joly, Respekt, Respekt!"
„Na, na", wehrt Joly ab, „die Hauptsach kommt erst. Hiaz
muß erst der Engel sein Gsang anstimmen. Das hab i scho vor
langer Zeit gmacht, damals noch für die Helen, magst es hören?" Und er sang:

Auf, ihr Hirten, von dem Schlaf!
Verlasset eure Hütten, Herd und Schaf!
Ich will euch Nachricht bringen,
von Herzen fröhlich singen:
IN EXCELSIS GLORIA!
Heute ist Messias da!
Die Tage sind erfüllt,
die Völkerklage wird gestillt:
IN EXCELSIS GLORIA.

„Die Völkerklage", wiederholt der Hansl. „Da hast recht,
das mußt den Leuten dreimal sagen: Die Völker jammern nach
'n Frieden, und allwei is a neuer Krieg. Man hört schon wieder
vom Rüsten. Der Napoleon gibt koan Fried. Da kann dei Engel
singen, sovui er will!"

„Drum muß ja auch zuletzt ein Soldat auftreten, a ganz a maroder Soldat, der sagt den Leuten die Wahrheit. Denn der hat's erlebt, draußen am Schlachtfeld, der weiß, was das heißt: Die Völkerklage wird gestillt."

„Also nacha willst den Soldaten a Predigt halten lassn? I kenn deine Predigten schon, mei liaber Scholi, mach's net z' gach! Denk an die Zensur!"

„Bah, die Predigt schreib i net ganz auf, und den Soldaten, ja den laß i zuvor was singen."

„Dös is gscheid, Scholi, singen muaß er, und alle müassn nacha mitsingen! Es is allwei besser, man singt den Leuten noch was ins Ohr, a guats Lied, das nacha im Ohr drin bleibt, wann s' hoamgehn vom Theater. Und wann der Soldat vorsingt, aft freut's die Leut erst recht, und sie wern sagn: Singen is allwei no besser wia schiaßn!"

„Hast recht, mein Hansel, und die Lieder bleiben mehr im Ohr als die schönste Predigt. Das hat schon unser alter Fingerlos gsagt in Salzburg: Neue Lieder brauchen wir, gute deutsche Lieder, die zu Herzen gehen, keine falschen italienischen Arien, bei denen die Gurgel gschmiert ist. Lieder brauch ma, die der Mensch net nur in der Kirchn singt, sondern nach Haus mitnimmt, Lieder, die er sein Leben lang hat! Aber du, Hansl, du muaßt s' singen!"

„An Soldaten? Und du, Ferdinand, du spielst an Teufel? Magst net?"

„Tat 'n ganz gern amal spieln, aber aft brauch i auch den rechten Engel dazua!"

„Da fehlt si nix", meint der Hansel, „dafür is gsorgt. I wissat oane, die is a rechter Engel a so, im Leben moan i, koa solchene Metzen oder a aufdrahts Weibsbild wia die mehran heutztag: die Agnes moan i, kennst as net? Die vom Mesner Toni, die Nichtn."

„Ja die! Aber die is keine Helene, so eine findt si nia mehr."

„Aber wann s' auch fast blind ist, die Agnes", erklärt der Hans, „a wunderbars Gschau hat s' trotzdem. Und so fein und scheu is wia a Reh", schwärmt er weiter, „ma traut si schier gar net in d' Näh, wiara Heilige kimmts ma für."

Joly schweigt. Doch, für diese Agnes wird er die Engelrolle schreiben, von ihr wird er sich in seinem Teufelskostüm gerne schlagen lassen, aber er wird alles im Geist für seine Helene schreiben, vielleicht sieht er sie eines Tages doch noch wieder . . .

Als Joly allein ist, denkt er zurück an die Larve des Luzifer, die er einst in Erl gesehen hat. Und er stellt sich vor, was das schon für eine grausige Szene gewesen sein muß, wie der Luzifer den Judas verführt, daß dieser seinen geliebten Herrn um dreißig Silberlinge verraten hat. Wer eigentlich war dieser Luzifer? Was hat ihm damals der hochwürdige Oheim Raimund darüber gesagt? Er muß sich auf all das besinnen, auf daß er ein ordentliches Stück zusammenbekommt Während er so nachdenkt, überlegt er, ob er nicht eines Tages doch ein neues Spiel schreiben sollte für Erl? Einst hat er dort einen alten, vergilbten Text gelesen zur „Urstende Christi", da geht unser Erlöser hinunter in die Vorhölle, ganz wie bei den alten Griechen der Verstorbene hinuntergehen muß in den Hades, zu seiner Läuterung oder auch zu seiner Verdammnis. Christus aber kommt als Tröster zu den Urvätern, die da drunten schon seit endlosen Zeiten schmachten. Dann aber begegnet Christus dem höllischen Heer, das ihm den Weiterweg versperrt. Michael, der Lichtträger, jedoch hat den Herrn begleitet und führt ihn wieder sicher heraus aus den Tiefen der Finsternis, so daß er auferstehen kann am dritten Tage nach seinem irdischen Tod. Also stand es geschrieben im Erler Buch oder so ähnlich jedenfalls. Aber dann wendet sich Joly von diesen Gedanken plötzlich ab; er stört ihn, jetzt muß er seine ganze Sorgfalt verwenden auf ein schönes Hirtenspiel, das ja auch ein „Spiel vom Menschen" sein soll, vom Sinn der Geburt unseres Heilands, nachdem im Vorspiel der Teufel zerschlagen worden ist. Nein, an eine neue Passion kann er jetzt nicht denken, auch an kein neues „Urstende Christi". Er muß seinen Leuten hier die Menschenliebe und die Tat Christi auf einfachste Art vermitteln, in Bildern, die zum Herzen sprechen; hat man nicht das Altbiblische schon zur Genüge ausgekostet im letzten Jahrhundert? Er aber muß jetzt alles so sagen, wie der natürliche einfache Mensch redet und singt. Und da fällt ihm wieder die Blinde ein, die scheue Agnes, die nun sein Engel sein soll für die nächste Zeit, Stellvertreterin für Helene . . .

Also erfüllt von diesen Gedanken, schreibt Joly sich die Bilder von der Seele. Mit viel Liebe zeichnet er den alten Bachtel, den guten Hirten schlechthin. Als dieser bei der Krippe Jesu kniet, läßt er ihn singen:

O mei allerherzliabstes Schätzelein,
wia derbarmst mi nöd so hart!
Tua fei nöd dakemma an mein langen Bart!
I bin nöd schlimm und bin nöd grantig,
es is ja grad mei Ausschaun
so finster und gallhantig.

Und wann amal die Zeit tuat kemma,
daß i mit 'n To(u)d muaß renna,
und muaß ausstehn solche Ängsten,
daß mein Herz in Leib möcht springa,
so bitt i di:
Hab mit mir Barmherzigkeit,
erlös meine Seele von aller Pein
und führ sie in den Himmel ein!

Schwierigkeiten gab es jetzt nur mit der scheuen Agnes. Sie war nicht zu bewegen, den Engel zu spielen, sosehr sie erst der Hansl, dann Joly selbst darum bat. Auch die Ermunterung des geistlichen Herrn half da wenig. Agnes blieb hart. Aber als Joly mit ihr sprach, da schien ihm, daß sie eine feine, klingende Singstimme haben müßte. So bat er sie, wenigstens einmal mit ihm in der Kirche zu singen. Darauf willigte sie ein. Joly war froh, denn das blasse Mädchen ging ihm fortan nicht mehr aus dem Sinn. Vielleicht rief sie in ihm die Erinnerung wach an die Gstötten in Salzburg, an seine ebenso scheue Maridi, die er so gänzlich hatte verlassen müssen, die ihm aber im Geiste auch immer noch dann und wann erschien. Für den „Engel" fand sich bald eine stattliche, etwas energische Spielerin, die ihre Aufgabe, mit dem Teufel zu kämpfen, recht ernst nahm. Da trat auch Joly von der Rolle des Versuchers zurück, Hansl übernahm sie gar nicht ungern, Joly aber schlüpfte in das Gewand des maroden Soldaten, dem die Schlußpredigt vorbehalten war.

Und so schrieb Joly kräftige Sätze für den neuen Engel, der Walpurga hieß, stärkere freilich für den Teufel, den Luzifer, dessen Verse er ins beste Hochdeutsch brachte. Die Mundart überließ er den Hirten, er selber in seiner Soldatenmontur wollte gleichfalls so reden wie die Leute hier im Land. Und das

Schlußlied konnte dann auch er anstimmen, ein Lied, in welchem der Satz wiederholt werden mußte: „Die Völkerklage wird gestillt" – ein Gebetslied um Frieden.

Endlich, am Stephanitag 1808, kam es zur Aufführung. Der Kampf zwischen Engel und Teufel, will sagen zwischen Walpurga und Hansl, gelang höchst wirksam, um nicht zu sagen handgreiflich, rührend sangen nachher die Hirtenbuben, und der alte einfältige Bachtl weinte zuletzt in seinen schneeweißen Bart. Der Erfolg übertraf den des „Verlorenen Sohnes" noch bei weitem. Als Joly in der abgerissenen Montur des Soldaten auftrat, wurde es mäuschenstill im Saal. Seine Rede war erst mild, dann immer schärfer und zuletzt so, daß kein Auge trocken blieb im dichtgefüllten Raum. Und Joly redete:

Zum Schluß rede ich an euch alte und junge Leut,
die ihr hier zugegen seid.
Ihr habt in diesem Spiel vernommen,
daß Jesus ist arm auf die Welt gekommen.
Wenn einer gleich keinen Reichtum hat,
so steht er doch in Gottes Gnad.
Liebet jedermann!
Denn Gott sieht die Person nicht an.
Jesus will uns schon in seiner Kindheit lehren,
daß wir sollen alle Menschen ehren.
Ehret jedermann!
Gott sieht nicht auf Reichtum oder Stärke,
sondern auf die guten Werke,
und wer seinem Gebot wird gehorsam sein,
den führt er in den Himmel ein.

Als dann alle Spieler zusammentraten und den Schlußgesang anstimmten, in dem vom Völkerfrieden die Rede war, ging eine mächtige Bewegung durch die Reihen. Freilich, allen paßte das nicht. Immer mehr hörte man von einem neuen Krieg, der gegen den unheimlichen Korsen notwendig sei, wolle man sich nicht freiwillig in die Sklaverei begeben; es werde gar nichts anderes übrigbleiben, als daß Österreich die Waffen erhebe, und was das ganz Arge war, Bayern stützte auch noch diesen Tyrannen von einem Napoleon, der es auf nichts anderes abgesehen hatte als auf die Absetzung aller Monarchien des Abendlandes und auf die Alleinherrschaft in Europa.

Kriegserklärung an Napoleon

Man schrieb den 27. März 1809. Die Zeit war nicht stehengeblieben. Kaum daß das Frühjahr anbrach und die Bauern sich rüsteten zur Bestellung ihrer Felder, richtete Österreich die Kriegserklärung an Napoleon. Der Krieg sei eine Pflicht der Selbsterhaltung, verkündete Kaiser Franz I. von Österreich in dem Aufruf an seine Völker, und schon am 9. April setzen österreichische Truppen bei Schärding, Obernberg und Braunau über den Inn. Rasch ist Burghausen, die stolze Stadt an der Salzach, erreicht. „Dö sand allsamt wahnsinnig", hörte man den Mesner von Halsbach fluchen, worauf sich der geistliche Herr bekreuzigte und ganz still wurde aus Angst, es möchte wieder so kommen wie vor vier Jahren, als herumziehende Truppen mit Einquartierungen und Repressalien die Gegend heimgesucht hatten.

Nun muß man wissen, daß die nördlich von Halsbach dahinfließende Alz die Grenze des damaligen österreichischen Hoheitsgebietes war; knapp drei Wegstunden dahinter lag Neuötting, die alte Stadt am Inn, historischer Handelsplatz und Sitz von Ämtern, deren wichtigste freilich nach dem gräßlichen Stadtbrand von 1799 nach Burghausen abgewandert sind. Ganz nahe lag auch das ehrwürdige Altötting, das bayrische Mekka für Pilger von nah und fern.

Zwischen Alt- und Neuötting bezog ein stattliches österreichisches Heer unter Führung seines Generals Hiller für fast drei Wochen sein Standquartier. Was das für die Bevölkerung bedeutete, muß nicht geschildert werden. Am 23. April griffen die Österreicher die bayrischen Truppen des Generalleutnant Wrede bei Winhöring an und warfen sie nach Norden zurück. Am nächsten Tag stießen die Österreicher auf die ersten französischen Vorposten. Ein mörderischer Kampf entbrannte, bei dem die Österreicher zahlenmäßig überlegen waren. Franzosen und Bayern zogen sich unter Verlusten weit zurück, während die berüchtigte französische Division „Molitor" erschien und den Rückzug deckte. Da aber, am 25. April, erfuhr der österreichische General von der großen Niederlage seiner Landsleute bei Eggmühl; 10 700 Österreicher und 3 100 Franzosen sollen da ihr Leben gelassen haben, am Vortag aber soll Napoleon, durch eine Gewehrkugel leicht verwundet, bereits in das eroberte Regensburg eingezogen sein!

Gehen wir indessen den Spuren Jolys nach. Schon zu Lichtmeß hatte er Halsbach verlassen, um den alten Herrn Pongratz, der den Geizhals in Jolys Spiel vom „Verlorenen Sohn" so vortrefflich dargestellt hatte, zu begleiten. Herr Pongratz, ein nicht unbegüteter, einsam gewordener Witwer, konnte unseren Joly gut für die Erledigung seiner Schreibsachen gebrauchen; es gab da eine umfangreiche Erbschaftssache zu erledigen, die in den Wirren der Zeit immer wieder liegengeblieben war. Vor allem galt es, dem lästigen Hin und Her mit dem inzwischen nach Burghausen verlegten Kreisamt ein Ende zu machen. Herr Pongratz und Joly verstanden sich gut, und es gab schon Stimmen, die wissen wollten, daß der alte Herr in Joly seinen eigenen verlorenen Sohn wiedergefunden habe. Bei diesem altbayrischen Sonderling konnte man das durchaus für möglich halten.

So traf es sich nun, daß Joly eines Tages, just als die österreichischen Soldaten ins Land kamen, in Neuötting weilte und nun das ein und andere Mal nach Burghausen geschickt wurde. Am wichtigsten für Joly war, seine Zunge im Zaum zu halten. Zwar hatte niemand etwas dagegen, wenn jemand plötzlich auf Napoleon losschimpfte, aber öffentlich vom Frieden zu reden wäre übel vermerkt worden. Andererseits hatte jetzt kein Mensch ein Interesse an einem Mann, den viele immer noch den „ausgjagten Studenten von Salzburg" nannten, es gab weiß Gott andere Sorgen bei den Militärs.

Noch saß General Hiller in Burghausen. Am 27. April verließ er mit seinen Husaren um halb fünf Uhr morgens die Stadt, nicht ohne reiche Beute mitzuschleppen, wie es in den Chroniken heißt.

Noch war kein ganzer Tag vergangen, da rückte auch schon Napoleons Heer nach; 100 000 Mann sollen es gewesen sein. Eine ungeheure Masse, die einquartiert und verköstigt werden wollte. Weil es wegen der hochgehenden Salzach nicht eher möglich war, die von den Österreichern niedergebrannte Brücke wiederherzustellen, blieb Napoleons riesige Armee drei Tage lang in Burghausen und seiner Umgebung.

Joly hätte in diesen Tagen nach Erfüllung seiner Aufträge längst nach Neuötting zurückkehren sollen, aber daran war nicht mehr zu denken. Alle Straßen und Wege waren mit hin und her eilenden Menschen, mit Ordonanzen, Rekruten, Krämern, Weibern und Kindern verstopft. Da und dort jammerte ein Verletzter, Bettler lungerten zu Füßen des Burgberges, andere wieder schrien in heller Begeisterung: „Napoleon! Napoleon, unser Retter, ist da!"

Angewidert von solchem Spektakel verkroch sich Joly in die bescheidene Wohnung eines Glasbläsers, eines gewissen Hias R., den er in Halsbach einmal kennengelernt hatte und der in den „Grüben" an der Salzach schlecht und recht hauste.

Napoleon zog mit Glanz und Gloria ein. Ihm gefiel die stolze Stadt mit der langgestreckten, abenteuerlich gegliederten Burg, und er blieb vielleicht gar nicht ungern solange hier, während sein immenses Heer alle Winkel der anmutigen Umgebung durchstöberte.

Am Morgen des zweiten Tages stand im Burghausener Kreisblatt ein Huldigungsgedicht an Napoleon, das von Phrasen nur so triefte. Als Joly das Blatt in die Hand bekam, konnte er sich seiner Spottlust nicht mehr erwehren. Er rief den Hias, entfaltete die Zeitung, und da gerade etliche Leute vor dem Laden am Ufer müßig herumlungerten, stellte sich Joly todernst, einem Bußprediger gleich, in Positur und las die Verse des Pamphlets singend vor mit choralhafter Innigkeit, nicht ohne zwischen den Abschnitten schön gezielte Bewegungen einzuschalten.

Joly sang:

Der große Mann des Jahrhunderts – (Pause)
Der Held der Zeit – (Pause)
Na – popo – poleon der GROSSE! –
erscheint plötzlich gleich dem Wetterstrahl,
mit unserem tapferen Kronprinzen an der Spitze,
an der Spitze der Bayern –
(hier macht Joly eine Hab-Acht-Pose)
kommt –
(Joly macht einen Ausfallschritt)
sieht –
(Joly blickt nach Feldherrenart in die Weite)
und siegt über seine Feinde –
(Joly ahmt ein Trompetensignal nach)
und über die Feinde seiner erhabenen Bundesgenossen!
(Joly wiederholt das Trompetensignal)
Er rächt das Unrecht und die Treuelosigkeit.

Es sind viele Schaulustige hinzugekommen, Joly pfeift eine
französische Melodie. Die Leute, unter denen einige Joly er-
kannt haben, rufen: „Lies weiter, Scholi, lies weiter!"

Und er singt weiter:

Heute erschien ER in unserer Mitte – (langsam)
ER, ER, Napoleon,
in Burghausen, in Burghausen, in Burghausen,
heute durch IHN der *Mittelpunkt* von Europa!
Heil ihm!
(jetzt überschlägt sich Jolys Stimme)
Heil ihm!
(einige äffen das „heil ihm" nach)
Heil –!
dem Großen –!
dem Unbesiegbaren!!!

Zwei umherschlendernde französische Grenadiere sind
auf Joly aufmerksam geworden und treten auf ihn zu. „Monsieur, ist err ein Troubadour?" fragt der erste. „Voulez-vous
un peu du Cognac? Ist gutt, mitgebracht aus altem Kloster-
haus!"

Der andere aber mischt sich ein. „Was hat der Kerrl zu singen? Hat er vielleicht unseren Kaiser ausgelacht? Odrr?"

Aber da nimmt der erste Partei für Joly: „Oh, camerade,
nix ausgelacht, er hat gesungen Arie pour l'empereur Napoleon . . . größter Mann in Europa!"

Der zweite aber wirkt noch nicht überzeugt. „Wie heißt der
Mensch?"

Alle Umstehenden antworten einstimmig: „Scholi, Scholi,
Scholi!"

Die Grenadiere stutzen. „Joly – vielleicht ein Franzos?"
sagt der zweite. Joly wird es ungemütlich. Was geht die hier sein
Familienname an? Am besten tat er jetzt, als könne er gar
nichts verstehen, ging in sich und wirkte nun eher wie ein
frommer Pilger. Er faltete die Zeitung fein säuberlich zusammen und sang jetzt in einem Ton, den aber nur die Franzosen
verstanden (irgendwann hatte er das Wiegenlied als Kind gelernt):

Fait dodo, Colas, mon frère,
fais dodo, t'auras du lolo . . .
Maman est en haut,
qui fait du gateau,
Papa est enbas,
qui fait du sabbat.
Fais dodo . . .

Dabei mimte Joly die Amme, die ein Kindlein wiegt. Die Grenadiere schüttelten den Kopf und zogen fast gerührt ab. Armer Narr, dachten sie. Wieviele arme Narren hatten sie nicht schon gesehen auf ihren Zügen durch ausgeplünderte, leergefressene Länder!

Joly hatte Glück gehabt. „Solltest dich besser in acht nehmen", meinte später der Hias, aber insgeheim hat es ihn doch gefreut, denn auch er konnte diesen Napoleon nicht ausstehen.

Aug in Aug mit Napoleon

Wer da glaubt, der Burghausener Scherz habe Joly vorsichtiger gemacht, der irrt. Schon am nächsten Tag — Joly hat sich tüchtig ausgeschlafen — macht er sich auf, vielleicht gelingt es ihm, den mächtigsten Mann Europas Aug in Aug zu sehen. Sein Ehrgeiz ist erwacht. Er möchte doch zu gerne wissen, wie so einer aussieht, der die halbe Welt erobert mit einer Rücksichtslosigkeit ohnegleichen, mit einem Starrsinn, den seine Ahnen, die Herren Joly de Berre vielleicht auch voreinst besessen haben — er, der letzte Nachfahr, ist zeitlebens freilich noch nicht einmal vorgedrungen bis zu einem kümmerlich besoldeten Dorfschullehrer.

Der Glasbläser Hias warnt ihn; er solle besser aus Burghausen verschwinden als sich in ein solches Abenteuer einlassen. Aber Joly gibt nicht nach. Er hat ja ordentliche Auftragspapiere bei sich, alle unterzeichnet von dem angesehenen Herrn Pongratz, derenthalben er hier in Burghausen weilt. Er wird sich auch nirgends vordrängen, kein unvorsichtiges Wort sprechen, aber er will erreichen, daß er irgendwie in die Burg hineinkommt, wo man einen Zipfel des Gewaltigen erspähen kann, und sei es nur auf einen Augenblick. Haben nicht manche gesagt, wenn man diesem Mann ins Auge sieht, so könne man mit ihm bis in die Hölle reiten? Würden aber in seinem Auge nicht auch Spuren zu erkennen sein, die auf einen jähen Absturz hindeuten? Wie also sieht so ein Mann aus, der die Kraft besitzt, die Massen aufzustacheln, auf daß sie ihm zu Füßen liegen? Wer hat ihm die Kraft gegeben, die Massen in eine solche Begeisterung hineinzuhetzen, daß sie bereit sind zu jeder beliebigen Schlacht irgendwo in Europa? Schrien nicht selbst seine Landsleute „Heil", während sie noch vor kurzem fluchten und spieben über dieses Monstrum Napoleon?

Eine Ausrede würde Joly immer finden, das hatte er oft genug bewiesen . . .

Am späten Nachmittag hat Joly Glück. Diesmal hat er es gar nicht nötig gehabt, sich großer Listen zu bedienen: Während er sich noch bemüht, unter allerlei Vorwänden die Burg zu betreten, erscheint der Gewaltige gerade im Fensterrahmen eines der nahen Zimmer, die der Salzach zugewandt sind. Alles, was jetzt am Burgtor herumwimmelt, reißt den Kopf nach oben und bricht in das Heilgeschrei aus, das das Burghausener Kreisblatt so schön vorexerziert hat. Joly starrt mit nach oben: Napoleons Kopf sitzt wie gemeißelt im Fensterrahmen, in strahlend-bayrischem Himmelblau, umrahmt von den Zinnen der Burg, und es scheint, als wende sich sein rechtes Auge geradewegs auf Joly zu: Aug in Aug mit dem größten Mann des Erdkreises! Es ist alles wie im Märchen.

Und Joly hört im Geiste die Böllerschüsse und Kanonen ganzer Armeen, er hört das Glockengeläute aus Tausenden von Kirchen und das Heilgeschrei von Abertausenden von Vasallen, aber es mischt sich auch das Stöhnen hinein von ebenso vielen Sterbenden, das Gekrächze von dichten Schwärmen schwarzer Vögel, die sich auf den Leichenfeldern Europas niederlassen.

Ehe er seine Vision zu Ende schauen kann, streift ihn der Hieb eines Wachsoldaten.

Der Traum ist aus. Die rauhe Gegenwart belehrt Joly, daß es nun besser sei, sich aus dem Staub zu machen. Er hat gut daran getan. Rasch hat er vom braven Hias Abschied genommen, seine wenigen Sachen in die Reisetasche verstaut und die Stadt Burghausen südwärts verlassen.

Marienberg

Sonnenuntergang. Joly sitzt auf dem Hügel gegenüber von Marienberg. Er denkt nach: Wie herrlich sie noch aussieht, diese stolze einstige Wallfahrtskirche oberhalb Raitenhaslach! Erst die elegante Stiege mit ihren fünfzehn Stufen gleich den Geheimnissen des Rosenkranzes, droben dann der erhabene Rundbau mit seinen vielen Kunstwerken, Figuren, Malereien und der helltönenden Orgel! In einem Seitenaltar das Totenantlitz eines alten Abtes, das Joly jedesmal, wenn er in Marienberg weilte – und er hat dort schon oft zur Wallfahrermesse gesungen – hat erschauern lassen. Was aber ist indessen mit dieser Kirche alles geschehen!

Wir haben die Erwähnung von Marienberg bisher unterlassen, obwohl es längst angebracht gewesen wäre, von den skandalösen Vorfällen zu berichten, von denen auch Joly seit langem Kenntnis hatte. Am 10. November 1806 schon hatte der Burghausener Landrichter, Graf Franz von Armansberg, im Namen des „Königlich Baierischen Landgerichtes" das allseits beliebte Gotteshaus zum Abbrechen oder „zu einer anderen Verwendung gegen baare Bezahlung" kundgemacht. Drei Gründe sollten dafür herhalten. Einmal die „Baufälligkeit dieser Feldkapelle", die so arg sei, daß „kein Vorbeireisender vor Unfall nicht sicher sei", dann die „politischen Veränderungen", womit die von den Erzaufklärern bestückte Spezialkommission für Kirchen- und Klostersachen zu verstehen war, und schließlich das „in seiner Lage ganz ungeeignete Gotteshaus".

Nun wußte jedes Kind, daß diese Kirche erst vor fünfzig Jahren gebaut worden war und sich in bestem Bauzustande befand; auch gehörte sie nicht nur zu den beliebtesten Wallfahrtskirchen des Landes, sondern stand obendrein in unvergleichlicher Lage, die später selbst den bayrischen Kronprinzen entzückte.

Die Bauern wehrten sich nun ganz entschieden gegen den Abbruch und taten alles, um diesen zu verhindern. Sauber und sorfältig im Detail, hatte ein Bauer, der unweit der Kirche lebte, alles aufgeschrieben, was seit sieben Jahren geschehen war. Zu diesem Bauern ging Joly jetzt, dort wollte er die Nacht verbringen und vorerst einmal abwarten, wie er ohne Aufhebens zurückkäme nach Halsbach oder Neuötting. Freudig nahm ihn der Bauer auf, denn zu „seinem Scholi" hatte dieser ein volles Vertrauen, erinnerte er sich doch, daß ihm dieser Joly mehrmals geholfen hatte, wenn es darum gegangen war, sich dem verhaßten Landrichter zur Wehr zu setzen. „Die Herren sand alle wahnsinnig. Alls wolln s' aufn Kopf stellen! Aber der Herrgott werd's noch amal richten, und den Landrichter mitsamt sein saubern Pfarrer Hafner werd a no der Teufel holn, dös is amal ganz gwiß!"

Und dann erfuhr Joly, wie es jetzt stand um Marienberg. Noch am selben Abend vertiefte er sich wieder in die Chronik, die der immerhin schreibkundige Bauer verfaßt hatte und jetzt aus sicherem Versteck hervorholte, nicht ohne vorher die Türen des Hauses fest zu verschließen und die Fenster dicht zu verhängen.

Und Joly las:

„1802 wurden von der Kirche Marienberg die Monstranzen und 5 Kelch mit den Paramenten und 2 Meßkandl sammt Tellern abgenommen und den 24. März 1806 wurde diese Kirche gesperrt und die Kirchenstühle alle herausgerissen und nach Raitenhaslach gebracht und die große Glocken, welche heute noch zur Bruderschaft gehört, welche die Bruderschaft und die Gemeinde hergestellt hat und eine kleine Glocken auch nach Raitenhaslach geschleppt . . . Dann ist das Marienbild mit dem Sanctissimum am Palmsonntag den 30. März 1806 nach Raitenhaslach gebracht worden und Marienberg abzubrechen festgesetzt . . . Dann darauf wurde die Kirche ganz verliesadiert und der Maurer schon zum Abbrechen bestellt. Dieser freute sich sehr umb diese Kirche abzubrechen. Aber diese seine Freud gieng bald aus, er brach in Raitenhaslach eine Mauer ab, diese fillum unverhofft und zerschlug ihn ganz und gar. Daraus ist es gekommen, wer ein Stein verletzt um 500 Dukaten Straf . . ."

Und Joly las weiter: „Dann kam das Bitten von der Gemeinde, bald zur K. Regierung, bald zum K. Ministerium und bald zum geistlichen Ordinariate, aber alles umsonst . . . Dem Herrn Landrichter Graf von Armansperg und dem geistlichen Herrn Pfarrer Hafner ist diese Kirche ein Spieß im Aug . . . Im Jahre 1808 kam der K. Landrichter und der Herr Pfarrer nach Marienberg, um da der Kirche die Weihe abzunehmen. Der Herr Pfarrer leset etwas und schlug dreimal an die Mauer und sprach: ‚Die Weihe ist genommen.‘ Dann ging der Landrichter Graf von Armansperg auf die Kanzel und stopft sein Pfeif mit Tuwack und schlug Feuer und sagte: Ihr Herrn Bauern, das ist ein schöner Tanzplatz für Euch, und der Herr Pfarrer lachte dazu genug. Dann gingen sie zum heiligen Leibe am Seitenaltar und machten das Glas auf und zerrieben, was in ein Kapslein war, und sagten zu den Bauern: Hier habts den heiligen Schnupftabak. Dann ist uns verboten worden, daß keine bei Zuchthausstrafe nach Minnichen (München) gehen derfe. Sobald einer von uns nach Minnichen gereist ist, so ist er erdappt worden, und ist er nach Hause geliefert worden, wie es schon einigen geschehen ist . . .“

„Mein lieber Schori“, sagte der Bauer, so steht's hiaz grad. Wann a wenig Ruah sein wird im Land, aft roasn ma wieder nach Minnichen, und wanns uns einsperren. Mir lassn unsern Herrgott net im Stich und schon gar net die heilige Gottesmutter.“

„I hülf dir, Bauer“, antwortete Joly, „kannst di darauf verlassn, i red viel mit dö Leut, da werd no allerhand zsammkemma, wanns amal ganz ernst werdn sollt mitn Abreißn! Und hiaz dank i dir, daß d’ mi hast einaschaugn lassn in dei Chronik.“

In diesem Hause konnte Joly eine ungestörte Nacht verbringen; daß es hier nicht die letzte war, werden wir bald erfahren.

Indessen zog Napoleons Riesenheer die Donau abwärts bis vor die Tore Wiens; am 13. Mai schon mußte sich die Stadt ergeben. Auch Salzburg war indessen wieder französisch besetzt, nur in Tirol wurde noch erbittert gekämpft, aber Andreas Hofer konnte die Eindringlinge am Berg Isel entscheidend schlagen. Nun kam es in Aspern bei Wien zur großen offenen Feldschlacht vom 30. Mai, die zwar mit dem Sieg der Österreicher endete, aber trotzdem auf beiden Seiten schwerste Verluste einbrachte. Immerhin wurde Napoleon der Ruf der Unbesiegbarkeit entrissen. Kurz nur war die Pause zu einer neuen, noch größeren Schlacht, abermals an der Donau. Um Wagram tobten die Kämpfe hin und her, endlich war ein Waffenstillstand am 14. Oktober in Sicht. Der sogenannte Friede von Schönbrunn brachte Österreich, das sich den maßlosen Forderungen Napoleons beugen mußte, eine tiefe Demütigung. In Tirol tobten die Kämpfe noch weiter.

Jetzt hatte Napoleon die Höhe seiner Macht erreicht, aber nicht genug damit, entzog er jetzt dem Papst seinen Kirchenstaat und ließ den Heiligen Vater unter fürchterlichen Umständen als seinen Gefangenen nach Frankreich bringen.

Als sie das erfuhren, beteten die Leute von Altötting unablässig um Gnade und Frieden. Weitum im Lande waren es vor allem die Bauern, die in Zorn gerieten; sie hatten nicht nur drückende Abgaben zu leisten, bei vielen war alles Hab und Gut zuschanden gekommen, vor allem aber fehlten die Söhne, die nun schon lange genug in der militärischen Zwangsjacke steckten, wobei keiner wußte, ob sie die Heimat jemals wiedersehen würden. Denn schon hieß es, nach den großen Siegen würde Napoleon nun nach Rußland greifen, das ihm als letzte Großmacht des Festlandes noch immer widerstand. Da mochte dann ein braver katholischer Bauernsohn aus Halsbach oder Tyrlaching zusehen, wie er wieder heimkam, falls er je überlebte! Wie aber hatte Napoleon mit klaren Worten gesprochen, als man ihm die Schuld an den ungezählten Toten Europas vorwarf: „Ich habe Blut vergossen, ich mußte es, ich werde vielleicht noch mehr vergießen, ganz einfach, weil der Aderlaß zu den Mitteln der politischen Medizin gehört!"

Wenden wir uns indessen wieder unserem Freunde zu, der sich in diesen Zeiten recht und schlecht auf den verarmten Bauernhöfen durchbrachte! Was sein Dichten und Singen betraf, so war Joly indessen keineswegs untätig. Zwar wußte er wie alle anderen im Land, wie ohnmächtig jetzt der einzelne war bei solch unheimlichem Geschehen. Wenn schon die Kirche hilflos war, wie dann ein einzelner frommer Mensch! Die Schuld, die ein einziger Mann hier auf sich nahm, konnte nicht mehr mit überkommenen Vorstellungen begriffen werden. „Dieser Mensch wird sich vor seinem ewigen Richter zu verantworten haben wie wir alle", war genug, was Joly dazu vorzubringen hatte.

Als ginge sie das große Morden nicht das geringste an, ereiferten sich währenddessen die Herren in den Amtsstuben zu Burghausen und Salzburg, das mittlerweile zu Bayern gehörte, so rasch wie möglich den schon einmal versuchten Abbruch der Kirche von Marienberg zum Abschluß zu bringen. Man schreibt den 31. Oktober 1811. Da erfährt Joly durch seinen Bauernchronisten das Folgende:

Auf langen Umwegen hätten etliche Marienberger Frauenspersonen, die nach „Minnichen" gereist sind, den Advokaten des Kronprinzen Ludwig dazu bewegen können, daß er eine

Bittschrift zur Erhaltung der Kirche anfertigt und dann bei geeigneter Gelegenheit höheren Ortes vorlegt. Es war nämlich anderen Advokaten im ganzen Lande bei Verlust des Dienstes verboten gewesen, wegen dieser Kirche die Feder anzusetzen. Dem Advokaten des Kronprinzen allerdings hätte man das nicht verbieten können. Ehe nun diese Bittschrift ihren umständlichen Weiterweg antreten konnte, seien bereits fünfzehn Bauern aus Marienberg gefänglich eingezogen worden. Und Joly las die neuesten Eintragungen:

„Also sind die 15 Mann bald 2 Tage, bald 5 Tage in Arrest genommen worden und zum Unterschreiben gezwungen worden. Sie verweigerten allemal die Unterschrift und beim K. Landgericht wurde allemal vorgegeben, ‚heute erscheinen die Isorigenden von Marienberg gegen Raitenhaslach' . . . Den 26. September 1811 sind die 15 Mann wegen der Kirche in das Zuchthaus nach Salzburg geliefert worden, aber geteilt, den 26. September 5 auf 6 Wochen, den 10. Oktober wieder 5 Mann auf 14 Tage. Von diesen hat sich einer unterschrieben, die 14 anderen blieben beständig . . . Im Zuchthaus wurden diese Männer auf schärfsten Zwang gehalten: 4 Täg die richtige Kost erhalten, die übrige Zeit alle andern Tag bei Wasser und Brod. Ist ihnen von Haus etwas geschickt worden, voraus an den Wasser und Brodtagen. Und für die Kost haben sie bezahlen müssen 15 Gulden."

Als er das las, schwieg Joly betroffen. Er mußte an seine Kindertage denken in dieser Stadt, über die dann so viel Unglück hereingebrochen ist, die aber jetzt solche Richter frei gewähren ließ – alles einer Kirche halber, die ein tyrannischer Landrichter aus der Welt schaffen wollte. Warum? Die Frage ging nicht auf. Nachdenken hatte in diesen Zeiten überhaupt nur noch wenig Sinn. Mochte der einzelne mit sich zurechtkommen, das war für ihn wohl der einzige Ausweg. Aber warum hielten die Bauern so zäh fest an ihrem Marienberg? Sicherlich nicht aus Trotz den aufsässigen Obrigkeiten gegenüber. Marienberg war ihr innerer Besitz, ihre heilige Stätte, mit ihr sind sie aufgewachsen, in ihr haben sie gebetet, gebeichtet, geheiratet, hier wurden sie getauft und beerdigt. Und das war entweiht worden, viehisch und gemein. Dagegen wehrten sie sich. Joly aber nahm sich vor, ihnen zu helfen, mit seinen Mitteln, denn zunehmend vertraute er auf die Kraft seiner Rede.

Was aber konnte er schon wirklich ausrichten? Sollte die dem Kronprinzen vorgelegte Bittschrift Erfolg haben, so würde er zwar beim Wiedereinrichten der Kirche zu Marienberg mitarbeiten nach allen Kräften, sicher würde er auch ein neues Lied schreiben, das sie dann alle singen zu Ehren der wieder in ihre Rechte gesetzten großen Himmelsfrau. Aber das war freilich das Allergeringste.

Indessen sahen alle die immer düster werdenden Wolken am politischen Horizont. Der wahnsinnige Korse sammelte ein Riesenheer, das wohl schon eine halbe Million Soldaten betrug.

Im Frühsommer des Jahres 1812 kamen dann die ersten verläßlichen Nachrichten: „Auf ins Zarenreich!" So hieß die Parole, und sie ging wie ein lähmender Schrecken durch alle Länder.

Die zerstrittenen Jahreszeiten

Just in diesen Tagen entwarf Joly ein Kinderstück, eine Art von Lehrstück, in welchem er zeigen wollte, wie es gehen kann, wenn einer den anderen nicht mehr versteht. Freilich wurde schon bald ein echtes Volksstück daraus, je länger Joly daran schrieb, ein Spiel von den vier aus der Ordnung geratenen Jahreszeiten, die einander nicht mehr ertragen können, sich gegenseitig herausfordern und zuletzt verprügeln, bis kaum eine der vier mehr stehen und gehen kann. Was aber dann? Wehklagen und Zetern half jetzt nichts mehr. Da mußte nun Gottvater selbst eingreifen. Und Joly tat das, als ginge es zu wie im Märchen. Er ließ einen alten, würdigen Bauern auftreten, der sogar viel zu singen bekam; und dieser „Bauer" hat dann mit jedem einzelnen der so arg geschundenen „Helden" zu spielen und zu singen, bis endlich alle vier nach langem Sträuben und mehrmaligem Aufbegehren sich zur Versöhnung und sogar zum Absingen eines Schlußliedes bereitfinden. Was aber wäre das Spiel ohne den Hanswurst, den Bajazzo, was natürlich den Hansl z' Roitham begeisterte: „Wann die Zeiten auch hundselendig sand, unterkriagn lassen därf ma uns net!" Gott sei dank hatte der Krieg den Hansl bis jetzt verschont. „Wann der Hansl und der Scholi nimmer singen, so san ma am Hund, und die Welt geht z'grund", redeten die Leute.

Joly machte den Hansl zum Spielansager, der gleich zu Anfang seinen scharfen Pfeffer zu verstreuen hat, bis er dem eitlen und arroganten Herrn Frühling, diesem Gecken, in den Weg läuft und dessen Diener wird. Schon aber gerät dieser mit den anderen drei Herren in einen heftigen Disput, ganz besonders mit dem Winter, diesem ekelhaft altmodischen Greis, dem Vertreter längst überholter Zeiten, der nach Schnupftabak stinkt und schier unausstehlich ist. Bei ausbrechendem Zweikampf gelingt es dem Bajazzo, sich gerade noch in Sicherheit zu bringen; später sucht er dann seinen gnädigen, indessen heillos verprügelten Herrn „mit Licht und Latern". Joly läßt ihn da in Abwandlung eines beliebten Spruches das Folgende sagen:

Ja Bua! Ja Bua! So geht's in der Welt.
Der Oan hat 'n Beutl,
und i han koan Herrn und koan Kreuzer Geld!

Dann aber sinniert er angesichts seines verprügelten Herren:

Wer si unter d' Kleibn mischt, den fressen d' Sau.
Du bist mein Herrn sei Geist oder gar der Wauwau.

Hochmut kommt vor dem Fall; jetzt ist der feine Herr zum Knecht geworden. Nun aber tritt der „Bauer" auf. Joly läßt ihn ein stilles Lied singen, das den Leuten gleich zu Herzen geht:

Wie froh ist nicht der arbeitsame Mann,
wann sich die Sonne neigt, die dunkle Nacht bricht an!
So wie der Abendstern ihm winkt zur sanften Ruh,
so führt der Tod auch mich dem stillen Grabe zu.

Ein Böser mag, o Tod, vor deiner Klinge zittern,
weil Ungerechtigkeiten die Seele ihm verbittern.
Ich aber nenne dich, o Tod,
beim Wasserkrug und schwarzen Brot
das edelste Geschenk von Gott.

Die Todesstund ist mir verborgen,
dafür laß ich den Schöpfer sorgen.
Ich folge seiner Hirtenstimm;
er starb für mich, ich sterb für ihn.
Und wann ich dich, o Tod, vor Augen sehe,
so sei mein letztes Wort:
O Gott, dein Will geschehe!

Nun erscheinen, Szene für Szene, der Frühling, Sommer und Herbst; immer muß der „Bauer" sich von neuem das zornige oder mißtrauische Geschwätz der miteinander Verfeindeten anhören, jedesmal wird es ihm aber gelingen, die Raufbolde mehr und mehr miteinander zu versöhnen.

Als die Aufführung zu Ende war, drückten viele Joly stumm die Hand. Schon bald wurden er und seine Spielschar um Wiederholungen in anderen Orten gebeten. Besonders eindrucksvoll gelang eine Aufführung in Palling und später eine in Waging. Die Handschrift Jolys ging von Hand zu Hand, man schrieb sich die Rollen ab, man vergaß aber auch zumeist, ihm etwas dafür zu geben. So ist es ja auch mit den Hirtenspielen gegangen und mit dem „Verlorenen Sohn". Oft hat Joly gar nicht mehr erfahren, wo etwas von seinen Stücken aufgeführt wurde. Zwar hieß es immer wieder, „das hat der Schori gmacht", aber auch das war nicht immer wahr. Manch ein Nachahmer prahlte mit seinem Text oder einer Melodie, die er erfunden haben wollte. Das einzige, was ihm blieb, war, immer wieder Neues zu schreiben und selbst oft genug auf Ähnliches zurückzugreifen, das er schon einmal irgendwann geschrieben hatte. Trotzdem aber wußte er immer neue Pointen einzufügen, die Klagen der alten Bauern immer wieder neu zu färben, witzige, oft auch ganz kauzige Gestalten mit immer neuen Namen zu ersinnen, bald für dieses, bald für jenes Dorf, oft auch für die Kinder, die Joly zunehmend in sein Herz geschlossen hatte.

Daß er unter solchen Umständen nie zu einem Besitztum kam, lag auf der Hand. Mehr und mehr wurde er durch die Milde der Mitmenschen erhalten; leider kam hinzu, daß sich sein Auge allmählich trübte und ein altes Bruststechen von neuem auftrat, das ihn ganz besonders daran hinderte, wie früher so frei und ausschwingend zu singen. Dann hieß es, „der Schori hat a weng a schlechts Aug", oder gar, wenn er besonders traurig aussah:

Du kropfata Schori,
du Bedelstudent,
dei Gsanga zammdichten
nimmt a bald an End!

Das Evangelium Nazolion
und Jolys „Versoffene Schuld"

Indessen hatte sich die Weltlage ganz entscheidend verändert. Napoleons abenteuerlicher Rußlandzug war mit einem furchtbaren Gericht, das über den Herausforderer hereinbrach, geendet. 1813 erhob sich Preußen, aber die übrigen Fürsten Deutschlands wagten noch nicht, sich gegen den Welteroberer aufzulehnen, so mächtig war noch sein Einfluß auf ihre Gemüter. In seinem Frühjahrsfeldzug 1813 konnte er sogar noch Siege erringen, bis ihm der österreichische Staatskanzler Metternich das berühmte Ultimatum stellte, das der Übermütige aber ignorierte. Da kam es endlich zur Völkerschlacht bei Leipzig, bei der nun auch die Bayern sich auf die Seite Österreichs schlugen. „Spat gnua!" hieß es an den Stammtischen der Innviertler Bauern, und im bayrischen Tirol kannte man sich überhaupt nicht mehr aus. Wozu hatte man sich gegenseitig jahrelang die Schädel eingeschlagen, wenn jetzt alles umsonst gewesen war? So herrschte also ein arges Durcheinander in den Bergländern; die Franzosen aber wurden aus ihren Stellungen hinausgeworfen, und freiheitsdurstige Einzelgänger brachten oft mehr Verwirrung als Befreiung ein, bis endlich auch Tirols Vereinigung mit Österreich vollzogen war.

Napoleon aber mußte nun endgültig abdanken. Den Kaisertitel durfte er behalten und sich auf der Insel Elba wie ein Souverän einrichten. Indessen kamen die Fürsten Europas mit ihren Diplomaten nach Wien, um das durcheinandergerüttelte Europa neu zu ordnen. Metternichs große Zeit begann.

Im Schatten solcher Ereignisse kehren wir nach Marienberg zurück. Dort waren, fernab aller Weltpolitik, die tüchtigen Bauern doch noch zu ihrem Recht gekommen, so sehr Graf Armansperg, Burghausens wackerer Landrichter, auch noch immer vom Ehrgeiz besessen war, seine vierzehn widerspenstigen Marienberger endlich zur Räson zu bringen. Es ist ihm nicht gelungen. Kronprinz Ludwig selber war es, der nun eingriff.

Schon hatte Joly davon erfahren, daß der Prinz persönlich aus München kommen würde, um sich selbst ein Bild von der Kirche zu machen, die der hartnäckige Burghausener Graf stets verächtlich als „baufällig" bezeichnet hatte. Vorher schon war Joly den Marienbergern zu Hilfe gekommen, um Kreuzwegbilder, Apostelleuchter und anderes heilige Gerät auf Umwegen wieder in die Kirche zu schaffen und auf den alten Glanz zu bringen. Den großen Augenblick, den Weg des Kronprinzen über die fünfzehn Stufen hinauf zum Heiligtum über der Salzach, aber möchte er selbst miterleben. Nicht Aug in Aug mit dem Prinzen wie mit Napoleon, wohl aber in respektvoller Entfernung von einem gütigen Herrscher, der offenbar sein Volk verstand.

Der Kronprinz kommt an einem der schönsten Herbsttage hierher, schon der Tiefblick zur Salzach und erst der Aufblick über die fünfzehn Stufen mit den Geheimnissen des Rosenkranzes begeistern ihn. Er betritt die Kirche und staunt, daß sie so schön ist. Dann betrachtet er sie genau, weiß aber, daß in respektvoller Entfernung hinter ihm der Herr Graf nervös auf und nieder stelzt. Der Kronprinz aber wendet sich jetzt hinauf zu der großen Kreuzkuppel, die gerade von der Sonne mit voller Kraft angestrahlt wird. Nach einer Weile, fast geblendet, wendet er sich, geht entschlossen auf den Grafen zu und tippt ihm „ans Hirnkastel" (so wird es erzählt). „Hier", sagt der Kronprinz, der spätere König Ludwig, „hier ist's baufällig!"

Damit war der Schrecken ausgestanden, Marienberg gerettet. Während man in Wien tagte und verhandelte, wurde in Marienberg die Kirche neu eingerichtet und kurz nach Neujahr 1815 wieder geweiht. Noch am selben Tag holten die Marienberger das Allerheiligste und das Gnadenbild Marias in ihre Kirche zurück. Joly war wieder dabei und hat eines seiner besten Lieder gesungen:

Wer sich selbst erhöht auf Erden
und will immer sein geehrt,
der wird bald erniedrigt werden,
wie uns Gottes Fürsicht lehrt.

Über andre sich erheben
zeugt von einem schwachen Geist,
aber nach der Demut leben,
das ist, was man Großmut heißt.

Ob die vierzehn Bauern – sie hat man einige Zeit auch die „vierzehn Nothelfer vom Strafhaus" genannt –, ob diese ihre Strafgelder zurückerstattet bekommen haben, ist nicht bekannt. Joly hat behauptet, daß alle Leute in dieser Gegend seit dem Vorfall viel frommer geworden sind.

In diesen Tagen, an denen Prozessionen und Dankgottes-
dienste die Kirchen und Kapellen des Landes mit Gebet und
Weihrauch erfüllten, saß Joly eines Abends inmitten einer bun-
ten Schar von Bürgern, Bauern, Händlern und soeben heimge-
kehrten Soldaten in einem Wirtshaus zu Waging. Es ging laut
zu. Joly sang und erzählte wie in früheren Jahren, aber es waren
nicht so sehr seine Kammerfenstergsangln, die man zu hören
begehrte, es waren vielmehr die immer wieder aufblitzenden
Anspielungen auf Napoleon und überhaupt auf die Mächtigen,
die Joly wie kein anderer zum besten geben konnte. Und so
stellte er sich auch heute wieder auf den Wirtshaustisch und de-
klamierte im Predigerton:

Das Evangelium Nazolion

„Des großen 1ten Kapitel 1ten Vers.
In der Zeit, da Frankreich mit Spanien verwickelt und mit
Österreich fertig war, da regnete es in Rußland viele Kalmuken
und Kosaken. Da die Schriftgelehrten und Pharisäer in Frankreich dieses sahen, eilten sie zu ihrem Meister und sprachen:
Herr hilf uns, sonst gehen wir alle zugrunde.
Nazolion stieg auf einen hohen Berg und setzte sich nieder
und streckte seinen rechten Fuß gegen Rußland, den Arsch
nach Spanien aus und sprach: Wahrlich, wahrlich, sage ich
euch, so alle, die meinen Willen nicht tun, Verfolgung leiden
müssen. Und das versammelte Volk drängte sich noch mehr
herzu, und er reckte sich weit und sprach: Ich heiße Nazolion
und bin der 2te Sohn Gottes auf Erden. Da sprachen, da sprachen die Schriftgelehrten in Spanien, Österreich und Rußland:
Ist er der zweite Sohne Gottes auf Erden, so muß er von Kalmuken und Kosaken gegeißelt, gekrönt und gekreuzigt werden.
Der Alexander will Krieg-Völker aussenden, um ihn zu suchen.
Da sprach er: So alle, die meinen Willen tun, sollen alle in mein
Reich eingehen. Da hoben sie Steine, auf ihn zu werfen; der
Kaiser Nazolion von Frankreich aber verbarg sich vor ihren
Augen, rettete sich mit genauer Not durch die Flucht aus sei-
nem Lande. –
Dies sind die Worte des Nazolionischen Evangeliums.
Amen."

Der Beifall war groß. Und weil die Stimmung schon einmal angeheizt war, so rief der Toni, ein Kleinbauer aus Lampoding: „Geh, Schori, sing uns die ‚Versoffene Schuld', der Wirt werd scho wissen warum!" Und zum Wirt gewandt setzte er fort: „Bring an Schori a grouß Bier auf mei Rechnung und a Bratl dazua. Und hiaz, Schori, fangst o!"

Joly, heute in guter Laune, ließ sich nicht lumpen; er setzte sich in Positur, räusperte sich gründlich und mimte den reuigen Trinker. Alsdann stimmte er sich hinein in den Lektionston und psalmodierte:

Ich armer Trinker widersage
den bösen Weibern, all ihren Eingebungen,
Rat und Tat.
Ich glaube an den Herrn Wirt,
die Frau Wirtin
und an die Jungfrau Kellnerin.
Ich glaube auch gänzlich,
was das allgemeine Wirtshaus in sich befiehlt zu glauben,
und in diesen allen versoffenen Glauben
bekenn ich:
daß ich oft und viel getrunken habe
aus Kandeln und Gläsern
und wiar solches alles geschehen ist
heimlich, öffentlich, wissentlich oder unwissentlich
wider die 10 Maß Bier
wider 7 Glas Kirschenwasser
welches mein Beutel streng lachsiert, traktiert, strapaziert.

Diese und alle meine versoffenen Schulden
sind mir von Herzen leid,
weil sie so sagarisch groß sind.
Derohalben bitte ich den mitleidvollen Wirt,
er möchte mir kreiden,
bis daß ich's bezahlen kann.
Derohalben klopfe ich an mein durschtiges Herz
und sprich mit dem versoffenen Bruder:
Ach, Herr Wirt,
sei uns gnädig!
Armer Trinker mit der doppelten Kreiden.
Amen.

Joly erzählt

Die Kriegszeiten sind endlich vorbei. Die Leute können aufatmen, aber die Not hat damit noch lange kein Ende. Noch immer kommen Vermißte und Verwundete in ihre Heimat, viele sind nicht mehr heimgekehrt, irgendwo sind sie verdorben im fernen Rußland.

Seit 1810 war der Rupertiwinkel von Salzburg abgetrennt, jetzt gehörte er seit dem 1. Mai 1816 endgültig zu Bayern; der Rest von Salzburg kommt zu Österreich. Für die meisten, besonders die Städter von Tittmoning und Laufen, ist das ein Unglück; wichtige Verkehrs- und Handelswege werden jäh getrennt, uralte Verbindungen zerschnitten.

Joly hat mit dieser Trennung zwar nur wenig zu tun; er hat indessen neue Freunde gefunden, in Salzburg hat man die Jolys schon längst vergessen. In diesem Rupertiwinkel will er bleiben, hier kennt man ihn, hier darf er singen und dichten. Gute Leute werden dafür sorgen, daß er nicht gerade Not leidet. Zwar macht ihm das Bruststechen zu schaffen, wenn er allzu lang redet und singt, auch läßt die Sehkraft nach; aber er kann es nicht lassen, zu schreiben, und die Leute wollen ihn immer wieder erzählen hören, je länger, je lieber – und er hat allerhand zu erzählen. Immer ist ein wahrer Kern dabei, das andere erfindet er stets von neuem, und nie ist eine Geschichte der anderen gleich.

Nach wie vor will man etwas über Begebenheiten erfahren, die man schon lange vom Hörensagen kennt. Und so landet Joly abwechselnd bei seiner Begegnung mit Napoleon oder seinen schier unerschöpflichen Abenteuern in Tirol und im Oberpinzgau. Natürlich ist auch die Salzburger Hexengeschichte mit der Ofengabel immer einmal wieder dabei.

Die Bäurin steckt dem Joly eine fette Straubn zu und sagt: „Mei Scholi, du bist zaundürr – du bist wohl nia gwen bei an so an reichn Bauern? Du magst was vertragn!" Und nach einer Pause meint der alte Bachtl, der droben hockt auf der Ofenbank: „Geh, verzähl no was, mir losn dir gern zua – wie du ko koaner verzähln –"

Draußen rumpelt der Herbststurm an den Hausbalken. Das Licht flackert in der Stubenecke.

„Ja, i wissat a Gschicht von einer armen Seel, hab s' ghört

drin in Bramberg, da habn s' ma's verzählt, kunnt auch hier ge-
schehn sein irgendwo im Land."

„Verzähls, Scholi! Verzähls!" heißt es rundum.

„Aber das is koa schöne Gschicht, ma kunnt moana, i hätt's
tramt, aber's sollt wahr sein, habn s' ma gsagt drunt in Bramberg. „Ja, da war a Bauernhof", beginnt Joly, „weit drobn am
Sonnberg, und der Knecht in dem Hof, der war a weng törrisch,
besessen von der Arbeit, a Feierabendschinder, wie man da
drinnen sagt. Bis lang in die Nacht, immer zur Unzeit, da hat
man ihn dreschen hören, besonders am Samstagabend, grad
dann, wenn die Leut schlafen wollen. Teufl, sagt sich der Bauer,
der Mensch gibt koa Ruah, aber er is dem Knecht nit Herr
wordn, und auch der Herr Vikar drunten im Dorf hat nix ausrichten mögen. Jede Nacht fangt der Knecht z' arbeiten an, die
Leut haben sich schon gefürchtet vor ihm, weil er so finster
dreingschaut hat, und grad am Dreikönigstag, wie's wieder so
war, da ist er plötzlich verstorben. Aber nach seinem Tod, da
hat der Knecht auch noch keine Ruh gefunden. Schon nach einiger Zeit, da fangt's wieder an, da rumpelt's auf der Tenn, und
die Dreschflegel schlagen im Takt auf den Boden, ‚tatangg und
garangg' und ‚tatangg und garangg'– und immer das gleiche
‚tatangg und garangg', das haben die Leut schon gar nimmer
aushalten mögen, aber sie haben sich gefürchtet und sind ganz
stad wordn. Dem Herrn Vikar haben sie's gesagt, aber der hat a
net gwußt, was ma toan sollt. ‚Ist halt a arme Seel, und koaner
weiß, was er gelitten hat in sein Lebn.' Und wieder war's Samstagabend, ein ganz ruhiger, schöner Abend, so recht zum Ro-
senkranzbeten. Und schon fangt das Dreschen wieder an, schön
gleichmäßig ‚tatangg und garangg' und ‚tatangg und . . .', und
immer unheimlicher im Takt. Da aber steht 's kleine Dirndl auf
und sagt: ‚Was is denn da wieder los? I geh nauf auf die Tenn –
nachschaugn! Na, dös tuast nöt!' – die Bäuerin hat Angst.
Der Bauer: ‚Dableibst!' – ‚Na!' sagt 's Dirndl, ‚i muaß aussa
schaugn, was is', und schon schlupft s' aussa, geradewegs hinters
Haus, hinauf zur Tenn. Und da rumpelt's und drischt's recht
grausig, und da steht schon im weißen Gewand der Knecht, und
er hört a weng auf mit 'n Dreschen. 's Dirnei sagt: ‚Drescher,
hiaz hörscht amal auf, es is ja schon dumpa!' Im selben Augenblick geht der Knecht im weißen Gewand ganz dicht vors
Dirndl und sagt: ‚Dirnei, du erlaubst ma's, daß i mag aufhörn

z' dreschn?' Und ganz ohne Furcht sagt das Dirndl recht laut: ,Ja.' Und schon verschwindet der Geist, und seit der Stunde ist Frieden im Haus. Die arme Seel hat Ruh."

Die Guggerbäuerin holt tief Atem und sagt: „Mei Scholi, du machst mir bang, di weist aa der Toifi überall hin! Von an solchen Knecht ham s' früher auch verzählt in Lampoding. Der hat a die halbate Nacht umanandagwerkt und randaliert. Alle hamt si gforchtn vor eahm. Zletzt, wiara gstorbn is, ham s' eahm an schönen Leichladn aufgmacht drunt an See. Aber i hab mi nia hintraut ans Wasser, i han zittert an ganzn Leib. I tat koan Fisch essen, der da umanandschwimmt an dera Stell . . ."

„Muaßt net zittern, Bäuerin, i hab viele Leichladn gsehgn in Lebn, aber von dö Leichn wolln ma nix mehr redn. Toats was singn, Leit, die Bäuerin frierts!"

Joly denkt an den Boandlkramer

Heute kann Joly in einem alten Austraghaus am See schlafen. Nicht gerade bequem, aber ungestört und doch in einer Kammer. Es ist schon bald Mitternacht, im breiten Geäst des alten Nußbaumes, der nahe dem Wasser steht, glaubt er schlafende Vögel zu erkennen, und er redet mit ihnen. „Bist du das, Helene? Oder du, Vroni, oder du, Maria? Ihr schläft hier, aber ich kann euch nicht zurückzaubern in eure Menschengestalt. Kommt wenigstens und besucht mich im Traum!"

Die Vögel schweigen, und Joly steigt hinauf in die Kammer des Hauses, und er weiß, daß es da nie einen Platz geben würde für zwei. Aber die Sehnsucht bleibt . . .

Beim Einschlafen überfallen ihn die Erinnerungen an jene heute abend heraufbeschworenen Zeiten mit bestürzender Deutlichkeit. Es kommt ihm vor, als erlebte er diese Pinzgauer Tage zum zweiten Male, in denen er, unstet von Dorf zu Dorf irrend, Zuflucht nahm zu den abgelegensten Orten.

Er sieht sich in einer Schenke unweit des Zeller Sees sitzen, die Kellnerin bringt ihm ein Glas Most. Ein paar Holzarbeiter singen das Lied vom „Sensenwötzer", das ihm gleich ins Gehör geht. Aber dann hört er die Leute reden, daß ein arg gescheiter Herr aus Salzburg, ein gewisser Lorenz Hübner, dagewesen sei, um „allerhand aus dem Volksmund" aufzuzeichnen; da hätten sie diesem gespreizten Herrn das Lied vorgesungen, er aber habe geschwiegen. Später erst sei es aufgekommen, daß er sich sehr schlecht über dieses und andere Pinzgauer Lieder ausgelassen habe; in seiner „Beschreibung des Erzstiftes Salzburg" soll etwas über die „abgeschmackten, unsinnigen" Lieder des Pinzgaus zu lesen sein, das Lied vom „Sensenwötzer" (den sie in Bayern den „Boandlkramer" nennen) habe er als ein ganz erbärmliches Lied vom Tod bezeichnet.

Joly hatte dem Disput aufmerksam zugehört, sich aber nicht eingemischt. Er wußte freilich, wer dieser „Aufklärer" Hübner war, ein angesehener Mann, den der Erzbischof aus München nach Salzburg geholt hatte, damit etwas mehr Licht in Salzburgs Druckerschwärze käme. Daß dieses Licht bald selbst von Ruß und Rauch verdunkelt würde, hatte er nicht überlegt. Joly bat die Sängerrunde, daß sie ihm das Lied noch einmal singen sollte, dann könnte er sich's besser merken. Und weil niemand Einspruch tat, sangen sie das Lied noch einmal, belobt von Joly, der dann seinerseits eines seiner zügigsten Lieder zum besten gab.

Das seltsame Totenlied war Joly lange nicht aus dem Kopf gegangen; was ihm von dem Gesang der Holzknechte entfallen war, ergänzte er auf seine Weise; manches Grobe und Unflätige fiel dadurch fort, und so wurde es nach und nach sein eigenes Lied, das er immer wieder singen mußte, wenn's gerade an der Zeit war:

Oft oana is reich und hat Geld,
hat decht no nix Guats auf dera Welt,
nix wia Kummer und Sorgen und Denkn,
wie 's steht mit sein Haus und sein Feld.
Der Arme, der, wann er hat z' essn,
so tuat er auf Gott net vergeßn.
Was nutzt denn dem Reichen sein Geld,
wann si der Boandlkramer omeldt?
    Ja da macht eahm der Tischler a Trüacherl,
    mit dem muaß er fort aus der Welt.

Hier sangen sie gern alle mit: „Ja da macht eahm der Tischler a Trüacherl . . ."

Wann der reiche Mann stirbt und fahrt o,
der Doktor und Schreiber sand do;

und da hoaßt's halt glei alles verpetschieren,
sein Geld und sein Sach, was er hat.
Der Mesner, der fangt groß an z' läutn,
die Erben, die fangen an z' streitn:
Wo is denn an Vatern sein Geld,
das er erworben hat auf der Welt?
    Ja da macht eahm der Tischler a Trüacherl,
    mit dem muaß er fort aus der Welt.

Wann er kommt in die andere Welt,
da braucht er koa Haus und koa Feld,
und an Beutl, den muaß er hintlassn,
und wann er glei voll war mit Geld.
Da muaß er erforschen sei Gwissn,
wia oft er den Nächsten hat bschißn.
Da werd halt Sankt Michael sagn:
Geh, pack di, du neidiger Kragn!
    Und er werd eahm den Sabel glei wetzn
    und werd eahm sein Geizhals abschlagn.

Wann der arme Mann stirbt und fahrt o,
da hoaßt's: „Übers Brettl rutsch o!"
Und da brauchen si d' Erben net streitn,
es hoaßt glei: Is ningerscht nix do!
Den Armen werd Gott glei aufnehma,
der Reiche werd hintnacha kemma.
Da werd halt Sankt Petrus schrein:
Mir laßn koan Reichen herein!
    Und was nutzt eahm vom Tischler dös Trüacherl,
    sie lassn koan Reichen herein.

Joly hatte das Lied schon lange nicht mehr gesungen; jetzt, da er nicht einschlafen konnte, weitete sich die Erinnerung an diese Pinzgauer Zeit in schier unheimlicher Weise aus: Er sah sich wieder in jenem elenden Heuschober unweit Maishofen, wo er, kaum entflohen einer Schlägerei, in erbärmlichen Verhältnissen eine kalte Nacht verbringen mußte. Ein Haus zu betreten schien ihm damals zu unsicher. Er, der Heruntergekommene, konnte allzu leicht als Strafverdächtiger gefänglich eingezogen werden, seine alten Salzburger Ausweispapiere hatten längst keine Gültigkeit mehr. Hier aber, abseits der Heeresstraße, wo der Feldweg einbiegt gegen Gerling, konnte man ihn kaum vermuten. Die Straße, auf der das Kriegsvolk zog, lag jenseits eines Waldrückens, hier war alles still und friedlich. Joly erinnerte sich: Im letzten Licht des Tages, gerade noch erkennbar, sah er an der Seitenwand des Schobers eine Reihe von Leichladen; sie waren an dem Heuschober angenagelt worden vor langer Zeit. Er wußte, daß man hierzulande die Leichen nicht in Särge legte, sondern sie, in Tüchern gewickelt, mit Schnüren auf einen solchen „Laden" band. Beim Herablassen ins Grab werden dann die Schnüre losgebunden, so daß die Leiche mit den Füßen voraus auf dem Laden herunterrutschen kann. Die alte Moid hatte es ihm einmal genau so erzählt: „Woaßt, Scholi, oamal müaß ma alle brettelrutschen" – wie es auch im Lied vom Boandlkramer heißt –, aber diese Talfahrt mochte er sich nicht gerne ausmalen, ein solch rasantes In-die-Erd-Fahren wie in einem Zaubertheater! Umgekehrt wußte er, daß die Erler bei ihrem Osterspiel Unseren Herrn und Heiland mit einem Getöse ohnegleichen aus der Erde fahren lassen, stracks empor ins grelle Licht mit Trompetenschall und Böllerschießen! Das hat freilich der Erzbischof Colloredo indessen gründlich verboten! Nichts mehr mit der Schießerei! Nichts mehr mit dem Auferstehungszauber, nichts da mit dem Herumtragen von heiligen Personen! Und er sah den Erzbischof im Traum, wie er Heiligenfiguren wegschleppt aus der Kirche, eigenhändig, grimmigen Blickes, nicht ohne ein Triumphlächeln in den Augenwinkeln . . .

Hier standen sie also, die vergilbten Bretter, die, nachdem die Leiche endlich in der Erde lag, emporgezogen und nach Hause getragen worden sind. Irgendwer hatte sie dann hier aufgenagelt auf diese Scheune, und es mag manche fromme Seele gegeben haben, die hier zu verschwiegener Stunde gebetet oder geweint hat um ihren Ferdinand oder Schorsch. Einmal hatte man ihn, den Joly, sogar um Mithilfe gebeten, da mußte er auf das Brett Namen und Sterbedatum des Verstorbenen aufmalen, und weil es gar fromme Leute waren, haben sie ihn um ein inniges Verslein gebeten, in besonderer Zierschrift und mit einer schönen Einrahmung. Das hatte ihm einen halben Gulden eingebracht. Für die armen Leute hat er es mehrmals umsonst gemacht, denn er dachte sich: Wann i amal stirb, macht mir oana aramal a Joly-Kreuzl, das bitt i mir schon aus!

Angefüllt mit solchen Gedanken, fiel er mehr und mehr in einen leichten, noch immer von Bildern der Vergangenheit durchzogenen Schlaf. Immer noch nicht wußte er, ob er träumte, als er die Wellen des Waginger Sees immer deutlicher rauschen hörte, die ein über Nacht aufgekommener Südwind zum Ufer von Lampoding hertrieb. Plötzlich fuhr er auf: Wachte oder träumte er? Er sah, wie eine Hand an den Dachbalken rührte und mit zitteriger Schrift Worte schrieb, immer dichter und genauer. Zwischendurch verschwand sie, wurde dann aber wieder deutlicher. Allmählich erkannte er Worte, die er vielleicht selber schon einmal geschrieben oder gesungen hatte, seltsame Worte aus lang vergessenen Entwürfen.

Mit aufgerissenen Augen starrte Joly auf die dunklen Balken; die Hand war verschwunden. Es muß eine Frauenhand gewesen sein, dessen war er sich sicher. Aber nichts regte sich mehr.

Beunruhigt stand Joly auf und kritzelte auf ein liegengebliebenes Umschlagpapier die Sätze:

Gschuha! Gschuhum!
Schaug di nimmar um!
Denk an meine Wort!
I geh dawei schön stad fort!

Worte eines Engels oder eines Teufels? Auf jeden Fall von einem, der darauf wartete, daß Joly Neues schrieb, ein Bote aus der anderen Welt, die Joly immer unsichtbar umgab in guten wie in bösen Tagen . . .

Eine Nachricht aus Erl

Joly hatte in Elsenloh unweit Tittmoning indessen einen festen Platz gefunden, wo man ihn gerne behielt, so daß er nicht in Angst leben mußte, eines Morgens als Fahrender wieder weiterziehen zu müssen. Hier konnte er sogar damit anfangen, endlich seine überall verstreuten Texte zu sammeln, denn schon längst wußte er nicht mehr, wo all seine beschriebenen Papiere hingeraten waren im Laufe der Jahre.

Der Hof lag am Hochufer der Salzach, und man sah hinüber nach dem Dorfe Kay, in welchem es vor Jahrzehnten schon einen Joly gegeben hatte. Der jetzige Pfarrherr, Johann Michael Bichler, ein alter Tiroler aus Fügen im Zillertal, war unserem Ferdinand wohlgesinnt. Wenn einer von den Jolys kommt, und sei er wer immer, so konnte das nur aus einem guten Stamm herrühren. In seiner Dorfeinsamkeit sah es der alte Herr gern, daß hier in unmittelbarer Nähe einer war, der ihm in manchen Dingen helfen konnte, schließlich hatte Joly ja Latein gelernt und wußte immer noch eine Menge über kirchliche Sachen. So entstand sehr bald ein herzliches Verhältnis der beiden einschichtigen Männer, die rund zwanzig Lebensjahre voneinander trennten.

Eines Tages war eine Nachricht da aus Tirol. Sie kam an Pfarrer Bichler, direkt über einen geistlichen Herrn aus seiner Heimat. In Erl hate man ja schon früh von Jolys erfolgreichen Spielen gewußt. Jakob Mühlbacher, der neue Erler Spielführer, hätte Joly gern selber kennengelernt, und so lud er ihn ein nach Erl. Ob er auf Kosten der Erler Passionsspieler käme, wenn sie ihm die Postreise zahlten? Natürlich auch die Wegzehrung und den Aufenthalt von ein paar Tagen. Vor allem sollte die Passion (im Brief stand zu lesen „der Passion") wieder gespielt werden. Acht Jahre war es nun her, daß man „ihn" ganz bescheiden noch einmal versucht hatte, vor wenige Leuten, fast heimlich.

Joly überlegte nicht lang. Pfarrer Bichler meinte: „Aber bleib Er nicht zu lang aus, mein Sohn! Zu Pfingsten brauch ma dich zur Wallfahrt nach Altötting, da mußt du zruck sein!"

Und so fuhr Joly ausgeruht und zugleich neugierig über die lustigen Hügel, Dörfer und Städtchen schön langsam mit dem Postwagen bis nach Tirol, hinein nach Erl. Pfarrer Bichler hatte ihm aus Tittmoning endlich ordnungsgemäße Ausweispapiere verschafft, weiß Gott, wie ihm das gelungen war! Joly hatte ihn nicht weiter gefragt, dankbar dachte er jetzt an den rührenden Herrn Hochwürden in Kay, während ihn die Zollwächter an der ungemütlich engen Grenzstelle dicht vor Erl genau ins Visier nahmen und ihn dann ohne langen Disput ziehen ließen. Seinen schwarzen, immer etwas zu großen Rock hatte die Moid in Elsenloh noch aufgebügelt. Die gar engen Beinkleider waren im Laufe der Zeit zu Röhren geworden, graue, unansehnliche Röhren, mit denen der Wind gerne seine Späße trieb. Da saß Joly nun in der Wirtsstube zur Post in Erl. Wie lange war es her, daß er hier die Burgl kennengelernt hatte? Jetzt tranken andere

Menschen hier ihr Glas Bier, aber er glaubte doch den oder jenen zu erkennen. Arges war geschehen seither. Das Ärgste waren die Plünderungen gewesen, dazu die Brände und Verwüstungen von 1809. Sechs Jahre waren seither vergangen, und immer noch sah man überall die Spuren der Zerstörung! Bayern und Franzosen hatten sich den Raub geteilt. So war Erl zum Schauplatz großer Grausamkeiten geworden. 1809 ist auch das Bräuhaus abgebrannt.

Joly kam mit den Leuten ins Gespräch. Ob der Rüep noch da wäre? Der von droben, vom Erlerberg? Nein, der sei nicht mehr da. Die Franzosen hätten ihn niedergeschossen, weil er sich so ungestüm widersetzt hatte. Er soll einen Major umgelegt haben, hieß es. Überhaupt seien ekelhafte Sachen passiert. Über die Burgl erfuhr Joly nichts.

In die Wirtsstube tritt jetzt Jakob Mühlbacher, ein ernster, junger Mann, der zielbewußt wirkt. Er ist der neue Spielführer und auch Dichter der neuen Passion. Er freut sich, den schon fast legendären Joly in Erl zu sehen. Rasch kommen die beiden ins Gespräch. Mühlbacher, der kaum dreiundzwanzig Jahre zählt, könnte der Sohn von Ferdinand Joly sein. Dieser dicht an seinem Fünfziger, aber dürr und drahtig, hört zu, was ihm der junge Mann eifrig ins Ohr sagt:

„In wenigen Wochen, zur Osterzeit, soll es soweit sein: Vor zwei Jahren", sagt er halblaut, „haben wir, der Rainer, der Osterauer und ich ‚den alten Passion' wieder aufführen wollen, wir haben in Nußdorf und Aschau schon die Garderobe gekauft und neue Requisiten angeschafft, aber dann ist die bayrische Rekrutierung ausgebrochen, weil wir ja jetzt plötzlich bei Bayern gewest sind, aber ich und der Osterauer, wir sind geflüchtet, hinüber ins Österreichische. Mit dem Spiel ist's aus gwen. Aber Gott sei Dank ist Tirol wieder zu Österreich gekommen, und so sind wir nach Hause gereist und haben jetzt den Ehrgeiz, daß wir den Passion bald wieder spielen können."

Der Mühlbacher machte eine Pause. Dann fuhr er fort:

„Weil die Kostüme von Nußdorf vernichtet sind, müssen wir sie jetzt von St. Johann holen, du kennst doch noch den Gschwendtner Josef von Ebbs, sein Vater ist der Michael, der macht jetzt für uns den Spieltext, und er besorgt auch die Ausstattung. Magst nit bei uns bleiben, Scholi, in der Näh vielleicht . . .?"

Als Joly schweigt, fährt er fort:

„Freilich, dich brauchen s' ja droben am Chiemsee und weiter bis Tittmoning, wie man hört. Sapperlot! Bist schon a rarer Hund!"

„Die Sprach hör ich gern", antwortet Joly, aber dann drängen plötzlich viele Menschen in die Stube, es wird voll und eng, im Nu erhitzt sich das Gespräch über die Zeitläufte, über die Willkürherrschaft der Großen und Kleinen, über Fürsten, abgesetzte Prälaten, korrupte Amtsherren und das ganze Elend, das Napoleon angerichtet hat. Aber die Fürsten sind immer noch am Ruder. Und der Papst ist wieder in Rom.

Da mischt sich Joly in das Gespräch:

„Was redets ihr von den Fürsten und vom Papst! Freilich haben die Fürsten viel Elend ins Land gebracht, vor allem bei den Bauern, aber kein einziger von diesen Herrschaften ist deswegen zu beneiden! Das braucht's also gar nit, daß man so viel über die Fürsten redet. Sind die vielleicht glücklich geworden?"

„Hat euch das niemand erzählt", fährt Joly fort „was unser Erzbischof Wolf Dietrich vor Zeiten für ein grausiges Ende genommen hat? Und wer redet jetzt noch von dem Elend, wie sie den alten vorigen Papst herausgezerrt haben aus Rom? Ist noch nicht solang her mit dem ersten Greuel, da kommt schon zehn Jahre später der zweite, und jetzt ist unser Papst wieder in Rom nach elenden fünf Jahren, und jetzt winselt der Napoleon um Gnade! Derselbe Napoleon, den sie drüben in Burghausen angehimmelt haben als einen wahren Herrgott und Befreier! Vergeßlich und undankbar ist die Menschheit!"

Im Unterdachraum des Gasthauses zur Post wurde nun tatsächlich die Erler Passion gespielt, schlecht und recht wohl, nach den erlebten Schreckensjahren für viele aber eine Gelegenheit zur Besinnung. Joly, der das Spiel ansah, ärgerte sich im stillen über manchen elenden Reim, auch vermißte er gute Lieder. Wir wissen nicht, ob er mit den Erlern darüber gesprochen hat, ob er nun selber endlich an eine neue, eigene Passion gedacht hat. Wir vermuten eher, daß er das Passionsgeschehen lieber im alten Rahmen der Liturgie in der Kirche gesehen und mitvollzogen hätte. Ganz und gar verabscheute er die Szenen der Geißelung und Kreuzigung. Fast schien ihm, als hätten manche Spieler eine heimliche Freude an diesen Roheiten, die nichts einbrachten als eine neue Verwirrung der Gefühle. Im übrigen konnte dieses Spiel ohnehin nur noch einmal gezeigt werden, dann wurde es jetzt gänzlich verboten; die neu eingesetzte k. und k. Landesregierung sah sofort mit scheelen Augen der Erneuerung der alten Bauernspiele zu. Man wetterte, daß die „Begriffe des Volkes durch die elende und widerstreitende Darstellung der Eigenschaften Gottes verwirrt und der krasseste Anthropomorphismus herbeigeführt würde" – so gesprochen vom Pfarrherrn von Kössen, der das Spiel besucht hatte. Er rief nachdrücklich nach diesem Verbot.

Zurück nach Elsenloh

Joly war ohne rechte Freude abgereist und in seinen vertrauten Rupertiwinkel zurückgekehrt. Dort wußte er sich sicher in seinem Wirken. Was er dort schrieb, nahmen die Leute an, sie spielten seine Drischlegkomödien in jedem größeren Dorf, sangen weiterhin seine Lieder in den Kirchen, Kapellen, nicht weniger aber auch in den Bauernstuben oder im Wirtshaus. „Mein lieber Scholi, bleib da", hieß es landauf, landab.

Die Ereignisse der großen Welt jedoch kamen unserem Freund immer seltener ans Ohr. Wie schon in frühen Jahren las er nur selten eine Zeitung, auch mied er das laute Politisieren am Biertisch. Durch Pfarrer Bichler erfuhr er ohnehin das Wichtigste. So etwa, daß es nun eine europäische Allianz gab, in welcher fast alle Staaten Europas sich gegen Frankreich zusammengefunden hatten, daß vier riesige Armeen bereitstünden, um dem Kaiser Napoleon zu begegnen, nachdem dieser der Insel Elba entflohen war und im Begriffe stand, abermals ein immenses Heer aufzustellen. Es war, als hätten die Menschen jetzt schon vergessen, was für entsetzliche Greuel derselbe Kaiser noch vor wenigen Jahren über Europa gebracht hatte. „Wie vergeßlich sind doch die Menschen, sie lernen nichts aus der Geschichte, und immer fallen sie auf die gleichen hohlen Phrasen herein, die ihnen ein Wahnsinniger vorbetet!" So sprach der alte Herr, und er hatte recht.

Eines Tages, im Frühsommer des Jahres 1815, wird in wenigen, dennoch blutigen Schlachten das Schicksal des Wahnsinnigen entschieden: Napoleon muß endgültig abdanken und wird als Kriegsgefangener auf dem englischen Kriegsschiff „Northumberland" nach St. Helena im Atlantik gebracht.

„O mein Scholi!" sagt die alte Moid in Elsenloh, als sie die Nachricht vorliest, „hiaz ham s' eahn dawischt, den Napolium! Hast scho recht, das Fürschtenlebn taugt nix. Die oan werdn umbracht, die andern saufen und fressen sich z' Tod. Da is scho gscheida, ma bleibat arm und tuat sei Arbeit und hat zletzt an inneren Frieden! Hast es scho recht gmacht, Scholi, bist eahn net aufn Leim gangn, dene Großmachtigen, hast uns mehra Freud bracht mit deine Liadln und deine Gspül! Hast mehra zsammbracht als die allesamt mit eahna Soldaten und Kanonen! Die können nix wia zerstörn und umbringen, und die Armen müassn's büßn und wieder zsammrichtn."

Joly bekommt es gut, daß er in diesem Elsenloh bleiben kann. Das ewige Herumziehen hat seiner Gesundheit zugesetzt. Zwar lebt er bescheiden, er trinkt nicht über den Durst, raucht nicht, und er meidet das üppige Essen, das ihm zuweilen bei einer Taufe oder Hochzeit geboten wird. Eines nur fehlt ihm, und das können ihm auch die schönsten Vögel im Gezweig eines alten Nußbaumes nicht ersetzen. Er ertappt sich oft heimlich beim Spekulieren, wie er seine Helene doch einmal wiedersehen könnte. Dann stellt er sich vor, was sie jetzt gerade tut. Ob sie eine tüchtige Hausmutter geworden ist? Ob sie ihren Mann liebt? Wie viele Kinder sie hat? Sicher werden sie schon groß sein und wohl außer Haus. Mein Gott! Die Zeit ist dahingerast! Immer noch möchte er seine Helene umarmen, seine Buchbacher Helene, mit ihr durch das Sommerholz gehen, von der Süße kosten, die doch so flüchtig war wie der Tau auf einem Rosenblatt. Er denkt an einen Maitag, als er mit ihr durch ein Kornfeld ging, und es fällt ihm ein Vers ein, den er damals in sein kleines Büchl schrieb:

Geht der Wind über d' Halma
so fein stad und so lind
wie der Mutter Gottes ihr Haar
und wia 's Lächeln vom Kind.

Aber das ist lange her. Und noch länger vorbei die Stunden bei seiner Maridi in der Gstötten, bei der Burgl in Erl, vorbei auch das Singen mit der Barbara und mit der scheuen Agnes . . .

Aber dann war es Maria, in die sich Helene verwandelt hat,

Maria, die trostreiche Mutter, der er so oft begegnet in den Kapellen und Kirchen im Land. Und doch geht die Rechnung nicht auf. Warum muß er fremde Kinder um sich scharen, mit denen er spielt und singt? Warum erwartet ihn keine sorgende Hand, kein eigener Herd, kein Tisch, kein eigenes Bett? Ob er nicht doch alles falsch gemacht hat? Selbst der geistliche Herr lebt in einem respektablen Pfarrhof, und seine Moid umsorgt ihn Tag um Tag.

Oft weiß sich Joly nicht zu helfen. Dann schreibt er seine Gedanken auf einen Fetzen Papier, oft mitten in der Nacht, Satz über Satz, weil die Ideen in ihm nur so sprudeln.

In dieser Nacht hat er nur noch eine armselige heruntergebrannte Kerze, am hellichten Tag kann er dann seine Texte kaum selber lesen. „O mei", sagt die alte Moid, „o mei, Scholi, mit dir werd's allweil ärger, erst dischkurierst mit dir selm, aft rennst auf und nieder wiar a Zottlbär und hast koan Fetzn, daß dei Sach aufschreibst. Mei Scholi, was werd aus dir no wern? D' Augn hast dir a scho sauber verdorbn!"

Joly erschrickt. Er spürt, daß er alt wird, daß ihn manchmal sein Gedächtnis verläßt. Seine vielen Gedichte, Spiele, Lieder – wo sind sie? Auch merkt er, daß er beim Schreiben zu zittern beginnt, die Buchstaben werden unleserlich, er verwechselt wichtige Worte und vergißt die Namen, die Zeiten. Nur die Landschaft kennt er noch durch und durch – jedes kleine Dorf, jedes Gehöft im Umkreis, dort den Uferstreifen an der Salzach, da einen einsam stehenden großen Eichbaum, der ihm früher als Rastplatz an heißen Sommertagen gedient hat.

Plötzlich muß er an Salzburg denken. Wie fremd und unnahbar ist diese Stadt für ihn geworden! In den großen steinernen Häuserzeilen würde er heute frieren, er würde sich gar fürchten. Zwar würde ihn längst niemand mehr kennen, unbehelligt täte er vielleicht einen Blick hinein in den gewaltigen, ihm ganz und gar fremden, immer fremd gewesenen Dom . . .

Die riesige Kuppel! Welche Macht der Herren, die so etwas erbauen ließen! Welch kalte Pracht im Inneren! Aber es gab eine andere Kirche ganz nahe dem Dom: St. Peter, und da stand ein kleiner Altar mit Sterbkerzen, dahin wollte er noch einmal kommen in seinem Leben. Dort hatte er als Bub manches Gebet gelispelt. Ein Gebet für seine früh verstorbene Mutter. Sie ist gewiß im Himmel, und es wäre hoch an der Zeit, daß er wieder einmal nach Altötting ginge und zu der großen Frau und Schmerzensmutter bete, seiner Mutter zuliebe. Früher hatte er es öfter getan.

Er dachte an die alte Hagenbuchnerin am Michaelerplatz zu Salzburg, die ihm einst von der Mutter erzählt hatte; demnach wäre seine Mutter eine wundersame Frau gewesen, still, schweigsam, zum Paramentensticken anstelliger als zur Hilfe in einem Zuckerbäckerladen. Über die wirklichen Vorfälle, die zum so frühen Tode seiner Mutter geführt hatten, wurde ihm nie etwas Genaues gesagt. Keine Zeitung hat je bestätigt, was ihm die Hagenbuchnerin dennoch einmal in aller Heimlichkeit anvertraut hat. Jetzt erinnerte er sich mit aller Deutlichkeit dieser Erzählung.

An einem schwülen Juniabend – so erzählte es die Hagenbuchnerin dem kleinen Ferdinand sehr verschwiegen –, als der Wolkenhimmel wieder einmal drohend schwarz ausgesehen hat und ein arger Föhnsturm vom Süden her hohe Fuhren Staubes aufgeweht hat über die Gassen der Altstadt, da hätte seine Mutter einen Korb mit roten Rosen getragen auf dem Weg zur Salzachbrücke, denn sie hätte die Rosen hinaufbringen sollen zu den Herren im Priesterhaus. Auf einmal aber seien drei oder vier Reiter in rasendem Galopp über die Brücke gesprengt, erhitzt und staubig vom langen Ritt. Da soll der Gaul des ersten aus der Reihe getanzt sein, erschreckt durch das gleichzeitig losbrechende Unwetter, und er soll laut wiehernd und schäumend über die Lehne gerast sein, geradewegs dahin, wo die Mutter davongelaufen war in ihrer Angst. Und dann hätte der Gaul sie niedergestoßen, sie sei hingestürzt mitsamt ihren Rosen, und die nachhetzenden anderen Reiter seien über sie hinweggetrampelt, ohne die Liegende überhaupt zu bemerken. Also übel zugerichtet, dem Tode nahe, soll sie liegengeblieben sein, ein kleines, unscheinbares Bündel ohne Hilfe, ohne Hoffnung. Endlich hätte man sie dann ins Spital zu den Barmherzigen Brüdern gebracht; nicht lange darauf sei sie dort verstorben. Von den Reitern hat man nichts mehr gehört. Das Unglück der Armen zählt nicht, und darum hat man das Ganze vertuscht, man hat auch dir nie gesagt, lieber kleiner Ferdinand, wie deine Mutter zu Tode gekommen ist, du warst ja noch ein Kind...

Am nächsten Morgen schon war Joly in bester Laune. Er konnte es nicht ertragen, länger als notwendig über eine Sache zu grübeln. Verbissen warf er dann alle Spekulationen weit von sich, er mußte unter die Leute, verfaßte schnell ein paar neue Gstanzln, die den Leuten soviel Spaß machten, besonders den jungen Dirndln. Er kann sie heute noch, aber jetzt singt er sie selten. Viele hat er dem Hansl z' Roitham und dem Seidel z' Kirchham weitergegeben, die singen sie jetzt für ihn, manchmal aber auch singen sie zu zweit oder zu dritt, wenn's einmal recht hoch hergeht bei einer Hochzeit oder bei einem großen Markttag im Wirtshaus.

Jetzt blättert er in seinen alten Schreibheften, und da kommt ihn gar das Lachen an, wenn er daran denkt, wie dieser oder jener Reim entstanden ist. Viele Reime hat er aus der Erinnerung aufgeschrieben, vor allem, was er da und dort unterwegs aufgeschnappt hat. Bei manchem wußte er freilich nicht mehr, ob er es selber war oder ein anderer, der diese Gsangeln erfunden hat. Und er summt vergnügt vor sich hin:

I werd ganz dumm, dumm, dumm,
d' Liab bringt mi um, um, um,
und wann i stirb, stirb, stirb,
gschiacht's zwegn der Liab.

Und wie er einmal nicht genug Geld gehabt hat:

I han soviel Zwanzger ghabt,
hab s' wollen sparn,
wiar i d' Dirndln han gliabt,
sans gleich all gar wordn.

Wie man ihn gefragt hat, warum er immer so schwarz angezogen ist:

Und die Liab is in Brunnen gfalln,
si bricht si dort 's Gnack,
drum geht hiaz mei Herz
in an pechschwarzn Frack.

Wenn sie dann gar zu ernst dreingeschaut haben, hat er noch draufgesungen:

Mein Herz muaß an Fehler habn,
dös woaß i gwiß,
denn so oft i mei Dirnei siach,
gibt's ma an Riß.

Einmal, so erinnert er sich, sind die Mähder am Schwarzensee bei Münichau in Tirol rastend am Ufer gesessen, und da hat er ihnen einen Kinderreim vorgesungen:

Wann i einischaug ins Wasser,
wann i einischaug in See,
da schwimmen zwoa kohlschwarze
Dirndln in d' Höh.

Die oa is mei Schwester,
die ander mei Moam (Muhme),
hiaz han i zwoa kohlschwarze
Dirndln dahoam.

Und die Henn und der Hahn
schaun si alleweil an,
und aft kimbt der Kapaun
und laßt s' neama zsamm schaun.

Er wußte, daß es noch eine Strophe gegeben hat, die man aber nicht überall singen kann, schon gar nicht aufschreiben . . .

Die kleinen Dirndln waren ihm mehr zugetan als die starken, großen. Für die ganz kleinen, die „kloawunzigen", hat er ganz besondere Verse parat gehabt. Er hat sie im Pinzgau gehört, wo die „Mentscher" manchmal auffallend klein sind (wie im Hochgebirge überhaupt):

Das Dirnei is winzigkloa,
möcht's in a Schachtei toa,
's Schachtei is no net voll,
Bua, kloa is wohl!

Das Dirnei is kloa
wiara Muskatnüssei,
und so oft wiari's halsen tua,
lacht's a bissei.

Und eine Draufgabe:

Und 's Dirnei is handsam,
zum Tanzen schön langsam,
zum Bußlgebn schön gschwind
und zum Halsen schön lind.

In Erinnerung an einen Besuch in St. Zeno bei Bad Reichenhall fiel ihm ein:

Bein Hofwirt z' St. Zen'
is die Kellnerin schen,
und die Köchin is liab,
i muaß schaugn, daß i s' kriag!

Im Zillertal fiel Jolys leichter Kropf nicht sonderlich auf, ebensowenig im Pinzgau. Und dort konnte er auch ganz leicht singen:

Daß mei Schatz garstig is,
dös sag i nit,
aber wann er just schena war,
schadn tat's nit.

Mei Schatz is von Zillertal
und i von Tirol,
mir send allzwoa kropfat,
dös Ding is recht doll.

Zuletzt kommt ihm ein ganz altes Gstanzl in den Sinn:

Du bist gwen amal mein,
kannst es noch amal werdn,
auf der anbrennten Feuerstatt
brinnts so vui gern.

Sicher war Joly auch jetzt noch in seinen älteren Tagen kein Engel, aber niemand konnte ihm so recht etwas nachsagen. Schließlich war man es gewohnt, daß er oft tagelang ausblieb, wen sollte es auch stören, wenn er nicht nach Hause kam? Manchmal nur sprach Hochwürden ein leises Wort zu seinem Schützling. Joly aber mußte mit sich selbst zurechtkommen. Es ist erstaunlich, wie viele Komödien er in dieser Zeit verfaßt hat; seine Drischlegspiele waren echte Bauernpossen, die den Leuten nach der langen Notzeit vor allem etwas zum Lachen gaben.

So schreibt Joly den „Dummen Baumann", den „Öltrager Veichtel" und das Spiel vom „Jo'l und der schönen Tresl", eine urkomische Kammerfenstergeschichte, in der er alte Pinzgauer Gasselreime, die er wohl einmal gehört hat, in seiner eigensten Sprache verarbeitet.

Der Liebhaber der Tresl, ein reicher Bauernsohn, ist ein rechter Waschlappen; kein Wunder also, daß ihn die resche Tresl von ihrem Kammerfenster vertreiben will.

Sie spricht:

Wollt gern ins Kammerfenster außi stehn,
wenn i nur wißt, daß der Jo'l nöd kam –
i moan, i hör 'n scho gehn . . .
A so a törischer Kopf,
a dalkata Tropf,
a bsundana Lapp,
kohlschwarz wiar a Rapp!
Und gib i eahm a weng a Liab z' kenna,
da fangt er glei 'as Rotzen an und Flenna.
Was er redt, dös laut't von hausen;
vor Wein und Bier tuat eahm glei grausen.
'as schwarz Brot, sagt er, is den Menschen gesund.
I bin ja do a koa Hund!
Kimmt er zun Tanz,
der gschunten Schwanz,
da gibt er mir
höchstens zwoa oder drei Halbe Bier
und um zween Kreuzer Brot,
dann glabt er, er frißt si tot.
Gott bewahr mi vor an solchan Lümmi!
I sag's auf mei Ehr:
A Strouhsack is ma liaba als er.

Das geht dann lange in unmißverständlicher Bauernsprache hin und her, denn der rassige Jackl wäre der Tres lieber, aber der ist ein ganz gefährlicher Liebhaber – und die Tresl nicht minder. Ganz zuletzt, als für den „gschunten Jo'l" alles verloren ist, seufzt dieser und singt:

Und i sag g'schwind:
Die Liab is blind.
Wann wer den Weibsbildern glaubt,
der hat sein Glück auf Eis gebaut
und das Schmalz den Katzen anvertraut.

Salzburg 1819

Seit jener Nacht, als Joly in unruhiger Stunde seiner so früh zu Tode gekommenen Mutter gedacht hatte, ließ ihn der Gedanke nicht los, doch noch die Stadt seiner Kindheit wiederzusehen. Die Staatsgrenze hatte nun offenbar einen endgültigen Trennungsstrich durch alte, immer noch bestehende Bande gezogen. Pfarrer Bichler sagte das mit schmerzlichen Worten, wußte er doch von Angehörigen und Freunden in Salzburg, für die seine Pfarre in Kay nun Ausland war. Joly aber war es um St. Peter zu tun, um den kleinen Seitenaltar, vor dem er die Sterbekerze anzünden würde für seine Mutter. Auch wollte er die alten Gassen durchstreifen, da und dort in einen Hof eintreten, die seltsamen Schilder lesen, die fremde Leute an ihren Wohnungen angebracht hatten, nicht zuletzt aber lockte ihn die dunkle Himmelsstiege in der Gstötten. Wenn er nachdachte, waren doch die Stunden bei seiner Maridi die wahren Himmelsstunden gewesen . . .

Der gütige Alte hatte ihm das Postgeld spendiert und die Elsenloherin den Zehrpfennig dazu. Gerührt steckte Joly die Gulden in seinen schwarzen Lederbeutel. Mit Lodenmantel, Hut und kleiner Reisetasche ausgerüstet, ging es endlich eines Morgens im Oktober über Laufen und Salzburghofen zur Grenze und dann gleich weiter bis nach Mülln vor die Tore der Stadt. Den Rest wollte Joly zu Fuß gehen, so hatte er es sich vorgenommen.

Er gab sich nicht zu, daß er aufgeregt war. Dreißig Jahre! So lang hatte er die Stadt nicht mehr gesehen. Von dem großen Brand im Vorjahr hatte er gehört, von diesen oder jenen Vorfällen, was man sich so im Lande erzählte. Am häßlichsten waren ihm die Berichte der fünfzehn Marienberger Bauern in Erinnerung, die wegen ihrer Standhaftigkeit in der Kirchenabrißaffäre im Zuchthaus traurige Erfahrungen über den Geisteszustand ihrer Landsleute machen mußten.

Heute war einer jener verschlafenen, nebelgrauen Tage, wie sie im Oktober nicht selten sind. Wochenlanges Schönwetter hatte die Blumen in den Gärten noch einmal zu sommerlicher Pracht entfaltet, tiefes südliches Blau verzauberte die Stadt, so daß sie aussah, als liege sie zwischen Bergamo und Cremona. Dann aber hatte Tag für Tag der kalte Nordwind geweht und dem Untersberg einen seidigen weißen Mantel umgehängt, bis nichts anderes mehr zu sehen war als Dunst und Nebel.

Joly stapft durch die Gstettengasse. Zwei Berittene patroullieren vor einer Toreinfahrt. Ein junger Mönch kommt von St. Markus her und verschwindet in dunklen Stiegen. Hier hat Maridi gewohnt. In diesem Hausflur hat ihn der junge Herr Baron geohrfeigt! Wie lange das her war! Joly geht weiter zum Bürgerspital. Fässer und Geräte aller Art liegen hoch aufgestapelt im Hof, es stinkt nach Abfällen, Hunde balgen sich um eine läufige Hündin. Joly nähert sich dem Dom. Er denkt an die Pinzgauer Wallfahrt, jenes Lied, in welchem es heißt: „Die Pinzgauer gengan in den Dom hinein, die Heiligen tän schlafn, sie kunnten's nit derschrein!" Auch heute schliefen die Heiligen. Seit der letzte große Erzbischof verstorben war – Colloredo verschied vor sieben Jahren –, ist Trauer in ihnen. Das Erzstift ist begraben worden. Nun wird es dahindämmern in ein ungewisses neues Jahrhundert . . .

Obwohl es erst kurz vor Sonnenuntergang ist, zünden die Leute schon jetzt die Lichter an in den niederen Wohnungen der Altstadt, in die schon im Sommer nur ein schmaler Lichtstrahl eindringt.

Vor der Kollegienkirche läßt sich Joly für eine Weile nieder. Hier hat einst auch jener alte Herr Spängler gesessen, hier hatte er die Ofengabel aus gewitterschwangerem Gewölk herabsausen sehen, geschleudert von einer Hexe, bis daß sie gerade zu Füßen des alten Herren zu liegen kam. Horribile dictu . . .

Joly lächelte, denn allzu kindisch kam ihm heute dieser ganze Vorfall vor, um den sich so viele gelehrte Köpfe bemüht hatten und der letztlich dann zu seiner „Austreibung" geführt hatte.

Ein Marktweib zupft Joly am Ärmel: Mögen der Herr koane Debrecziner? Frische hätt ma auch, oder a Krainer? Mit Kraut? Und an Senf und a Mohnweckerl dazu? Joly entscheidet sich für eine Krainer. Zwar muß er seinen Magen schonen, aber heute darf er schon einmal zugreifen, er hat ja seit der letzten Poststation nichts mehr zu sich genommen. So sitzt Joly also auf dem Bankerl gegenüber der Kollegienkirche und kaut an der Krainerwurst. Das Marktweib zieht eine Flasche aus den Tiefen des Bretterverschlages hervor und reicht sie Joly: „Mögen S' net verkosten? A ganz a reiner Obstler, mein Herr! Von der

Gitzen, von der Gitzen, wo der Schwager seine Zwetschnbaam hat!"

„O ja", sagt Joly, „i kenn eahn schon, den Herrn Schwager, dös is gwiß der Zwetschnbam-Hiasl, der wo den Zaubervogel gfangt hat in Vigaun!"

„Was hat der Herr gsagt? An Zaubervogel sollt mei Schwager gfangt habn? Na, na, davon woaß i nix."

„Is ja a scho lang her, liebe Frau, dazumal, wie mir no Kinder warn!"

„Aso", meint die Frau, „wias ös zwoa Kinder warts, ja mei, dös kunnt scho sein, dös trau i an Hias scho zua, daß er Vögei eigfangt hat als a junga. Der hat scho allerhand zammbracht, aber i moan halt, die mehran sand zwoabeinig gwen!"

„Ja so, ja, ja – dös moan i a", spöttelt jetzt der Joly, „und wann i mi recht besinn, aft hat 'n a Zwoabeinige eingfangt dazumal in Unterschberg."

„Gehn S' weiter, Herr! In Unterschberg wohl net!"

„Ko ma nia wissn, liabe Frau, wo an so a Vögei hintreibt – den oan in Himmi, den andern in d' Höll, grad so wie er's verdient!"

„Der Herr scheint mir ein rechter Spaßvogel zu sein", schließt die Frau etwas beleidigt den Diskurs. Joly aber dankt, zählt seine Kreuzer zusammen und geht.

Es ist schon recht dämmerig, aber noch will er St. Peter besuchen, ehe er den „Krimpelstätter" in Mülln aufsucht. Der „Krimpelstätter" ist ein Gasthof, in dem Joly die Nacht zuzubringen gedachte. Dann am Morgen wollte er noch einmal hinein in die Stadt, sich ein wenig umsehen in neuen Büchern; den „Faust" von Goethe hätte er halt arg gern einmal in der Hand gehabt. Das Buch zu kaufen hätte er nicht gewagt, soviel Geld besaß er nicht. Aber erst neulich hat einmal der Herr Pfarrer davon angefangen, vielleicht würde er das Buch einmal kaufen, wenn er nach Burghausen und Landshut kam, wer weiß . . . Überall redeten sie jetzt vom „Faust"! Indessen eilte Joly noch über den Domplatz und schritt hinein in den alten berühmten Friedhof von St. Peter. Hier mußten noch die Gräber seiner Ahnen zu sehen sein. Einmal hatte er Pfarrer Bichler, der in Salzburg gewesen war, gefragt, ob dieser nicht in Erfahrung bringen könne, ob es in Salzburg noch irgendeinen Joly gäbe. Der geistliche Herr hatte nichts darüber erfahren; nur, so sagte ihm

der Friedhofsgärtner, hier in St. Peter, da liegen sie noch, die Jolys. Von einem lebenden Joly aber hat man nichts mehr gehört.

Wie er sich vorgenommen hat, kauft Ferdinand eine kleine, aber schöne Kerze, steckt sie an das Gerüst vor dem Seitenaltar und zündet die Flamme. Er spricht ein leises Gebet für seine Mutter. Er ist ganz allein in der Kirche, nur von fern dringt das Wiehern von Rössern in die Stille. Joly ist zufrieden. Es ist, als wüßte die Kerze, wofür sie niederbrennt.

Am Morgen schlendert Joly noch einmal durch die Gassen der Altstadt. Immer wieder begegnet er Uniformierten, und er spürt, daß Salzburg jetzt ein Stück kaiserliches Österreich geworden ist. Die Studenten schienen verschwunden, mit ihnen auch die geistliche Macht und alles Festliche, das er trotz vieler Düsterkeit noch aus seinen frühen Tagen in Erinnerung hat. Auf dem Residenzplatz wächst Gras, vor dem Neutor weiden Kühe.

Joly vermeidet es, eine Zuckerbäckerei zu betreten, seit seinem Fortgang aus Salzburg hatte er Süßigkeiten gemieden, und einer Torte war er stets ausgewichen, wenn sie je eine bäuerliche Hochzeitstafel geziert hatte.

Im Buchladen gibt man ihm Goethes Faust in die Hand. Man erlaubt ihm, etwas länger darin zu lesen, ohne dafür Bezahlung zu verlangen. Bis zum Mittag vertieft sich Joly in die kostbare Lektüre. Dann verabschiedet er sich von dem freundlichen Buchhändler und verspricht ihm, bald eine Bestellung aufzugeben, was er freilich etwas umständlich erklärt, denn, so sagt er, es ginge über einen Pfarrherren in Bayern, im ehemaligen Salzburger Land, in Kay, bei diesem Herrn ginge er zwar ein und aus, aber jetzt habe er, der Landfremde, nicht soviel Geld bei sich. Man nimmt das alles ohne Verwunderung zur Kenntnis und grüßt höflich. Es tat Joly gut, daß die Leute hier recht freundlich waren, wenngleich eine gewisse Niedergeschlagenheit in den Gesichtern der Bürger, die man auf der Straße sah, sich nicht verbergen ließ.

Kaum hat Joly den Laden verlassen, da eilt ihm die Frau des Buchhändlers nach. Im Arm trägt sie einen Packen uneingebundener Blätter. „Der Herr hat so lang im Faust drin glesen, daß's mir scheint, als möcht er das Buch gern habn! Da sans, alle Seiten vollständig, aber nichts eingebunden und a weng verschnitten. Wenn Er möcht vorlieb nehmen damit, so könnt Er's gern ghaltn . . ."

Joly war sprachlos. Dann stammelte er: „Leider, leider, soviel Geld hab ich nicht, daß ich's bezahlen könnt, liebe Frau . . .“

„Aber wo, das kost't doch dem Herrn gar nichts. Nimm Er's, den Goethe möcht's freun!“

Und so erhielt Joly einen nagelneuen gedruckten Faust. Er ordnete die Blätter in seine Reisetasche und zog hinaus zum „Krimpelstätter“, stolz und zufrieden.

„Es gibt doch noch gute Menschen auf der Welt“, sagt er zu sich.

Beim „Krimpelstätter“ kommt noch einmal eine Überraschung für ihn. Der Wirt erinnert sich, daß ihm voreinst ein gewisser Zuckerbäcker Joly sehr geholfen hat, als er noch ganz jung war. Das war in den Jahren, als auch er noch in Diensten des verblichenen Erzbischofs gestanden hatte. „Also, der Herr ist sein Sohn? Des seligen Hof-Confectmeisters eigener Sohn? Den haben wir längstens in der Ewigkeit vermutet! Weil der Herr noch leben, braucht er für sein Logis nichts zu bezahlen. Gott segne Ihn, komm Er nur einmal wieder, wann's ihn glust't auf eine Reis in die Stadt!“ Ganz verdutzt nimmt Joly Abschied, steigt in den Postwagen und reist bis nach Laufen, wo er noch einen Besuch abstatten will. So gab es also noch Leute, die sich an seinen Vater erinnerten! Und wenn er wiederkäme, könnte er gar wieder ein kostenloses Quartier nehmen beim „Krimpelstätter“, dicht vor den Toren der Stadt! Joly malte sich eine solche Wiederkehr aus; dann aber wurde er stiller. Was konnte er mit dieser Stadt anfangen? Seine Welt lag weit abseits, ein Café zu betreten hatte ihn nie gelüstet. Er konnte das Stadttheater besuchen, aber in seinen abgetragenen Kleidern wäre er sich lächerlich vorgekommen. Die Stadtmenschen waren ihm fremd geworden, sein Lebensraum war anderwärts . . .

Joly in Laufen

Joly verließ den Postwagen und betrat Laufen durch das alte Salzburger Tor. Im Haus neben dem Tor lebte der Gugitzer Muckei, ein alter Schiffer, den Joly einmal bei besonderem Anlaß in Tittmoning kennengelernt hatte; er spielte immer noch mit im Schiffertheater der Laufener, von dem es hieß, „z' Laufen hätt's allwei scho a Schiffertheater gebn". Jetzt war es freilich nicht mehr weit her damit, seit die „saudumme Grenz", wie die Leute sagten, alles ruiniert hat. Man hatte den Ort in zwei Teile zerschnitten. Der alte Stadtteil, das eigentliche Laufen, war jetzt bayrisch, der Ortsteil Oberndorf österreichisch, jetzt „Österreichisch-Laufen" genannt. Es gab Reibereien und Ärger hier wie dort, und die Leute schimpften auf die Idioten, die diese Grenzziehung am grünen Tisch ausgehandelt hatten.

„Kennt mich der Herr noch? Ihr seids der Gugitzer Muckei", begrüßte Joly den alten Schiffer, der gerade aus dem Haustor trat.

„Jessas, der Ferdinand Scholi!" grüßte jetzt der Muckei mit einigem Respekt, und schon begaben sich beide zu einer kleinen Weinstube, die am Hochufer der Salzach liegt. Nicht ohne Würde bestellten sie einen roten Landwein, und das am hellen Vormittag; das Wiedersehen mußte gefeiert werden.

„Hab den Herrn Scholi schon lang nimmer gsehn", begann jetzt der Gugitzer, „'s ist gscheid, daß Er selber kemma is." In Wirklichkeit heißt der Gugitzer ja ganz anders; wie auch die anderen Mitglieder der Spielzunft wird er mit einem Decknamen angesprochen. Es ist wie in der geheimen Bruderschaft, in der Uneingeweihte nichts zu suchen haben. Die meisten von ihnen sind ehrbare Schiffsleute und tragen ganz bürgerliche Namen, die aber selbst den Amtspersonen kaum bekannt sind.

Der Gugitzer hebt sein Glas und klärt Joly auf. „Alsdann, Herr Scholi, da schaugn S', das sand unsere Leut." Und damit zieht er ein Büchl hervor, in welchem die Spielgesellschaft abgebildet ist, Blatt für Blatt, sauber und ehrlich gemalt.

„Also, da hambt mir den alten und a den jungen ‚Schlackera' ", erklärt der Gugitzer, „und wann oaner flucht, so hoaßt's glei ‚bein Schlackerawitz!', was si auf ‚Potzblitz' reimt. Nachat der ‚Hessi-Schnack' und der ‚Niko-Moasch'; aber i brauch Eahna net z' sagn, auf was si dös reimt. Und hiaz kimbt die ganze Kompanie:

der Nudl-Hiasei,
der Knöpfl-Hiasei,
der Putzei,
der Hösi-Lump,

der Niederbratl-Schorsch,
der Saudermann,
der Gstunka,
der Frias-Hennei,
der Soak-Riedl-Nasn,
der Bettstadtl-Hansei,
der Zwiespitz –

und no der ‚Jakobi-paß-auf‘, dös is mei Bruader. – O mei,
an ‚Muffei‘, an ‚Schlögei‘ und an ‚Sigi‘ hätt i beinah vergessn“,
ergänzt der Gugitzer, „dö sand net drin im Büachl, aber es sand
a ehrliche Leut. Sand lauter guate Komödianten, der Herr Joly
künnt a feines Komödiengspiel machen mit eahn! Früher hamt
mir noch die ‚Schön Pfössin‘ dabei ghabt . . .“

Und jetzt erfährt Joly noch, daß diese offenbar sehr schöne
Frau den bedrängten Altachern nahe bei Laufen im bösen Jahr
1800 zu Hilfe gekommen ist, weil sie das Herz eines französischen Generals erobert hat, so daß dieser auf ihre Bitten hin
seine Truppe von Altach abzog. Aber Joly erfährt auch etwas
von einer anderen Weibsperson, die früher hier eine besondere
Rolle gespielt hat. Das war die „Gimplin“, eigentlich aber
„Toifi-Tres“ (Teufels-Therese) genannt. Jetzt ist sie schon gestorben, aber von ihr geht noch ein Spruch um im Land:

Jetzt kimmt die Toifi-Tres
mitn roten Hahn!
Leut, laufts gschwind darvon,
damit enk d’ Tres nimmer dawischen kann!

So singen es jetzt die Kinder, meint der alte Gugitzer, so wie
sie vom „Giger-Gager-Mo“ singen und von der „schwarzen
Köchin“, das sind die alten Namen aus der Pestzeit, aber „wia
die Franzosen einikemma sind ins Land, da sand die alten Namen aa wieder aufkemma. Fürs Theater können ma s’ ganz guat
brauchn“.

Und jetzt kommt er zur Hauptsache, weshalb er mit unserem Joly hat sprechen wollen: „Scholi, du könntst uns guat helfen“, sagt der Gugitzer und läßt jetzt das förmliche „Herr Scholi“ fallen, „mir brauchatn neue Liader, brauchatn a neuchs Hir-
tengspül; droben der Schullehrer von Leobendorf am Abtsee,
der möcht si narrisch gfreun, wann’s der Herr schreibat! Und

wann's für uns arme Schiffer amal was Bsunders toan willst, Scholi, so schreibst für uns a ganz a saftigs Stück, kann aber a was Ernstes sein, an ‚Faust' oder . . .‟

„An ‚Faust'?‟ unterbricht Joly. „Da werdn mir mitanand reden müssn, a so a Stück schreibt ma net von heut auf morgen, a Spiel vom ‚alten und vom neuen Faust', dös waar was, aber dös is net so leicht . . .‟

„Und dann wird Herr Scholi Ehrenmitglied von unserem Schiffertheater, so wahr ich der Gugitzer-Muckei bin! Mich heißen's heut noch ‚Comicus', dös habn s' noch vom Kloster, aber i bin lei nix als wiara ganz oanfacher Schiffer, aber mit der Schifferei geht's bald zu End! Die Grenz, die Steuern, der lange Kriag! Dö drei habn uns zu Grund gricht! Prost, Herr Scholi!‟

„Proficiat!‟ antwortet Joly und hebt seinerseits das Glas. Das „Proficiat‟ kommt noch aus den Salzburger Tagen, dort hat man einmal das „Leiden Christi‟ gespielt, und da haben die römischen Soldaten, als sie um den Rock Christi würfelten, dieses „Proficiat‟ dreimal geschrien: „Gebt ihm zu trinken! Gebt ihm zu trinken! Gebt ihm zu trinken!‟ Das fällt Joly ein, als er sein Glas leertrinkt.

Solche Spiele sind längst abgekommen, Colloredo hat sie so gründlich verboten, daß man ganz neu anfangen müßte, um Geistliches zu spielen. Und wieder fällt ihm Erl ein und das letzte Gespräch dort mit dem Mühlbacher.

Was soll er schreiben: ein Spiel für Erl oder einen Faust für die Laufener? Vorerst nimmt er Abschied vom Gugitzer Muckei und verspricht ihm, bald wiederzukommen; er wird sich alles gut überlegen.

Kaum, daß Joly wieder zu Hause ist in Elsenloh, schreibt er ein Hirtenspiel; es wird herzlich und lustig, so recht erfunden für die Schulkinder von Leobendorf. Daneben schreibt er ihnen noch ein Spiel von der „Hexe Luderlin‟, aber das ist verlorengegangen wie die Hexe selbst, die der Dezemberwind verweht hat.

Und weil er gerade mitten drin ist im Schreiben – Pfarrer Bichler versorgt ihn mit Schreibpapier, Feder und Tinte –, so macht er gleich ein erzlustiges Stück für die Laufener, da möchte er alle die kuriosen Namen unterbringen, die er sich gemerkt hat oder die ihm jetzt noch dazu einfallen. Das Stück soll heißen „Der Brennsuppen-Hiasl‟, sein Weib (das wird ein böses Ungeheuer sein, dem der znichtige Mann rein gar nichts rechtmachen kann), dann wird vorkommen ein „Herr Kapelan" (den möchte er selber spielen; er wird viel fromme Sprüche von sich geben, aber zur Besserung der Weibsperson rein gar nichts beitragen), dann muß natürlich dabei sein die „Feggin" – eine alte Schifferswitwe, die sehr weise tut, aber von den Leuten gemieden wird –, dazu ein „Dr. Storax", ein Advokat. Den muß dann der Gugitzer-Muckei spielen, und der wird ganz schön sauber loslegen mit seinem grimmigen Humor. Daß er die Leute betrügen wird und sich mit der Feggin gut verträgt, werden die Laufener wohl verstehen.

Und Joly schreibt:

Der Brennsuppen-Hiasl tritt auf und singt sein Weib an:
O du großes Ungeheuer,
wann i von dir ledig war!
Wollt dir alles gern verzeihen,
wann i di aft nimmer sah!

Das Weib antwortet:

O du großes Ungewitter,
brummelst zwiar a Widerbär,
bist so grantig und so zwider
geist (gibst) koa guats Wort nimmer her!

Und jetzt kommt die „Feggin" und macht ihren Hokuspokus, und da fällt unserem Joly wieder einmal die Hexengeschichte mit der Ofengabel ein, und er läßt die Feggin fabulieren:

Und wia's den Epistel-Jacobi hamt gfanga auf der Doana,
daselbn bin i no a Bua gwen, a kloana,
ham s' gsagt, is allwei an alte Hex in der Luft auf der Ofengabi ausgritten,
und an Arsch hats ghabt wiar a Stadtschuasta und an Kopf,
an zrütten.
Hamt s' lang umflodern lassen,
und zletzt hamt s' es mit am Buschn Haberstroh aha gschossen.

Joly kommt nicht zum Weiterdichten. Er wird unterbrochen. Ein Bote aus Tittmoning ist plötzlich da. Man braucht den

Joly, weil man überraschend einen hohen geistlichen Besuch erwartet. Da möchte man die Herren mit einem neuen Marienlied begrüßen, und niemand könnte das besser machen als der Joly. Das Lied möchte man dann auch singen, wenn man wieder wallfahrtet zur schwarzen Muttergottes in Altötting; schon zu Pfingsten soll das sein. Man schreibt den 8. April 1822.

Joly läßt seinen „Brennsuppen-Hiasl" einstweilen liegen, aber mit dem Lied werden die Tittmoninger noch ein wenig warten müssen. „Aso gschwind geht's a net", sagt er, „aber ich mach euch das Gsang."

„A so a sieben oder acht Gsätz sollt's scho habn, das Gsang", ergänzt der Bote, „und zahlt werd a was, hamt mir die Kirchensinger auftragn von St. Nikolaus."

Mit den Tittmoningern hat Joly bisher nur wenig zu tun gehabt, aber wir wissen ja den Grund: er hat immer noch seine Scheu gehabt vor den Stadtleuten, auch mit den Laufenern hat er sich schwer getan. Dem Gugitzer-Muckei zuliebe hat er freilich noch ein paar feine Lieder hingeschickt nach Laufen, das heißt, er hat sie dem Hansl z' Roitham einstudiert, und der hat sie den Sternsingern weitergegeben. Notenpapier hat es dazu nicht gebraucht. „Lieder müassn gsunga wern und net aufgschriebn", hat ihm einmal eine alte Austragbäuerin, die blinde Lisei, gesagt, und die hat es wissen müssen, denn sie hat über hundert Lieder im Kopf gehabt, mit vielen Strophen, und sie war selber schon über die achtzig.

In den nächsten Tagen schon entwirft Joly das Lied für Altötting. Der Anfang geht ihm nicht mehr aus dem Kopf:

Ganz voll Vertrauen kommen wir
in der Gefahren Mitte –

Aber noch weiß er nicht weiter. Den Anfang schreibt er jedenfalls auf. Als dann nach ein paar Tagen der Bote wiederkommt, singt ihm Joly die Melodie solange vor, bis er sie behält. Dann schreiben sie die Töne gemeinsam recht und schlecht auf ein mitgebrachtes Notenblatt. Weil Joly viele Fehler macht, korrigiert ihn der Bote, der selber Orgelspieler ist.

Insgeheim ärgert es Joly ja immer noch, daß er so wenig gelernt hat in der Musik. Sein kümmerliches Orgelspielen, ein paar ungelenke Notenköpfe, Hälse und Balken, gerade noch den Violin- und den Baßschlüssel, das ist alles. Im Kopf hat er unendlich viele Melodien, aber niedergeschrieben hat er kaum eine. Warum auch?

Das Lied ist sehr gut geworden, die Tittmoninger Wallfahrer haben es nicht nur der hohen Geistlichkeit vorgesungen, sie haben es dann mitgenommen nach Altötting und dort gesungen bei ihrem Einzug. Man erzählt sich, daß sie es durch den ganzen Markt hindurch gesungen haben bis in die heilige Kapelle hinein. Da hätten die Leute so bitterlich geweint in der Kapelle, „weil das Gsang soviel schön gewesen ist": „Wia 's Gsang aus gwen is, ham ma gmoant, hiaz könna ma gehn! Daweil ham ma nomal anfanga müassn, alle acht Gsätz!" In der Predigt, die dann der Redemptoristenpater gehalten hat, soll dieser gesagt haben:

„Meine lieben Tittmoninger! Ich habe zuerst geglaubt, ich müßte euch weisen, wie ihr die Mutter Gottes anrufen sollt. Aber nun sehe ich, daß euer Lied viel schöner ist als dasjenige, das ich euch gegeben hätte!" Und da waren alle stolz auf ihren Ferdinand Joly. Der aber war nicht dabei. Ein böses Fieber hatte ihn gepackt, er lag schwitzend in seiner Kammer, und die alte Moid versorgte ihn mit Kräutertee und heißen Umschlägen.

Das Lied hat man noch lange gesungen, aber wir wissen nicht, wo die acht Strophen hinverschwunden sind. Vielleicht hat die erste Strophe so gelautet:

Ganz voll Vertrauen kommen wir
in der Gefahren Mitte.
O Mutter Gottes sieh uns hier,
bewache unsre Schritte!
Und hilf uns aus der Seelenpein!
Wenn einst die Augen brechen,
so laß das Herz noch sprechen:
o Mutter Gottes, ich bin dein.

Und der Rest von der letzten Strophe mag so gelautet haben:

Laß uns nicht unterliegen,
wenn wir in letzten Zügen
verlassen sind und ganz allein.

Joly will einen neuen „Faust" schreiben

In diesem Jahr weilt Joly öfters als früher bei dem alten, aber immer noch rüstigen Pfarrherren von Kay. Oft fühlt er sich gar nicht mehr wohl in seiner Haut; es knackt in seinen Gelenken, und das Bruststechen wird immer häufiger.

Eines späten Nachmittags sitzt Pfarrer Bichler in der bereits gut geheizten Stube in Kay. Er sitzt bequem in seinem Ohrenstuhl und liest in einer alten Zeitung. Es ist ein kalter, grauer Tag mitten im Oktober 1822. Joly kommt herein.

„. . . den Boandlkramer sing i nimmer, Hochwürden, der is jetzt schon selber in mir drin, der geht nimmer außa, i gspür's, der is eingfressn in meine Knochen und Häut!"

„Aber Scholi, was redst da!" entgegnet Pfarrer Bichler, der vor kurzem 76 Jahre alt geworden ist. „Der Boandlkramer? Daß i net lach! Den hast du dir mit deinen Sparifankerln selber eingedichtet! Reiß dich zsamm! Und wann er dir begegnet draußn im Feld, oder wann's mitten im Wald wär in der Finsternis, greif ihn an, laß ihn nit zu dir!"

„Habn schon recht, Hochwürden, man soll keine Gespenster ins Haus ziachn, i will ja heut noch gar nit sterben, aber oft sitzt mir der Tod im Gnack, mitten bei der Schreibarbeit, oder wann i durch's Moos geh, seh ich ihn irgendwo stehen – früher hat mir das nix gmacht, i bin sogar gern durchs Moos gangn, grad zweng den armen Seelen, weil s' mich so derbarmt haben . . ."

„Scholi, ich glaub, du bist krank, was schreibst denn auch allweil so eifrig bei der Nacht?"

„Ja, mei, Hochwürden" – und Joly kratzt sich hinter dem Ohr –, „i möcht an neuen ‚Faust' schreiben, verstehen schon, Hochwürden, nicht einen, wie ihn der große Goethe geschrieben hat, ganz anderst, an Faust für unsere Leut!"

„Was dir nit einfallt, Scholi! An Faust! Warum jetzt das?"

„Weil i gmerkt hab, daß die Leut nach 'm Faust fragn. Nach dem letzten Sinn von unserem Dasein. Allwei fragn s' mich: Scholi, wann schreibst uns an neuen Faust? – Ja, wann ich's schreib, dann wird's ganz was Neuchs! Das handelt dann vom Faust, der weder leben kann noch sterben, weil der Teufel auf ihn scharf ist und er den Tod nicht hinläßt zu ihm, so lang, bis der Teufel und der Tod zuletzt ganz ordentlich miteinander

streiten und zuletzt miteinand raufen: Wer hat die größere Macht über den Menschen?"

„Daß du keine Ruh geben kannst mit den geistlichen Sachen! Immer mußt dich da hineinmischen! Haltest leicht gar nicht mehr genug vom Evangelium?"

„Mei, Hochwürden! Ich hab halt dem Tod oft genug ins Aug gschaut und dem Teufi nix weniger! Wie s' mich amal verfolgt habn im Pinzgau drin, da bin ich ganz nah beim Teufl und Tod gestanden, damals unter der hohen Scharten im Mühlbachgraben, da hat mir das Evangelium wenig genutzt; da hab ich dann gschwind a Gstanzl gsungen:

Und der Teifi und der Toud
sitzn drobn auf der Schoud,
und sie wartn auf mi,
aber i geh eahn net hi(n)."

„Ja mein Scholi", und jetzt kratzt sich Hochwürden hinter dem Ohr, „wann du solche Sachen machst, ist dir freilich nicht zu helfen. Ich hab es nicht ganz gelesen, das Buch vom Herrn von Goethe, das du mitbracht hast aus Salzburg; ich weiß nur, daß der arme Doktor Faustus sich sein Leben lang umsonst zermartert hat, warum er überhaupt auf der Welt ist, und daß er bei all der Zermarterung niemals glücklich geworden ist. Der Mephistopheles ist schuld gewesen an allem: Wer sich mit dem einläßt, der ist verloren."

„Laß ma den Mephistopheles aus dem Spiel, Hochwürden", antwortet Joly, „das ist bloß die feinere Ausgab, wie sie sich der Goethe ausgedacht hat, mir bleiben beim Teufel, aber beim richtigen, so wie der damals gewesen ist z' Halsbach. Ja, das ist der richtige Teufel gewesen, Hochwürden wissen S', den hab ich ja damals selber gspielt."

„In deinem Spiel von der Barmherzigkeit und Gerechtigkeit?"

„Ja, Hochwürden, vor zehn Jahr is gwen. Dazumal hab ich's für die Erler machen wolln, aber dann habn's die Pallinger gespielt, und jetzt spieln s' es bald wieder in Halsbach."

„Und was heißt das, mein Sohn – der ‚richtige' Teufel?"

„Das ist der, der voreinst der Luzifer gewesen ist, einer, der noch selber am Thron Gottes gesessen ist, bis er sich dann über Gott erhoben hat in seiner Verblendung."

„Das wissen wir ja alle! Das steht ja in der Schrift. Und darum heißt es ja: Quis ut Deus? Wer ist wie Gott?"

„Und darum, weil das kein kleines Teuferl ist, sondern der Luzifer, muß er auch einhergehen in einem prächtigen Kostüm, und er muß langsam reden, schon rauh a weng, aber mit Würd und Hoheit, er muß lautlos gehen auf schwarzen Socken, überhaupts ist er ganz nobel und schwarz von oben bis unten.

Wie ich dazumal die Larven über dem Kopf getragen hab", fährt Joly fort, „da bin ich mir ganz riesig vorgekommen mit den Augenlöchern am Hals. Und am Rücken die enzgroßen zackerten Flügel, zwei Fuß lang sind sie gewesen, rot und gelb, und der Schweif, der hat hingereicht bis zum Boden, da hab ich mich vor mir selber gefürchtet! Für die Zähnd haben wir Federkiele geschnitten, und unterm Mund haben wir das Höllbrettl angemacht – wissen S' schon, Hochwürden, wo dann das Licht darin brennt, damit's einen Feuerhauch gibt."

„Mir scheint, du hast dich ganz wohlgefühlt als höllischer Verführer?"

„Hochmut verblendet, das ist wahr. Eine Weile bin ich mir vorgekommen wie der Napoleon mit seinem Evangelium. Ja, den Hochmut hab ich dargestellt, und in meinem neuen ‚Faust' soll der Teufel diesen Mann so weit bringen, daß er alle Macht bekommt auf Erden; damit er mit den Menschen umspringen kann wie dieser Bonaparte, dieses Monstrum, der Mann, dem nichts mehr heilig war, der Mann, der sich selbst gefühlt hat wie der zweite Gottessohn auf Erden!"

„Also, dieser Napoleon geht dir wohl überhaupt nicht mehr aus dem Sinn, mein Sohn? Den hat Gott schon bestraft. Und was die anderen Größenwahnsinnigen dieser Erde angeht: die wird es immer geben. Und immer wird einer verführt werden zur Macht. Die Macht ist gefährlich, sie macht blind, auch blind im Glauben."

Joly schwieg. Hochwürden ergriff noch einmal das Wort.

„Ja, ja, es ist wahr. Und was noch trauriger ist: Der Glaube ist im Schwinden. Vor dem Teufel haben sie auch keinen Respekt mehr. Ich merk es an den kindischen Sachen, die sie jetzt machen z' Tittmoning. Da gibt's einen Zuckerbäcker, der macht winzig kleine Teuferl aus Marzipan, dick wie die Schweindln und zum Schlecken für die Kinder. Das ist dann wie mit der Sünde: Wenn sie verzuckert wird, ist's keine Sünd mehr."

Joly stimmt bei: „Erst vor kurzem hat mir ein junges Dirndl gesagt: ‚I glaub nimmer, was die Pfarrer reden: Für mich gibt's nur a schwarze und a weiße Sünd. Wann i was Schiachs tua, und 's merkt koana, so is a weiße Sünd. Wann i aber derwischt werd, aft is a schwarze!'"

„O mein Joly, deinen schwarzen und weißen Sünden möcht ich auch nicht auf den Grund gehen. Wir sind alle nur arme Menschenkinder . . ."

Und damit beendete Hochwürden den Diskurs und wünschte Joly eine gute Nacht. Joly aber war nicht zufrieden mit dem Ergebnis. So leicht wegwischen konnte man den Faust und auch den Teufel nicht. Der war sicherlich in der Welt, nur stimmten die Bilder nicht mehr. Sie stimmten auch nicht mehr, was die Engel anging. Nannte man nicht diese oder jene Frau gedankenlos einen Engel? Anders Helene; selbst wenn sie ihn längst vergessen hatte, sie war immer noch sein Engel. Sie gab ihm auf seltsame Weise Kraft; wahrscheinlich wußte sie selbst gar nichts davon.

Und der Teufel? Hatte er sich nicht oft genug in ihm selbst eingenistet? Als Zornteufel, Geiz-, Zank- und Neidteufel? Wie hatte einst Abraham a Santa Clara gefragt in einer Predigt: Was ist der Teufel? Die Antwort: Er ist ein Holzhacker, dessen einzige Arbeit ist: zerspalten, und des Satans einzige Freud: die Zerspaltung, der Zank und die Unzufriedenheit. Und weil es nicht anders sein kann bei den Menschen und sie sich alles vorstellen müssen mit Haut und Haar, haben sie ihn so grausig wie möglich konterfeit, so wie er ihn ja selber gemalt hat und gespielt hat damals in Halsbach. Aber nur einmal. Denn es ist ihm damals nicht gut bekommen, er hat lang nachher noch immer davon geträumt, daß der Böse in ihm wäre, er hat ihn nicht losgebracht, selbst wenn er nachts ein paarmal gebrüllt hat:

Wigel di, wagel di,
gehst nöt, so trag i di!
Wigel di, wagel di,
gehst nöt, so trag i di!

Was dann geschah, konnte er auch nicht vergessen: Noch in derselben Nacht hatte ihn die Bäuerin erst aus der Kammer und dann ganz aus dem Haus gejagt! Aber das war längst vorbei. Der Teufel wird ihn nicht mehr holen, das weiß er, und er spürt ihn auch nicht mehr in sich. Er hat sich nichts mehr vorzuwerfen. Was er an Ungutem getan hat, möge ihm Gott verzeihen.

Und Joly erinnert sich eines Totenbüchleins bei seinem seligen Oheim Raimund, das er einst in Kremsmünster gesehen hat. Darin stand über einen sterbenden Mönch zu lesen: „Sein Antlitz leuchtete wie das eines Engels, Licht umfloß den Sterbenden und den Weg seiner Seele."

Ein Kommentator hatte dazu geschrieben: „Das engelhafte Aussehen steht am meisten dem Märtyrer zu, da sein Tod die radikalste Befreiung vom Leibe ist." Ein Märtyrer war er, Joly, gewiß nie gewesen. Aber sein Leib wurde ihm allmählich lästig, und die abendliche Trübung seiner Augen erfüllte ihn mit Unruhe.

Ein paar Tage später schon bringt Joly dem geistlichen Herrn den Entwurf einer Szene von seinem „Faust". Das Spiel soll heißen „Vom alten und vom neuen Faust".

„Das ist aber gschwind gangen", sagt der Pfarrer Bichler, „schaugts den Scholi an, heut ein Mariengsang, morgen ein Schnadahüpfl und am dritten Tag den ‚Faust'!"

„Ich werd's denen zeigen", beginnt Joly, „wie man den alten Faust nicht ungestraft beleidigt, der hat zwei Jahrtausende miterlebt und noch gesehen, wie die Heiligen gelebt haben in ihrer Ehrfurcht vor Gott. Hochwürden! Da ist eine Stelle, wie ich mir es gerne vorstellen tät. Darf ich's vorlesen?"

Und Joly las dem Pfarrherren vor, wie der alte Faust in seinem Zorn über die verblendete Welt wettert, nachdem ihn ein junger, „aufgeklärter" Geck beleidigt hat:

Ja, ja, die Welt geht zu End
und is so verblendt,
daß ma si nimmer auskennt.
Sand die heilinga Leut a koane Narrn gwesen,
hamt Wurzel und Kräuter gessen
und sand in d' Wüsten gangen
und hamt a frumbs Leben angfangen.
Und wann eahn von der Hoffart und von 'n Kundeln tramt,
Potz und Blitz! Da ham sö koa Zeit versamt
und ham gnummar a Goaßl,
da woaß die iazig Welt nix mehr drum,

und ham's bunden uman bloßn Leib herum.
Derweil ham s' wirkn mögn Wunderzoachn und Mirakel.

Hiaz treibt ma Narrnpossn und Spidackel.
Iaz geht ma statt ins Gottshaus
ins Wirtshaus,
und anstatt an Lobgesang
haut ma auf d' Bierbank
und frißt und sauft den ganzen Tag
oft mehr, als der Beutel vermag,
und macht Schulden und tuat borgn
und fürs Zahln laßt ma den Teufel sorgn!
Amen.

„Und wie ist's nachher mit dem jungen Faust?" fragt
Hochwürden und steht mühsam auf.

„Den will ich zuerst als einen rechten Windbeutel zeigen, so
einen aufgeblasenen Freigeist, angezogen nach der neuesten
Mode, und von der Religion will er nichts mehr wissen. Das ist
alles nicht mehr wichtig für den ‚neuen' Menschen, ein echter
Freigeist lebt nach den Regeln seiner eigenen Natur. In seinen
Ohren aber sitzt der Teufel und blast dem Verblendeten ein,
daß er es gar nicht schwer haben wird, dem Herrgott die
letzten Geheimnisse zu entreißen; er wird ihm die Wege zeigen, daß er eines Tages selber Herr sein wird über Leben und
Tod, Beherrscher nicht nur der Erde, sondern auch des
Weltraumes."

„Dann ist das ähnlich wie beim Goethe, der Mephistopheles verspricht seinem Faust ja auch alle Güter der Welt", meint
Hochwürden.

„Ich möcht noch weiter gehn", antwortet Joly, „nicht nur
der junge Faust soll alle Macht bekommen, das ganze Men-
schengeschlecht soll befreit werden von der Abhängigkeit von
der Religion, denn die hat ihm bisher nur Elend gebracht. Der
neue Faust aber braucht zu seinem Heil keinen gekreuzigten
Herrn Jesus mehr, der Luzifer weiß andere Mittel zur ewigen
Seligkeit: die menschliche Vernunft, und die sichert ihm die
Unsterblichkeit!"

„Mein lieber Scholi, das ist ein großes Wagnis, auf das du
dich da einläßt! Und auf die Zensur ist auch kein Verlaß! Ich rat
dir: Schreib keinen neuen Faust, mach lieber den Erlern eine

neue Passion, dicht für die Leut, bsonders für die Kinder, schöne neue Gsäng und Gebet, da hast mehr für die Menschen getan als mit an ‚neuen Faust'! Das laßt am besten dem Herrn von Goethe!"

Jolys Angesicht zeigt Spuren der Enttäuschung. „Ich siag's ja selber ein, daß's schwer is, sowas zu End zu dichten! Und wann ich noch die Helene hineinbringen will ins Spiel, wird's freilich arg ähnlich mit dem Goethe seiner Gretl . . . Vielleicht ist's besser, ich laß die Helene ganz heraust!"

„Ja mein Scholi, es wär besser, wann du das ganze Spiel bleiben laßt, mit oder ohne deine Helene. Ich mein's dir gut. Denk an deinen ‚Verlorenen Sohn', den spielen s' noch lang, das verstehen die Leut, und damit hast du sie ins Herz getroffen, und nur darauf kommt's an!"

Der Mesner holte den hochwürdigen alten Herrn Pfarrer zur Abendmesse. Das Gespräch war für heute beendet.

Bewegter als sonst geht Joly heute den vertrauten Weg hinüber nach Elsenloh. Er hatte den Namen Helene ausgesprochen. Ob der Greis eine Ahnung hatte, in welche Bedrängnis Joly immer noch kam, wenn der Name Helene fiel? Fast stolperte er, weil er immer noch sinnierte über den Disput.

Da sieht er, schon in der beginnenden Dämmerung, einen uralten Mann über das Stoppelfeld hinschreiten. Es ist ein echter Austragbauer vom alten Schlag: er scheint glücklich zu sein, denn sein Gang ist ruhig und gemessen, nach ein paar Schritten bleibt er stehen und sieht sich um. Als er den Joly erkennt, grüßt er ihn herzlich aus der Ferne . . .

Das ist ein Bild, das Joly zu Papier bringen muß! Kaum wieder in seiner Kammer, nimmt er die Feder und schreibt eine Szene, in der dieser Austragbauer auftritt.

So bfüat di Gott, du schöne Welt,
und hab ma nix verübl!
I nimm mein Ranzen und mei Geld
und geh ins Austragstübl.
Da leb i in der stillen Ruah
und laß die Jungen hausn,
und gebnt ma sie net z' fressen gnua,
so tuar i mir was mausn.

Schmalz, Milli, Mehl und Oar und Salz
steht alls an Austragzedel.
Aft friß i nix als Oar und Schmalz
und Muas und woazan Knödel.
Da schlaf i oft bis auf Mittag,
so guat hat's ja schier koana!
Geit mir der Toud den letzten Schlag,
so derf um mi neamd woana.

So kann der „alte Faust" freilich nicht sterben in seinem
Spiel, denkt sich Joly. Aber dann fallen ihm wieder die Worte
des Pfarrers ein, der eigentlich schon längst kein „Hochwürden" mehr ist, sondern wie ein guter Vater und Freund.

Joly blättert in seinen Papieren; es ist ein Graus, wieviel
Unordnung in den Stößen von Rollenheften, von fremder
Hand abgeschriebenen, nur teilweise von ihm selbst verbesser-
ten Spieltexten da herumliegt. Er kramt einen Text heraus, den
er eigentlich für die Erler verfaßt hat, es ist schon drei Jahre her.
Aber jetzt, als er die Verse wieder liest, kommt ihn die Versuchung an, doch dem Rat des Pfarrherrn zu folgen, den „Faust"
fallen zu lassen und vielleicht ein „Leiden Christi" zu versuchen. Er entzündet eine Kerze und liest laut vor sich hin:

Ach Jesu mein,
was große Pein
hast du für uns gelitten!
In Angst und Not
bis in den Tod
hast du für uns gestritten.

Der blutige Schweiß
macht dir so heiß,
mit Geißeln wirst geschlagen.
Ein Dornenkron
ist jetzt dein Lohn
den du davongetragen.

Die Kreuzeslast
dich drucket fast,
fällst oft darunter nieder.
Da heftet man
mit Nägeln an
deine heiligsten Glieder.

Drei ganze Stund
bloß und verwundt
hängst du in größten Schmerzen.
O Jesu mein,
wer muß es sein,
dem dies nicht geht zu Herzen?

O Gottes Lamm
am Kreuzesstamm,
hast dich für uns hingeben:
Verleihe mir
zu sterben dir,
um ewig dir zu leben!

Joly erinnert sich: unweit Chieming, in einem abseitigen
Bauernhof, hat er vor drei Jahren dieses Passionslied gehört;
die Alten haben es am Karfreitag gesungen, und er hat es nachher aus dem Gedächtnis aufgeschrieben. Vielleicht bringt er gar
auch die Melodie noch zusammen. Aber jetzt will er das nicht
versuchen. Draußen ist es dunkel geworden, er starrt hinein in
das Licht der Kerze . . .
    Wieder denkt er an Helene. Sie war die Stärkere gewesen.
Sie hatte den Ort verlassen und damit auch ihren Scholi. Sie hat
gewußt, daß es keinen Ausweg gibt, nur ein Elend wäre es geworden mit den beiden, irgendwo ein jämmerliches Häusler-
oder Knechtdasein, vielleicht ausgeschlossen aus dem Dorf,
ausgeschlossen auch aus der Stadt, womöglich von der Kanzel
verdammt, ein Paar ohne Hoffnung, ein Paar ohne Frieden.
Aber hätte er es nicht wenigstens versuchen sollen? Vielleicht
wäre sie bei ihm geblieben, ihm zuliebe hätte sie sicherlich
große Opfer gebracht. Und zugleich fielen ihm lang vergessene
Verwandte ein: Wie viele waren doch Priester geworden, vielleicht wäre das auch sein Los gewesen. Was sollte sein Dichten,
sein Singen? Nichts wie Vergänglichkeit, bald von allen vergessen, zu Größerem wird es nie taugen! Joly war niedergeschla-
gen, weil sein Spintisieren ins Leere führte. Er war nahe daran,
alle seine Entwürfe in Brand zu stecken. Joly erschrak. Unver-
mutet stand der Hansl z' Roitham im Türstock. Zu dieser
Stunde war er nie heraufgekommen, was konnte das bedeuten?
    Ohne Umschweife begann seine Freund: „Denkst leicht
noch immer an die Schallhoferin? Du, i woaß, wo s' steckt!"

Den Joly traf das wie ein Blitz. „Sag's – oder besser, sag's net . . .“

„I sag dir's schon, mein Schori, sie is weit fort, deine Helen, aber i hab sie gsehn an Sunntag, und hiaz woaß i, wo daß s' is! Sie hat mi ausgfragt nach dir, wia's dir geht, und sie hat gsagt, daß sie noch allweil an dich denkt. Es geht ihr guat, hat s' gsagt, und du sollst aa guat von ihr denkn. Und no oans: Sie hat di nie vergessen, 's geht amal nit . . .“

Joly schwieg betroffen. Mehr wollte Hans nicht mehr sagen.

„Guat Nacht, Schori, i kimm am morgign Tag wieder vorbei, an Nachmittag hätten s' uns braucht, da is a Hochzeit drübn in Leitgering.“

„Werd wohl nit gehn“, antwortet Joly, „morgn . . .“

„Schlaf drüber“, meinte der Hansl, „bei der Hochzeit werd's lustig, 's tat da guat, kimmst auf andere Gedanken!“

Und damit ging er. Joly aber öffnete das kleine Fenster seiner Dachkammer und sah hinaus in das nächtliche Land. Weit drunten, ganz leise, hörte man es wie das ferne Summen in der Nähe eines Bienenkorbes: da waren sie noch auf, die Bürger von Tittmoning, und einige versprengte Lichtstrahlen drangen dann und wann herauf ans Hochufer der Salzach, bis hierher zu dem einsamen Hof von Elsenloh . . .

Lange schwieg er. Dann aber nahm er sein Schreibheft und schrieb deutlich auf die Schlußseite: „Zu an richtigen Menschen wird man erst durch die Liab.“

Heute kann Joly nicht einschlafen. Er muß nachdenken. Die Liebe! Sie ist eine so große Sache, denkt sich Joly, und so elendig wird mit ihr umgegangen. Auf einmal gelüstet es ihn, eine Papierrolle zu suchen, auf die er einmal in übermütiger Zeit eine „Heilsame Predigt“ aufgeschrieben hat. Das war damals in Tyrlaching gewesen zu vorgerückter Stunde; wieder einmal hatten sie ihn wegen seines Predigertones herausgefordert. Ob er eine Predigt an die alten Weiber halten könne? Jetzt war die Zeit des Faschings, der Krieg schon halb vergessen, und man könnte doch wohl einmal etwas Saftiges vertragen. „Wenn ihr schon von den alten Weibern redet, so muß ich auch die jungen ins Gebet nehmen“, meinte Joly, „und die Mannsbilder können wir freilich nicht auslassen.“ Und schon hatte man den hageren Joly auf die Tischplatte gehoben, daß er dastand wie auf einer Kanzel, und man hatte ihm zur Rechten und zur Linken eine große Kerze hingestellt, davor einen gewaltigen Krug roten Weines. Und als man alle anderen Lichter gelöscht hatte und es totenstill wurde im Wirtshaussaal, da hatte Joly ein Käppi aufgesetzt und im Predigerton vorgetragen:

Jolys „Heilsame Predigt"

In Namen a Bradl
und a Bischl Saladl
und a Glas Wein:
das stürz ma alls ins Maul hinein.

Diktum daktum,
sagt der weise Salomun,
also fang ich an,
höret meine Predigt an.

Der Fasching und der März ist die lustigste Zeit
für die Katzen und für die Weiberleut.
Also anheit
ist meine Predigt ein Spoaß
für den, der sich nicht schuldig woaß,
und wer sich aber schuldig woaß,
dem will ich gwiß machen hoaß.
Der geduldige Job
mach mir selber die Prob,
denn der Mensch muß streiten
mit der Welt, mit dem Teufl,
mit den Weiberleuten.
Und eins kömmt mich noch am härtesten an,
daß mir die Weibsbilder so böse haben getan.

Wie man 1700 tut zähln,
da hat's also sein wöllen,
den 17ten November bin ich auf die Welt kemma
im Zeichen der Waag
um halber Mittag.
Sieben Jahr und sieben Minuzelt
hab ich alleweil gezuzelt,
und wiar i das 20zigst Jahr hab erreicht,

da hab i das letzte Mal ins Bett gseicht,
hernach habn sich die Weibsbilder erst recht über mich
hergmacht! –
Da hat's gheißen,
dies ist ein Lümmel, ein spannlanger,
der ist gewiß neun Ellen für den denselben Ofen fürganga,
wo man die Narren und die Lappn bacht.
Aber Weiberleut,
ihr werds mir doch net zuagschaut habn auf d' Nacht?

Soll ich noch einikemma zu an bessern Leben,
so will ich euer lasterhaftes Leben
erst recht ans Taglicht heben:
und zur Prob schrei ich euch süßeste Namen:
Honig, Zucker und Rahm. Amen.

Ja, ja, es ist wahr und kein Gedicht:
trauts nur keinem Weibsbild nicht!
Wer den Weibsbildern zuviel vertraut,
der hat sein Haus auf Schnee und Eis gebaut,
welches nicht lang wird stehen,
sondern gar bald zugrunde gehen,
wie ich aus der Heiligen Schrift hab den Beweis,
daß Eva im Paradeis
den ersten Schaden verursacht,
den Adam zur Sünd gebracht.
Daraus kann man es leicht entschließen,
daß die Weibsbilder schlimmer sein müssen.
Da kann man es herausnehma,
daß die erste Sünd ist durch die Weibsbilder auf die Welt
kemma.

Fragt den weisen Salumon,
wer zerstört hat seinen Thron.
Die Zezilia, weil er ihr zuviel vertraut,
hat s' ihm die Stärk beraubt,
die Haar abgschert
und den Thron zerstört,
das rechte Luder,
aller Weibsbilder ihr Mutter.
Ich will aber mit den Schwestern nicht viel disputieren
und will's in meine Predigt einführen.

Eine is zu Holofernus gangen,
hat ihn gar freundlich empfangen,
hat sich ganz demütig geneigt
und ganz ehrbar gezeigt.
Wie er hat geschliefen,
hat sie angegriffen
noch dieselbe Nacht;
hat sie ihn ums Leben bracht.
Wohl hat er gewißt
den Weibsbildern ihre List,
aber er hat's erfahren
nach seinem Schaden.
Bisher hab ich mich alleweil im Alten Testament aufgehal-
ten,
wenn ich mich aber verwend
von dem Alten
in das Neue Testament,
so tuat's mi ziema,
die Weibsbilder sind noch viel schlimmer,
noch viel verlogener,
noch viel betrogener,
viel wollender
und noch viel anbrennter,
und weil sie sind so anbrennt,
mach ich meinem ersten Teil ein End.

ZWEITER TEIL

In meinem zweiten Teil soviel ich hör,
will's nicht helfen mehr
und nichts verfangen,
was bei beiden Ohren ist ausgangen.
Dann will ich's noch einmal versuchen
und will euch recht zurufen,
denn ich red nichts aus der Latein,
sondern alles deutsch,
und wenn es noch nichts hilft,
so nimm ich eine Peitsch,
und wenn's mich aber noch nit verstehts,
so nimm ich einen Ochsenzehm,

aus was für Ursachen
will ich euch die Prob machen,
es nutzt kein sagn,
man muß dreinschlagn,
auf kein Predigen sie nix mehr geben,
tun grad aso dahin lebn nach ihren Gelust,
sind so voller Betrug.
Die Wahrheit haben sie für a Lug,
die Höll haben s' für ein Gedicht,
die Keuschheit haben s' für nichts;
die Keuschheit ist bei der Jugend
die verachtetste Tugend.
Pfui, das ist eine Schand,
was haben die Leut für Gewohnheit
und für ein Zustand,
daß s' Gott wolln zernichten
und wollen s' alles mitn karasieren ausrichten;
und wenn ich's selber betracht
wieviel hat's Schaden gemacht:

Das Lieben ist ein betrogenes Ding,
in Anfang is federgring,
zuletzt wird's so schwer,
als wenn's bleiern wär,
in Trübsal wird's verkehrt,
sein tut's gar nichts wert.
Wer sich dem Lieben ergibt,
dem bringt's Schaden und Unglück,
dem wird der Beutel leer
als wenn nie nichts drin gewesen wär.
Und doch:
Das Lieben ist das größte Gebot,
aber die Leut haben's grad
zum Widerspiel
wia ich jetzt sagen will.
Mannerleut,
was habt's für eine Freud
a ganze Nacht umherschrein,
von Unglück nit sicher sein,
viele kemma gar ums Leben;

doch gibt es solche Gesellen,
lassen sich nicht irren,
eine nach der andern verführen,
ihr Sach nit ausstehen,
auf und davon gehen,
pfui, dies sind Weller,
und doch gibt's solche Rebeller.
Weiberleut,
habts den Mannerleut gehört ihre List,
wie ihr selber gut wißt?
Aber sagn tu ich euch's unter die Gesichter,
sein tut's noch vui znüchter.
Ich will aber enker znüchte Weis beschließen,
hat net manche viel leiden müssen,
ist es nit wahr,
seids net auch in der größten Gfahr?
Weiberleut,
wanns schwanger seids,
muß oft eine sein Geist aufgeben,
viele kommen gar ums Leben,
aber da scheicht ihr kein Tod,
hat doch die Jungfrau Krön kein Not,
beinand liegen in Wickeln-Amoretten
ist enk lieber als Vaterunser beten,
müßts enk so plagen
und die großen Schranzen umertragen,
Spott und Schand ausstehen,
oft eine muß betteln gehen.
Es ist wahr, es gibt Mannsbilder a oft einige
schlecht,
aber mit dene derft's euch gar nit beschönigen!
Was is dös für a narrische Geiß,
die die Mannsbilder acht, weiß
und versteht
und weiß, wia's geht
und wia's ganga is schon,
und spiegeln sich doch nit daran.
Ich geb aber den Weibsbildern einen Verweis
und wär mit der Zeit kemma zu meinem dritten Teil.
Kirieleis.

DRITTER TEIL

Jetzt hab ich die Sach recht disputiert
und zu Gemüt geführt,
wiar viel daß's bei jetziger Zeit Jungfrauen gibt,
und wann's so ist, wie ich meine,
so gibt es gar keine.
Jawohl, Jungfrauen,
es tuts euch viel zu wohl trauen,
es wagts enk viel zu gring,
es ist ein heils Ding;
bild euch's nur selber ein,
was wollt a Jungfrau sein,
es müßts die Not gleich umfanga,
dös sollts nit verlanga,
es täts gern umhertreiben
und Jungfrauen bleibn,
mit die Mannsbilder ergetzen
und die Jungfrauschaft nit verletzen;
das wär just a Ding
als wenn ich ins Wasser spring
und nit naß wär,
so geht's mit der Jungfrauschaft her.
Junge Matzen
i hör oft schatzen,
daß gern an Buben hättn,
die junga Docka (Puppen)
habn a gern was zu locka,
sie habn die größte Freud daran,
a jede meint, was sie kann,
die Trümmer, die znüchten,
da meinen s', was is, wann s' karasieren möchtn.
Aber die alten Trümmer
sind noch viel schlimmer,
mich wundert's noch, auf der Alten
sind so voller Kröpf und Falten
und voller Zahnlucken,
und dennoch tuats euch der Handel noch jucken,
und nacha tuans noch redn, sie können nit dafür.
Dö heiß i a Wirrn,

wenn s' Tür und Tor aufspirrn,
draußen stehen,
sie heißens eina gehen,
das war ihr größtes Verlanga,
die ganze Nacht bei ihr habn in der Kammer.
Jetzt gehn s' lieber zum Tanz
als zum Rosenkranz,
zum Kindestüchlwaschen habn s' größere Freud
als zu der Keuschheit,
ja mit einem Wort:
Es wär enk lieber a Mann
als die Jungfrau Kron.
Aber vor alten Zeiten hat's Weibsbilder gebn,
lassn lieber ihr Lebn
als ihr Jungfrauschaft hergebn.
Jetzt braucht's nit viel zwinga,
tun s' gleich selber den Mannsbildern nachspringa,
es braucht nit viel,
um a Kandl Bier,
um a Glas Branntwein oder um a sechzehntl Teil
is ihnen die Jungfrauschaft feil.
Es ist ihnen keiner zu jung und keiner zu alt,
hat er a schöne oder a wüste Gestalt,
und wann ihr a Kind tut haben und laßt euch's Gott sterbn,
tat euch gleich wieder ein anders erwerben,
es laßts euch nit schrecken,
habts gleich wieder an Bauch, den allergrößten.
Ich aber hab euch a Lehr gebn, tuts euch bekehren zu einem
besseren Leben.
Wenn euch die Mannsbilder tun antatzen,
tuts ös ins Gesicht kratzen
oder stessen,
nacha werdn s' Antatzen bald wieder vergessen.
Aber von Schlagen hört man wenig sagn,
und wann einer schlagt, so schlagt er so gring,
daß man's kaum empfind,
was is a so a Baschl,
es sind nur Liebstaschl,
es geht euch grad wiar den Martin Luther und seiner Katl.
Wenn ihr euch am besten wehren sollt, so find sich kein Adel.

197

Zum Beschluß habts mir über nichts kein Verdruß.
Ich geb euch a Lehr, daß euch bekehrts zu einem besseren
Leben:
Tuts vierzehn Tag nichts mehr essen,
nacha werds die Mannsbilder bald vergessen,
dies wünsch ich euch allen,
es wird euch von Herzen gefallen,
so ich euch von Herzen wünsche. Amen.

Damals in Tyrlaching, da hatte es um diese Singpredigt ein
großes Aufsehen gegeben; es war auch gut, daß sein treuer väterlicher Pfarrherr nie davon erfahren hat. Oder doch? Dann
war es reine Güte und Nachsicht, daß Hochwürden es ihm, der
sich die Spottlust doch nicht ganz verbeißen konnte, nicht weiter angekreidet hat.

Am nächsten Tag, es ist der 20. Oktober, besucht Joly den
alten Herrn schon früh am Morgen. Es ist eine Unruhe in ihm,
als wäre dem Greis etwas zugestoßen. Pfarrer Bichler aber sitzt
ruhig wie stets in seinem Ohrenstuhl und freut sich über Ferdinands Besuch.

„Mein Sohn“, beginnt er, „das Neueste aus Salzburg! Sie
haben dort einen neuen Erzbischof! ‚Seit der Abdankung des
Erzbischofs Hieronymus Graf Colloredo vor zwanzig Jahren
hat Salzburg kein so großes geistliches Ereignis mehr erlebt‘,
schreibt die Zeitung!“

„Ob das ein geistlich Ereignis ist?“ meint Joly. „Ist das nicht
eher ein Ereignis, das die Politiker angeht, höchstens noch die
Untertanen, die sich jetzt um neue fürstliche Ämter bewerben
können und endlich wieder den lang verstaubten Glanz auf ihrer Livree schimmern sehen?“

Pfarrer Bichler meint dazu sehr gelassen: „Uns kann der
hohe Herr Fürst nichts mehr befehlen, wir gehören jetzt zu
Bayern. Aber du, mein lieber Scholi“, setzt er leicht ironisch
hinzu, „du bist ja ein hochfürstlich geborener Mann, du könntest leicht in Ansehen kommen in der neupolierten Salzachstadt, aber dich gebn wir nit her! Du ghörst ja schon zu uns, solange daß du noch einen einzigen richtigen Ton singen kannst
zur heiligen Meß!“

„Zwegn dem oanzigen richtigen Ton bleibat i net da, aber
was tat i in der Stadt? ’s kennt mi dort koaner, und i laufat da

umanand als wiara Bettler! I bleib schon da, und i moan, i hab's allweil no besser troffn wie der selige alte Onkel Raimund, dem habn s' an schiachen Austrag gebn drunt in Kremsmünster . . ."

„Jedem gibt Gott das Seinige", beschwichtigte Pfarrer Bichler diese aufbrausende Rede. „Und da fallt mir ein Sprüchl ein, das ich amal gelesen hab an einer alten Haustür:

Frag nit zuviel
nach deinem Ziel,
selig wirst sein
im Weg allein.

„Ist ein schöner Spruch", meint Joly, „aber zerscht sollt ma halt den rechten Weg haben, immer kennt ma'n net ausanander vom falschen Weg."

Und so schieden sie voneinander, friedlich und darin einig, daß das „geistlich Ereignis" zu Salzburg kaum imstande gewesen war, ihre innere Ruhe zu erschüttern.

Es sollte ihre letzte Aussprache gewesen sein. Noch ehe die Turmuhr die Mittagsstunde anzeigte und der erste Glockenschlag einfiel über das stille, herbstliche Kay, brach Pfarrer Bichler zusammen. Er war auf dem Weg zur Kirche; an der Türe zur Sakristei hatte ihn der Tod ereilt, urplötzlich, ohne jede Warnung . . .

Johann Michael Bichler wurde mit allen Ehren beigesetzt. Achtundvierzig Jahre war er Priester gewesen, hatte Not und Elend des alten Erzstiftes Salzburg, aber auch Übermut und Ausschweifung der neuen Machthaber miterlebt; ihn liebten am meisten die Armen, und ihnen gab er zurück, was er nur geben konnte. Sein Tod riß Wunden auf, am bittersten bei unserem Freunde Joly.

Joly hat heute nacht kaum geschlafen. Eine Stimme hat ihn verfolgt, er ist aufgestanden, hat die Kerze angezündet und etwas zu Papier gebracht. Der Spruch, den ihm der geistliche Herr noch tags zuvor aufgesagt hat, macht ihm zu schaffen. Bin ich selig auf meinem Weg? Gab es nicht auch noch einen anderen Spruch, einen vom „Cherubinischen Wandersmann", den er einst bei Professor Fingerlos hatte aufsagen müssen?

Wer vom Ziel nicht weiß,
kann den Weg nicht haben.

Was war sein Ziel? Er wagte nicht weiter nachzudenken, zuviel rumorte in seinem Gemüt. Mochte der Heimgegangene jetzt zur ewigen Ruhe eingekehrt sein, ihm, dem Rastlosen, war ein väterlicher Freund entrissen worden.

Jolys letzter Weg

Fast ein Jahr war vergangen seit dem Tod des alten Pfarrherrn. Den neuen Herrn, Pfarrer Andreas Eusebius Steinbichler, lernte unser Freund kaum näher kennen. Joly hatte sich zurückgezogen, in Elsenloh hat er an stillen Abenden mit der alten Moid eine eigene Philosophie der „Einschichtigkeit" entwickelt. Immer wieder auch hat man ihn und seinen treuen Hansl z' Kirchham eingeladen, sie haben weiterhin da und dort gesungen, gespielt und erzählt, für die Kinder in Tittmoning und Laufen haben sie gemeinsam neue Lieder gemacht, bald fürs „Anrollen", bald fürs „Sternsingen" . . .

Daß Helene noch an ihn dachte, erfüllte Joly zu Zeiten mit großer Ruhe. Ob er den „alten und den neuen Faust" je weiterschreiben würde, stand gänzlich in den Sternen, das schien ihm jetzt auch gar nicht mehr wichtig.

Wieder schreibt man den 20. Oktober. Vor genau einem Jahr, 1822, ist der gute alte Pfarrer Bichler gestorben. Joly hat beschlossen, an diesem Tag nach Meggenthal zu wandern, es ist wieder die Zeit der heiteren Spätherbsttage, und lange schon war er nicht mehr in der alten Kirche im Wald. Er denkt daran, wie er einst in das steinerne Totenboot gestiegen ist – es müßte schön sein, es noch einmal zu tun, außerdem sein Angesicht mit dem Wasser des Taufbeckens zu besprengen, vielleicht würde er dadurch verjüngt und sähe nicht mehr so finster und grauslich drein, wie er es immer wieder einmal zu hören bekam. Außerdem wollte er dadurch dem teuren Toten nahe sein. Joly hatte es allmählich gelernt, mit den Verstorbenen zu reden.

Als Joly aufbricht, ist es noch kaum Tag. Nachts war der Himmel sternklar gewesen, jetzt überzieht er sich mit einem feinen, durchsichtigen Schleier, wie es an Föhntagen im Voralpenland häufig ist. Am Abend möchte Joly wieder zurücksein in Elsenloh, das hat er sich vorgenommen. Er nimmt die Tragtasche, steckt ein wenig Brot ein, dazu ein Stück Käse; die Moid gibt ihm sogar ein kleines Fläschchen mit, Rotwein zur geistigen Stärkung, wie sie sagt, denn der Weg nach Meggenthal könnte doch wohl etwas beschwerlich sein. Joly kommt es vor, als trage er heute ein recht schweres Gepäck mit sich, alles erscheint ihm mühsamer zu geschehen als sonst. Die Augen flimmern, und der Atem geht unruhig. So keucht er also hinauf über den Moosbichl und vorbei an der Leiten . . .

Er denkt sich, kehr doch geschwind ein im Weberhäusl, hast ja die Babett schon lang nicht mehr gesehen, das kreuzbrave junge Dirndl, einmal hat sie mit dem Hansl z' Roitham so fein gesungen, das war am Kirtag vor drei Jahren. Geh hin, Ferdinand, sagt er sich, vielleicht ist der Vater auch da, sag ihm einen guten Morgen, bis zum Winter siehst du ihn vielleicht nimmer so geschwind . . .

Joly stapft durch die nasse Wiese und kehrt zu bei der Leiten; ordentlich versteckt liegt da das Weberhäusl. Der Webervater ist nicht da, er hat heute nach Tittmoning müssen, schon ganz zeitig, sagt die Babett, aber sie freut sich, daß Joly sie besucht. Doch sie erschrickt zugleich: Wie schaut er aus! So ernst und blaß hat sie ihn noch nie gesehen. Sie will ihn zu einer Brotzeit einladen, Joly wehrt ab. Er hat wenig Zeit heute, er will ja noch bis nach Meggenthal. Vielleicht am Rückweg, meint er; und nach einer Pause: „Vielleicht gar nie mehr."

Die Babett entrüstet: „Was redst denn da von nie mehr? Mein Scholi, du tust ja grad, als hättest an Tod im Leib!"

Joly darauf: „Weberdirndl, der Mensch geht dahin und kimmt nimma!"

Die Babett: „Der Mensch kommt no schon!"

„Na", erwidert Joly, „der Mensch kimmt nimma, bet mir ein Vaterunser!"

Das Weberdirndl kennt sich gar nicht aus; das klingt ja ganz wie ein Abschied. Und schon reicht ihr Joly die Hand und geht, bald ist er im nahen Gehölz verschwunden. Etwas erschöpft hat er nach gut zwei Wegstunden die Kirche von Meggenthal erreicht. Er paßt auf, daß ihn hier niemand sieht. Und er hat Glück; kein Mensch ist in der Nähe, als er die Kirche betritt. Es ist kühl, sehr kühl im Raum, aber Joly kümmert das wenig. Er hat sich auf den Augenblick gefreut, da er sich noch einmal in das Totenboot legen wird. Fast zögernd läßt er sich hineingleiten in die kühle Mulde von Stein, es scheint ihm, als sei er kleiner geworden – wie lang ist das her, daß er hier war? Ihn schaudert. Was ist die Zeit? . . . ein Halm im Wind . . . ein Traum . . . ein Splitter Glas . . . ein Nichts?

Er möchte doch nicht länger bleiben. Die drei Marien sehen ihn nicht mehr so an wie einst. Es kann sein, daß sein Auge sie nicht mehr so auffängt wie damals; er wird traurig, denn sie scheinen fern geworden seinem Inneren. Aber als er so hineinhorcht in die übergroße Stille, da ist ihm, als höre er von fern ein langgezogenes Rufen, es ist wie die wundersame Stimme, die er schon in der Nacht gehört hat, eine Stimme wie sie nur die Helene hat. „Zu an richtigen Menschen wirst erst durch die Liab." Er meint, daß er diese Worte vernimmt. Er hört gebannt zu, mit weit geöffneten Augen, als müsse er mit den Augen und nicht mit den Ohren aufnehmen, was da aus der Ferne tönt. Ehe er sich der Töne voll bewußt wird, sind sie schon verhallt. Rasch verläßt Joly jetzt die Kirche, er geht zu einem nahen Waldplatz, den die milde Herbstsonne schon angenehm durchwärmt. Dort verzehrt er sein Brot und trinkt das kleine Fläschchen leer.

Als er aus dem Wald tritt, steht die Sonne schon weit im Westen. Zur Linken zieht ein goldenes Band von ausgereiften Gräsern steil zur Höhe, zur Rechten gibt der Hügel den Blick frei bis zu den dunklen Waldbergen, dahinter ganz in der Ferne ahnt man Schnee.

Joly bleibt stehen und atmet tief. In dem schmalen Streifen vor ihm wehen die Gräser auf und nieder im Wind. Auf einmal steigt eine Lerche in nächster Nähe auf und schwingt sich trillernd zum Himmel. Joly dreht den Kopf nach ihr – so müßte der Mensch singen können! Mein Gott, was konnte dieser kleine Vogel an Tönen hervorbringen! Der Mensch war arm daran zum Vergleich. Joly steht jetzt dicht an dem Wegkreuz, hier muß er auf dem Feldweg abbiegen nach Elsenloh.

Als Joly so hinaufstarrt zum Himmel, durchfährt ihn ein blendend weißer Strahl vom Scheitel bis zur Sohle. Joly fällt nieder und verliert das Bewußtsein.

Er muß lange so gelegen haben, denn als Bauersleute vorbeikommen, die einen Umweg gemacht hatten zu diesem Wegkreuz, da lag er schon ganz erstarrt im letzten Licht der Sonne.

Zwei Tage später, am 22. Oktober, findet schon ganz früh um halb acht Uhr die Beerdigung in aller Stille statt. Pfarrer Steinbichler setzt in die Sterbmatrikel das Folgende ein:

20. Okt. hora 6 vesp. Ferdinand Joly, hochfürstl. Salzburg. Kammerdienerssohn von Salzburg, der in hiesiger Pfarrei – größtentheils beim Elsenloher – privatisierte und von guten Leuten erhalten wurde. Apoplexia tactus in subitanea morte defunctus 65 ann. circiter.

22. Okt. 1/2 8 matut. sepultus.

Das genaue Alter Jolys war dem neuen Pfarrherrn freilich unbekannt, doch konnte es nicht Wunder nehmen, daß dieser gute Hirte unseren Ferdinand um sieben Jahre älter gemacht hat, als er wirklich war. Offenkundig trug daran sein oft so elendes Aussehen nach Jahren der Entbehrungen und des Umherzigeunerns schuld; die zeitweilige Pflege in Elsenloh mag dann auch nicht mehr viel geholfen haben.

Später, als die Kunde von Jolys Tod sich im Land herumsprach, kamen viele Menschen zu seinem Grab. Im Frühjahr setzten seine Freunde an derselben Stelle, an welcher Joly verstorben war, eine hölzerne Säule mit einem kleinen Kruzifix und einer auf Blech gemalten Handschrift. Da konnte man lesen:

An diesem Platz . . . 20. Oct. 1823 starb
der ehr . . . Ferdinant Joli Student . . .
fürstlichen Kammerdieners Sohn . . .
im 5 . . . Lebensjahr.

So blieb also Joly bis über seinen Tod hinaus Student, gewissermaßen ein ewig Lernender, der nie zu Ende gekommen war mit allen seinen Fragen und Hoffnungen, ein Faustus ohne Doktorwürde, ein Priester ohne Priesterweihe, ein Dichter ohne die Lorbeeren der Zunft, ohne die Pfründe des Hofpoeten, ein Musiker, der zwar keine Partituren hinterließ, aber dessen Melodien ein ganzes Jahrhundert lang bis herauf zu unseren Tagen fortleben in einer stillen, von den großen Erschütterungen der Zeit weithin verschonten Landschaft. Und wenn einer

Glück hat und zur späten Jahreszeit, ehe der erste Schnee kommt, noch umherstreift in diesem abseitigen Land der Moorwiesen, der kleinen, dunklen Seen, uralten Kirchen und Kapellen mit den ebenso alten Einödhöfen und seinen kauzigen Bauern, der sieht vielleicht am Horizont einen anderen Joly über das Feld gehen im Wetterkragen, ein Bündel unter dem Arm, unserem lang verstorbenen nicht unähnlich. Er geht mit dem letzten Licht der Sonne, und es scheint, als habe er es eilig, denn – so sagt Johannes – „es ist das Licht nur noch eine kleine Zeit bei euch. Wandelt, dieweil ihr das Licht habt, daß euch die Finsternis nicht überfalle. Wer in Finsternis wandelt, der weiß nicht, wo er hingehet".

Und wieder ist es eine Zeit, die sich mit Menschen seiner Art nicht lange aufhält. Wohin Joly gegangen ist, wissen wir nicht, auch ist es schwer, seinen Spuren zu folgen, denn die Nacht ist so plötzlich hereingebrochen, daß der Horizont wie ausgelöscht erscheint. Und doch: Wer aufmerksam hineinhorcht in die Finsternis, der hört vielleicht die Worte aus dem Evangelium Lukas: Ich bin gekommen, daß ich ein Feuer anzünde auf Erden; was wollte ich lieber, denn es brennte schon!

Anhang

Zur Forschung über Ferdinand Joly

Diesen Ferdinand Joly hat es wirklich gegeben. Die einzige Quelle, aus der bis vor kurzem all jene schöpften, die sich für diesen „Volksdichter" interessierten, waren August Hartmanns „Volksschauspiele in Bayern und Österreich-Ungarn", Leipzig 1880. In diesem so überaus verdienstvollen Buch führt Hartmann 17 Komödien Jolys auf, teilweise vollständig, andere nur in Bruchstücken, ergänzt durch einige wenige Joly zugeschriebene Melodien. Von hohem volkskundlichem Wert sind die Kommentare, die Hartmann den einzelnen Spielen beigibt. Nicht minder aufschlußreich sind die von Hartmann in dreimaligen zeitraubenden Exkursionen persönlich vorgenommenen Erkundungen über Joly selbst; durch Befragen älterer Leute, die Joly noch gekannt oder über ihre Eltern von ihm gehört hatten, konnte Hartmann viele Details in Erfahrung bringen, aus denen sich doch ein recht typisches Bild über Aussehen und Lebensart Jolys gewinnen läßt. Hartmanns präzise und glaubwürdige Aufzeichnungen ergeben folgendes Bild: Joly ist eher groß gewesen, mager, mit länglichem Gesicht (langgsichtet). Grau ist er nicht geworden, er ist „immer schwarzkopfat gwen". Er hatte „a weng a schlechts Augn"(ein etwas schwaches Auge) und war „so a schwarzer Kamerad" (er hat so finster und ernsthaft dreingeschaut, daß man ihn hätte fürchten können). „Hat man ihn gesehen wo nur immer, so hat er Arien (Melodien) gepfiffen. Auf die Gsanga hat er Tag und Nacht studiert. Grad den Rock voneinander, so ist er dahingeflogen" (so eilig hat er es gehabt). Auch wird ihm in einem auf ihn gedichteten Spottvers ein Kropf nachgesagt. Immer wieder wird Joly gerühmt als Erzähler („wo er ein paar Groschen kriegt hat, da hat er die ganze Nacht erzählt"); „Geschichten bald zon lacha, bald zon flenna". Er wird bald als Dichter, bald als Sänger gerühmt. Hartmann hebt hervor, daß er nicht nur Lieder (vor allem „Kirchengsanga") gedichtet, sondern auch die Melodien erfunden hat, ja diese auch selbst sang. Doch erwähnt Hartmann auch den Vorsänger Hansl z' Ruitham (Roitham), dem Joly in den letzten Jahren seine Lieder gelehrt hat; für ihn habe Joly auch Sternsingerlieder verfaßt.

Aus dieser wichtigen Mitteilung Hartmanns geht einwandfrei hervor, daß ein großer Teil der aus Jolys Lebensraum überlieferten Lieder (und das bezieht sich im weitesten Sinne auf den ganzen Rupertiwinkel) diesem Autor zugeschrieben werden können; soweit sie sich textlich in Jolys Spielen nachweisen lassen, sind diese Schlüsse naheliegend, bei den Melodien zu ähnlichen Texten, die Jolys Stil sehr nahestehen, kann man Jolys Autorenschaft vermuten, wobei es durchaus denkbar ist, daß Joly selbst manche ältere Melodie gekannt und in sein „Repertoire" einbezogen hat.

Noch eine Mitteilung Hartmanns sollte nicht übersehen werden, die er von einem Zeugen übernahm, der aber Joly nicht mehr persönlich gekannt hat. Da heißt es: „Der Schori ist ein leichtsinniger Kerl gewesen. Alle Lumperei hat er mitgemacht; zu jedem Kammerfenster ist er mitgegangen. Aber am Freitag hat er nicht gesungen." Es muß keinen Widerspruch bedeuten, wenn Hartmann gleich darauf eine damals schon 83jährige Zeugin anführt, die „Schneiderin" aus Mühlham bei Kay; diese sagte aus: „Er (Joly) is a guada Häuta gwen, a guada Mensch. D' Leut hamt 'n recht gern ghabt, weil er recht untaheitli (unterhaltend) gwen is. Er hat neamd nix in Weg glegt und is recht brav gwen, er hat neamd beleidigt, und er hat nix gnumma (gestohlen), gwis nöda!"

Wenn hier von „Lumperei" gesprochen wird, so sind freilich nur übermütige Streiche gemeint, die dem jungen Joly gewiß zuzutrauen sind. Fast alle anderen Berichte Hartmanns beziehen sich aber auf Jolys spätere Lebensjahre, die auf die Umgebung von Tittmoning lokalisierbar erscheinen. In Elsenloh, einem Einödhof am Rande des Hochufers der Salzach, hat Joly nachweisbar die letzte Zeit seines Lebens verbracht. In den Höfen der Umgebung seien einstens „ganze Stöße von Spielen gelegen", berichtet Hartmann. Er selber konnte nur mit äußerster Mühe Handschriften oder mündliche Mitteilungen erhalten. „Keine der Handschriften ist mit Jolys oder eines anderen Verfassers Namen bezeichnet", schreibt Hartmann, „ausgenommen eine einzige, auf welcher man liest ,Verfaßt von M. Sch.', die also den Taufnamen unrichtig angibt." Dazu noch Hartmanns Kommentar: „Freilich konnte zu der Zeit, da diese Abschrift gefertigt wurde (1841), Joly sehr leicht in gutem Andenken stehen und doch sein Vorname vergessen sein, mit dem er ohnehin gewöhnlich nicht bezeichnet wurde. Insofern spricht fraglicher Vermerk trotz des unrichtigen Vornamens eher für als gegen seine Urheberschaft. Die Besitzer der Handschrift erinnern sich noch jetzt genau an Joly, welcher in ihrem Haus oft sein Wesen trieb."

Im weiteren Verlauf spricht Hartmann mehrmals von Handschriften, die er für echte Autographen Jolys hält, so z. B. das Spiel vom „Engel und Teufel", enthalten im Pallinger Hirtenspiel. Hartmann fand dieses Spiel in vier Manuskripten! Auf einem stand in anderer Schrift „Ich Andreas Wanghofer schmidlernä Von Brinning 1813", also der Name des Abschreibers. Joly war damals noch am Leben. Ein Spiel, datiert 1807, weist Hartmann mit aller Entschiedenheit der persönlichen Handschrift Jolys zu. Es handelt sich um das Spiel vom „Verlorenen Sohn", das freilich nur noch unvollständig existiert. Zwei andere Spielhandschriften, die jetzt die Bayerische Staatsbibliothek München besitzt, sind eindeutig ebenfalls echte Autographen Jolys, wie ich überprüfen konnte. Sie sind etwa 1807 entstanden. Wichtig erscheint Hartmanns Hinweis auf das „Zusammenhalten aller Umstände, namentlich auf die innere Vergleichung der Texte"; er kommt zu dem Schluß, daß die von ihm aufgeführten 17 Komödien Joly zum Verfasser haben. Es kann jedoch kein Zweifel darüber bestehen, daß August Hartmann nur einen Bruchteil des wirklichen Oeuvres von Ferdinand Joly zu Gesicht bekommen hat. In seinem Nachlaß (jetzt in der Bayerischen Staatsbibliothek) befinden sich u. a. zwei bisher noch nicht edierte köstliche Stücke, die zweifellos „echte Jolys" sind, wenngleich sie aus späten und teilweise verderbten Abschriften stammen. Es ist das die „Heilsame Predig", eine scharfe Satire, sprachlich hervorragend aufgebaut, ferner das zwar kurze, aber köstliche „Evangelium Nazolion" (gemeint ist Napoleon). Im Besitz des Historischen Vereins Rupertiwinkel (Laufen) befindet sich ein sehr geschlossenes und schönes Hirtenspiel, das 1821 durch den Leobendorfer Schullehrer Lorenz Haim abgeschrieben („verfaßt vom Ferdinand Joly") und 1982 durch Dieter George erstmalig im Originaltext als „Leobendorfer Hirtenspiel" veröffentlicht wurde. Auch im „Eisenärzter Hirtenspiel" ist Jolys Handschrift unverkennbar. Es wurde 1924 von Peter Bergmaier in Au bei Aibling unter dem Titel „Zwei alte Hirtenspiele und ein Dreikönigsspiel" herausgegeben, auf Hartmanns Spuren zwar, aber stark nivelliert.

Eine exakte Untersuchung über die Herkunft jener Melodien, die Joly zuzuschreiben sind, ist außerordentlich schwierig, zumal die von Hyacinth Abele, dem musikalischen Mitarbeiter Hartmanns, „nach dem Volksmund aufgezeichneten" Melodien viele Fragen offenlasssen. Dennoch läßt sich so etwas wie eine eigene Joly-Typik erkennen, die eng auch mit Jolys Textgestaltung zusammenhängt. Kenner schreiben aufgrund verbürgter Überlieferungen das bekannte Lied vom „Fensterstock-Hias" gleichfalls Joly zu. Die Textgestalt spricht dafür. Ähnliches gilt für das Lied vom „Fürstenleben" (I sag's an jeden, es derf koan verdriaßn . . .), das im Liedschatz der Geschwister Schiefer in Laufen weitergelebt hat und von diesen auch „Joly-Lied" genannt wurde. So wird noch manches bis heute Verborgene aus der Schmiede dieses nimmermüden „ausgjagten Studenten" stammen.

Soviel auch über Jolys letzte Lebensjahre durch die Forschungen Hartmanns ans Licht gekommen ist, so wenig war bisher über seine Jugend bzw. früheren Lebensabschnitte bekannt. Beim Attribut „ausgjagter Student" blieb die Forschung bisher hängen. Weitere Nachforschungen führten ins Leere, da für Joly die mögliche Studienzeit von 1770 bis 1780 durch keine Salzburger Matrikeleintragung belegt werden konnte. Hartmann hatte sich auf das in den Sterbematrikeln von Kay irrig angeführte „ . . . defunctus 65 ann. circiter" verlassen. Die von Hartmann zitierte Inschrift auf dem „Scholi-Kreuzel" bei Kay (das zu Zeiten Hartmanns noch existierte) kommt der Wahrheit bereits näher; dort las man vom „ . . . fürstlichen Kammerdieners Sohn . . . im 5 . . . Lebensjahr", was also 50 und . . . bedeutet. Indessen hatte Dr. Herbert Klein 1960 in der Dompfarre Salzburg F. Jolys Geburts- und Taufdatum als 4. Juni 1765 festgestellt, so daß also gewiß ist, daß F. Joly im Alter von 58 Jahren verstorben ist. Das von Hartmann irrig übernommene Datum war auch der Grund, daß über Jolys Studienzeit in Salzburg nichts zu erfahren war. Indessen fand sich noch ein entscheidender Beleg, zugleich bisher wohl der einzige aus Jolys Jugendjahren überhaupt. Herbert Klein führt in seiner Arbeit „Die älteren Hexenprozesse im Lande Salzburg" (in: Mitteilungen der Gesellschaft für Salzburger Landeskunde 97, 1957) in einer Anmerkung ein Zitat über Ferdinand Joly und Kaufmann Spängler an, aus dem einwandfrei hervorgeht, daß Ferdinand Joly damals (1783 oder 1784) als „Student" in Salzburg bekannt war und in eine peinliche, mit dem Hexenwesen zusammenhängende Affäre verwickelt war, bei der er höchstwahrscheinlich einen jungen Baron X. (der Name wird verschwiegen), einen Mitstudenten bzw. Komplizen, hatte „dekken" müssen. Hier die betreffende Stelle (Anmerkung S. 46[4] f.), in welcher Byloff („Die letzten Zaubereiprozesse in Mühldorf und Landshut", a. a. O.) zitiert wird: „Es lebt hierorts ein Kaufmann, Herr Spängler (Franz Anton 1705—1784, der Ahnherr einer noch heute blühenden Familie), der vor nicht zu langer Zeit jedermann versicherte, er habe eine Hexe auf einer Gabel durch die Luft reiten sehen. Später stellt sich aber heraus, daß ein Student — man sagt Herr Ferdinand Joly — von der Höhe des Hauses des Herrn Feyertag (Universitätsplatz 12) aus das Eisen geworfen habe. Nachtrag: Dieser leugnet aber, daß er es gewesen sei. (Nachtrag:) Nachher kommt die Frau des Hauptmannes de Guardi, der das Eisen entführt worden war, in Verdacht und wird öffentlich als Hexe bezeichnet. (Nachtrag:) Der Werfende war ein studierender Baron. Joly war aber dabei."

In derselben Anmerkung wird noch eine Anekdote zitiert, die P. Oddo von Guthrat, Benediktiner von St. Peter und Universitätsprofessor (1705—1759) in seinen „Annotationes" erzählt (Stiftsarchiv St. Peter). Sie behandelt einen ganz ähnlichen Vorgang, der sich 1745 am selben Platz abgespielt haben soll. Auch da soll das Eisen einer Ofengabel aus den Lüften gefallen sein, wobei diesmal die Magd eines Notars Zeugin ist.

Jolys Herkunft

Aufgrund eingehender Nachforschungen läßt sich über die Herkunft Jolys mit großer Wahrscheinlichkeit sagen, daß er das jüngste Kind des „cubicularius aulici et Confect Maisters", d. h. hochfürstlichen Kammerdieners und Hofzuckerbäckers Josephus Alexius Joli und der Maria Sartorin (Schneider) war.

Herbert Klein nimmt als sicher an, daß dieser Ferdinand mit unserem Dichter identisch ist. Interessant ist, daß der Taufpate und Taufpriester zugleich ein Ferdinandus Josephus Joli Cooperator in Ebbs (Tirol) war, nachgewiesen der Onkel des Täuflings. Über die Geschwister unseres Dichters Ferdinand ist nur erwiesen, daß sie allesamt früh gestorben sind bis auf die Schwester Anna Walpurga, von der aber nirgends mehr berichtet wird; auch das Sterbedatum ist ebenso unauffindbar wie das Sterbedatum von Jolys Eltern.

Bemerkenswert ist der Trauungseintrag über diese Eltern: Die Matrikeln der Dompfarre führen am 24. Januar 1752 den Vater noch als J. A. Antonius Joly mit dem Zusatz „de Berre", der durch Unterstreichung getilgt ist. Fortan liest man nur noch Joly oder Joli. Die Trauung wurde vollzogen durch Leopold Joseph Joly, Capellano Metropolitano civico, also wiederum einem Herrn Joly, Bruder des Bräutigams; er starb noch im selben Jahr. Hier erfahren wir auch, daß Jolys Mutter aus Landshut kam, Tochter des Joannis Adami Schneider Erden-Possirs. F. Jolys Großvater war als Hugenotte nach Salzburg gekommen; es war der Mathias Joly de Berre (1662−1743), der mit einer Anna Theresia de Butelli verheiratet war; sie starb erst 1776 als Neunzigjährige, lebte in der Kaigasse und wurde in St. Peter begraben. Aus dieser Ehe gingen geschichtlich bedeutsame Kinder hervor: abgesehen von dem schon genannten Hofzuckerbäcker, vermutlich unseres Dichters Vater, von dem allerdings alle weiteren Spuren fehlen, an erster Stelle der bedeutende Raimund Joly, geboren 1720 in Salzburg, wo er alle Studien absolvierte, der 1737 in Kremsmünster in das Noviziat eintrat, 1744 Primiz hatte und schon 1745 Professor der französischen Sprache wurde. Er übernahm dann die Leitung des Stiftstheaters in Kremsmünster, für das er auch Stücke schrieb, war Moralprofessor, Subregens der Ritterakademie und seit 1760 Notarius Apostolicus. 1772 bis 1787 Prior, 1785 bis 1787 erster Pfarrer der Pfarre Kremsmünster, dann bis zu seinem Tode 1792 ohne Ämter und Würden, „in seiner Resignation Opfer des Josephinismus", wie es heißt. Schon E. Eberlin hatte Musik zu einem Werk Raimund Jolys komponiert, Franz X. Süßmayr widmete R. Joly 1786 seine „Vesperae de Dominica".

Gleich Raimund waren auch drei weitere Brüder Geistliche. Michael Joseph (Casparus) und Leopold Joseph Melchior haben in der Salzburger Dompfarre W. A. Mozart und seine Geschwister getauft. Seltsamerweise stirbt M. J. (Casparus) Joly (1710−1764) im gleichen Ort wie 59 Jahre später unser Dichter, nämlich in Kay unweit Tittmoning. Die zweifellos merkwürdigen Zusammenhänge sind vorerst ungeklärt.

Im Rahmen der Mozartforschung schon lange Zeit bekannt ist die Tante unseres Dichters, die Rosalia Joli, genannt „Sallerl". An sie richtet W. A. Mozart köstliche Briefe, die man sogar als echte Liebesbriefe gedeutet hat, obwohl es sich freilich nur um ironische, wenngleich ungemein herzliche Poesien handelt. Als Mozart gegen Ende 1777 als kaum 22jähriger seinem „Schatzerl" eine Liebeserklärung sendet, ist Rosalia-Sallerl schon 51 Jahre alt!

Mein liebste Sallerl, mein schazerl!
Meine liebste Nannerl, mein schwesterl,
Ich thue mich halt bedanken für deinen glückwunsch, Engel,
und hier hast ein' von Mozart, von den grobeinzigen bengel,
ich wünsch dir glück und freude, wens doch die sachen giebt,
Und hoff, Du wirst mich lieben, wie dir der woferl liebt;
ich kan dir wahrlich sagen, daß er Dich thut verehren,
Er luf (liefe) Dir ja ins foier (Feuer), wen Du's thatst a (auch) begehren,
ich mein(e), ich mus so schreiben, wie er zu reden pflegt!
mir ist so frisch vor augen, die liebe, die er hegt,
für seine joli sallerl und seine schwester Nanzerl,
ach kommt gschwind her, ihr lieben, wir machen gschwind ein tanzerl.

Rosalia Joly war Kammerjungfer bei dem Herrn Obristen Graf von Arco. Sie starb 1788 als 61jährige am Lungenbrand. Mit der Familie Mozart war sie eng befreundet, so daß es nicht zu gewagt erscheint, daß auch der kleine Ferdinand, unser Dichter, zumindest ein oder das andere Mal in Mozarts Nähe geraten ist.

Außer der Begebenheit mit der Hexen-Ofengabel, die zum Verhör unseres Studenten geführt hat und letztlich wohl der Anlaß war zu dessen Religierung, d. h. Streichung aus den Salzburger Matrikeln, wissen wir nichts über seine Jugend. Mit

Sicherheit kann angenommen werden, daß auch er zum geistlichen Beruf bestimmt war. Kenntnisse auf diesem Gebiet sprechen aus vielen seiner Schriften, von denen zweifellos das meiste verloren gegangen ist.

Es ist weiterhin durchaus denkbar, daß der aus Salzburg „Ausgjagte" Verbindung aufgenommen hat mit dem berühmten Onkel, damals noch Prior in Kremsmünster, oder auch mit seinem Taufpriester und Onkel Ferdinand in Ebbs, das ganz in der Nähe des schon damals bekannten Passionsspielortes Erl liegt.

Wie die noch erhaltene Handschrift vom „Verlorenen Sohn" (1807) erweist, war Jolys Handschrift recht charakteristisch: beschwingt, etwas großzügig, fast malerisch, aber stets klar, der Handschrift seines berühmten Onkels Raimund in Kremsmünster sogar ein wenig ähnlich. Hartmann erwähnt nebenbei, daß Ferdinand Joly sich auch gelegentlich aufs Malen verstanden hat. „Auf Bestellung verfaßte er Sprüche zur Verzierung der Häuser und malte sie selbst an, wie auch bisweilen allerlei bildliche Scherze." Jolys satirische Begabung mag da abermals zum Zuge gekommen sein. Freilich wird niemand je feststellen können, was möglicherweise unter so und so vielen heute noch vorhandenen Objekten einst unser Landfahr gepinselt oder gedichtet hat. Was in unseren Händen geblieben ist, ist sicherlich wenig. Dennoch reicht das Vorhandene aus, um das Bild dieses „Aussteigers", wie man heute sagen würde, nachzuzeichnen, eines Vergessenen zwischen den Zeiten, der den Mut hatte, ein „Eigener" zu sein – ganz im Sinne Paracelsus', der sich auch gerne als „Landfahr" bezeichnet hat: „Alterius non sit qui suus esse potest" (Es hange keinem anderen an, der sein Eigener sein kann).

Persönliches Nachwort

Seit Jahrzehnten hat mich, angeregt durch die Lektüre bei Hartmann, Gestalt und Werk Jolys immer wieder beschäftigt. Schon 1943 trug ich mich mit dem Gedanken, Jolys Spiel vom „Verlorenen Sohn" auszubauen und als musikalisches Volksstück auf die Bühne zu bringen. Teile des geplanten Werkes sind noch in Skizzen vorhanden. Das Spiel von den zerstrittenen Jahreszeiten konnte ich 1946 im Theatersaal des Oberbräu zu Mittersill im Pinzgau mit ansässigen Volksspielern aufführen. In den späteren Jahren schrieb ich einige Melodien zu Jolys Texten, zu denen es ja nur wenige Joly selbst zugeschriebene Melodien gibt. (Über diese und andere Joly nahestehenden Melodien unterrichtet das gleichzeitig erscheinende musikalische Beiheft.)

Angesichts der nur spärlich vorhandenen gesicherten Daten blieb es zwar ein gewisses Wagnis, das Lebensbild dieses in seiner Art ungewöhnlichen Mannes nachzuzeichnen, gerade das aber bot den Anreiz. So entstand diese Form der romanhaften Biographie, die einerseits einen Einblick in Jolys Dichtungen gibt, andererseits Zeit und Umwelt darstellt, in der unser Landfahr lebte und wirkte; wo es anging, brachte ich Namen und Personen aus oft schwer zugänglichen Quellen ins Spiel. Nicht zuletzt lockte mich der Versuch, durch eigene Federzeichnungen jenen Joly heraufzubeschwören, der in summa all das ausdrückt, was man von diesem genialen Dorfpoeten der Napoleonzeit zu erwarten hat: Witz, Scharfsinn und jene Portion Melancholie, die einem einsam gebliebenen Philantropen zusteht.

Meinen besonderen Dank habe ich Herrn Dr. Robert Münster von der Musiksammlung der Bayerischen Staatsbibliothek abzustatten, der es mir ermöglichte, bisher noch unveröffentlichte Texte Jolys hier erstmalig der Öffentlichkeit vorzustellen. Wertvolle Hinweise zur Biographie Jolys bekam ich auch durch Frau Eva Jirikowski, Faistenau bei Salzburg, ferner durch Herrn Dr. Josef Heringer, Laufen, durch die ermöglichte Einsichtnahme in den Nachlaß der Geschwister Schiefer. Nicht verschwiegen seien hier auch die guten Gespräche mit meinem Freunde Prof. Wilhelm Keller, der sich gleichfalls schon lange mit Ferdinand Joly beschäftigt. Der erste aber, der mich auf diese Spur gebracht hat, war Karl Heinrich Waggerl. Um 1941 war es, als er zu mir gesagt hat: „Über diesen Joly müßte man ein Buch schreiben, da steckt etwas dahinter . . .“ Waggerl hat das Buch nicht geschrieben, ihm aber, der gewisse jolyhafte Züge trug, widme ich dieses Buch.

Cesar Bresgen   Im Oktober 1983

Ferdinand Jolys nachweisbare Ahnentafel

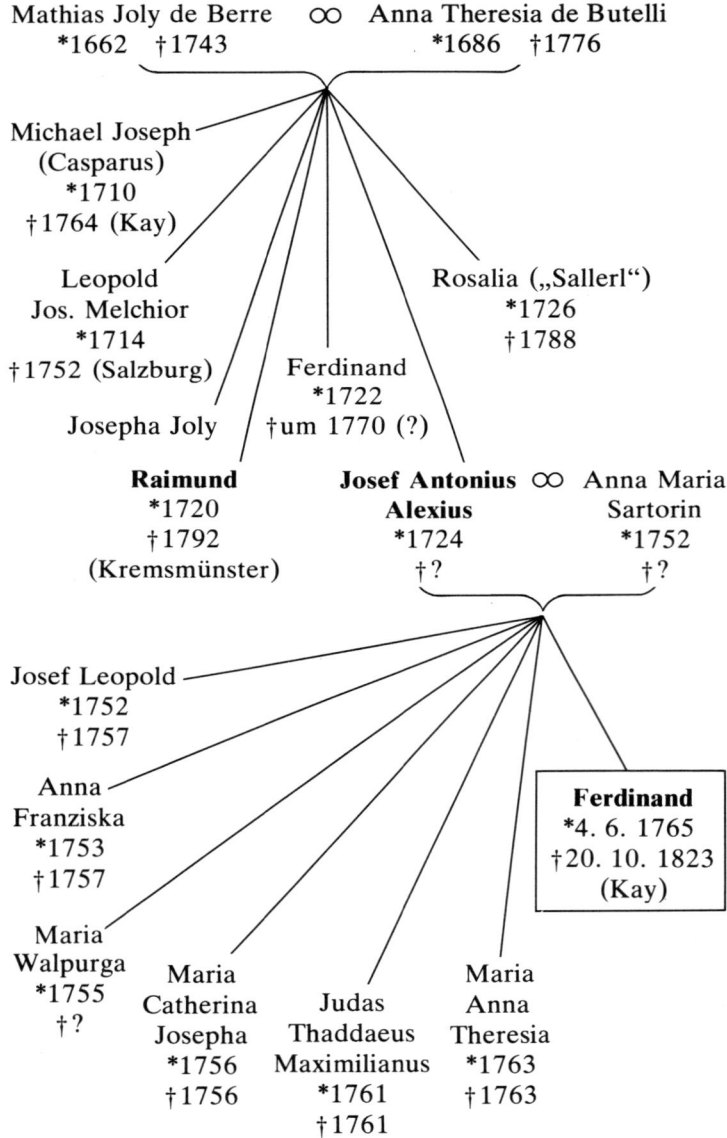

Mathias Joly de Berre ∞ Anna Theresia de Butelli
*1662 †1743   *1686 †1776

Michael Joseph
(Casparus)
*1710
†1764 (Kay)

Leopold   Rosalia („Sallerl")
Jos. Melchior   *1726
*1714   †1788
†1752 (Salzburg)

Ferdinand
*1722
Josepha Joly   †um 1770 (?)

Raimund   **Josef Antonius** ∞ Anna Maria
*1720   **Alexius**   Sartorin
†1792   *1724   *1752
(Kremsmünster)   †?   †?

Josef Leopold
*1752
†1757

Anna
Franziska
*1753   **Ferdinand**
†1757   *4. 6. 1765
                                   †20. 10. 1823
                                   (Kay)

Maria
Walpurga
*1755   Maria   Maria
†?   Catherina   Judas   Anna
           Josepha   Thaddaeus   Theresia
           *1756   Maximilianus *1763
           †1756   *1761   †1763
                       †1761

214

Bibliographie

Abraham a Sancta Clara, „Hundert Ausbündige Narren" (1709), Dortmund 1978

„Barock und Aufklärung", München 1972; darin: Georg Lohmeier: „Andreas Strobl, der Barockprediger von Buchbach" und Josef Pfennigmann, „Volksfrömmigkeit und Aufklärung"

Beiträge zur Heimatkunde von Niederbayern, III, Landshut 1976

Bertsche Karl, „Abraham a Sancta Clara", Blütenlese aus seinen Werken, Freiburg 1910

Byloff Fritz, „Die letzten Zaubereiprozesse in Mühldorf und Landshut", in: „Das Verbrechen der Zauberei", Graz 1902

Cordier Leopold, „Hugenottische Familiennamen in Deutschland", Elberfeld 1932

„Das Leibhaftige Liederbuch", hg. v. Walter Schmidkunz, Erfurt 1938

Dörrer Anton, „Das Erler Passionsbuch für 1912"

Florey Gerhard, „Geschichte der Salzburger Protestanten und ihrer Emigration 1731/32, Wien 1977

Fuhrich Fritz, „Theatergeschichte Oberösterreichs im 18. Jh.", Wien 1968

Geschichtsblätter des Deutschen Hugenotten-Vereins (1890–1914)

George Dieter, „Das Leobendorfer Hirtenspiel von Ferdinand Joly", in: „Das Salzfaß" 1982/83

Hartmann August, „Volksschauspiele, in Bayern und Österreich-Ungarn gesammelt", Leipzig 1880

Hartmann August, „Volkslieder, in Bayern, Tirol und Land Salzburg gesammelt", Leipzig 1884 (Reprint: „Volkstümliche Weihnachtslieder", Liechtenstein 1981)

Kleindel Walter, „Österreich, Daten zur Geschichte und Kultur", Wien 1978

Koch Richard, „Freimaurer und Illuminaten, Salzburg 1911

„Kremsmünster, 1200 Jahre Benediktinerstift", Linz 1976

Mack Joseph, „Die Reform- und Aufklärungsbestrebungen im Erzstift Salzburg unter Erzbischof Hieronymus Colloredo", Diss. München 1912

Mitteilungen der Gesellschaft für Salzburger Landeskunde (diverse)

Mitteilungen der Internationalen Stiftung Mozarteum (diverse)

Neues Mozart-Jahrbuch, Jg. 1, Regensburg 1941

Queri Georg, „Bauernerotik und Bauernfehme", München 1911

Reinalter Helmut, Aufgeklärter Absolutismus und Revolution", Wien – Köln – Graz 1980

Schönwiese Ekkehard, „Das Volksschauspiel im nördlichen Tirol", Wien 1975

Viertaler F. M. „Geist der Sokratik", Salzburg 1793

Wagner Hans, „Die Aufklärung im Erzstift Salzburg", Salzburg – München 1968

Wagner Hans, „Die Bedeutung Salzburgs im Zeitalter der Aufklärung", Salzburg 1977

Weinhold Karl, „Weihnachts-Spiele und Lieder aus Süddeutschland und Schlesien", Graz 1875

Wolfram Richard, „Schwerttanz und Männerbund", II, Kassel 1935/36

Wurzbach, „Biographisches Lexikon des Kaisertums Österreich", X, 255